송영길의 지구본 외교
둥근 것이 강한 것을 이긴다!

둥근 것이
강한 것을 이긴다!
송영길의 지구본 외교

송영길 지음

초판 1쇄 2020년 02월 07일 발행
초판 6쇄 2022년 06월 24일 발행

ISBN 979-11-5706-190-7 (03340)

만든 사람들

기획총괄	배소라
편집진행	오현미
디자인	ALL designgroup
마케팅	김성현 김예린
인쇄	한영문화사

펴낸이	김현종
펴낸곳	(주)메디치미디어
경영지원	전선정 김유라
등록일	2008년 8월 20일 제300-2008-76호
주소	서울시 중구 중림로7길 4, 3층
전화	02-735-3308
팩스	02-735-3309
이메일	editor@medicimedia.co.kr
페이스북	facebook.com/medicimedia
인스타그램	@medicimedia
홈페이지	www.medicimedia.co.kr

이 책에 실린 글과 이미지의 무단전재·복제를 금합니다.
이 책 내용의 전부 또는 일부를 재사용하려면 반드시
출판사의 동의를 받아야 합니다.
파본은 구입처에서 교환해드립니다.

이 도서의 국립중앙도서관 출판예정도서목록(CIP)은
서지정보유통지원시스템 홈페이지(http://seoji.nl.go.kr)와
국가자료종합목록시스템(http://www.nl.go.kr/kolisnet)에서
이용하실 수 있습니다. (CIP제어번호: CIP2020003755)

송영길의 지구본 외교

둥근 것이 강한 것을 이긴다!

송영길 지음

·······
문화·정치·환경 분야를 선도하는
외교 강국으로 가는 길

메디치

들어가는 글

21세기 우리 민족의 생존 방안은 무엇인가

2018년 여름 민주당 전당대회 때 당 대표로 출마하며 유세 중에 이런 말을 한 적이 있다. "이번에 선출되는 당 대표는 무엇보다도 2020년 21대 총선을 승리로 이끌어야 할 것이다. 그런데 한국 정치 역사상 대통령 선거에 이어 지방선거 그리고 총선까지 모두 이긴 경우는 거의 없다. 쉽지 않은 선거다. 만일 내가 당 대표가 된다면 어떻게 국민에게 호소할 것인가?" 나는 이렇게 말했다.

"국민의 압도적인 지지로 민주당이 과반 정당이 된다면 우리 민주당은 자유한국당, 민주평화당, 정의당 등과 싸우는 모습만 보여드리지 않을 것입니다. 국민의 강력한 지지를 바탕으로 미국의 공화당과 민주당, 일본의 자민당, 중국의 공산당과 러시아의 통합러시아당과 협력하고 경쟁하면서 대한민국의 국익과 주권을 지켜내겠습니다. 북의 조선노동당과 경쟁하며 대한민국 중심의 한반도 번영의 시대를 이루어 나가겠습니다."

선거용 멘트가 아니라 진심이 담긴 솔직한 발언이었다. 초선의원 시절 김대중 전 대통령님을 동교동에 찾아가 만나 뵈었을 때 대통령께서 하신 말씀을 항상 기억한다. "송 의원, 우리나라는 외교하는 민족이 되어야 합니다. 4대 강국 어느 나라와 척지지 말고 사이좋게 지내면서 우리 민족의 생존공간을 열어야 합니다."

아쉽게도 나는 당 대표 선거에서 낙선하였다. 전당대회에 출마하느라고 대통령직속 북방경제협력위원장도 그만두었는데…. 지금은 국회 외교통일위원회 소속으로 상임위에서 외교와 통일을 다루는 의정활동에 집중하고 있다.

세계 속의 대한민국을 마주하다

요즘처럼 외교문제가 중요한 시대는 없었던 것 같다. 1904년 러일전쟁 전야와 같은 국제정세가 펼쳐지고 있다. 미중 간의 무역전쟁, 한일 간의 무역갈등과 중러 간의 군사협력 강화, 미러 간의 중거리 핵미사일 협정 파기 및 핵미사일 개발 경쟁, 미국의 중거리 핵미사일 아시아 지역 배치 시도와 호르무즈해협 파병 요청 등 한반도 주변 4대 강국의 전략이 어지럽게 충돌하고 있다. 이 와중에 잇따른 북미, 남북정상회담으로 새로운 돌파구를 찾은 듯했던 남북관계는 다시 표류하고 있는 상태다. 북은 최근 들어 노골적으로 우리 정부를 비난하면서 통미봉남(通美封南, 남한 정부를 상대하지 않고 미국과 직접 협상하겠다는 북한이 외교전략) 의도를 노골적으로 드러내고 있다.

  2019년 여름엔 일본 정부가 2018년 10월 한국 대법원의 일제 강제동원 피해자들에 대한 판결에 반발해 반도체 및 디스플레이 첨단 소재의 수출 규제와 '화이트 리스트'(수출 절차 우대국) 배제라는 보복 조치를 감행하였다. 일본의 이런 도발에 우리는 전방위 총력외교로 대처해야 한다. 항상 한국보다 일본을 중심으로 놓고 보는 미국이 중립을 지키도록 유도해야 한다. 소재부품장비사업 강화를 위한 정부의 정책이 효과를 발휘하고 있다. 이번 기회를 전화위복으로 삼아 대한민국 중소기업의 경쟁력을 강화하는 기회로 만들어 나가야 한다. 중국과 러시아 및 유럽연합의 지지를 끌어내야 한다.

  대한민국은 세계 10대, 11대 경제대국이자 무역대국이다. 대한민국 외교는 4대 강국에 한정되어선 안 된다. 문재인 정부의 신북방정책, 신남방정책은 매우 중요하다. 러시아, 중국, 중앙아시아와 협력하고 인도, 베트남, 인도네시아 등 남방경제와 협력을 강화해야 한다. 유럽과도 마찬가지이다. 이명박 정부 때 자원외교라는 명목으로 아프리카와 라틴아메리카, 러시아와 적극적으로 외교를 했지만 현재는 지지부진하다. 녹색성장 개념을 국제적으로 통용되는 용어로 만들어 대한민국의 지적재산권이 되었는데 박근혜 정부에서 이를 방치해버렸다. 4대강 사업으로 오염된 녹색성장이 아니라 새로운 재생에너지 시대, 폐기물처리, 환경부활, 지속가능한 발전 전략으로 대한민국이 녹색성장을 주도해 나가야 한다. 이를 위해서는 인천시장 시절 송도국제도시에 유치한 GCF^{세계녹색기후기금}를 2차 세계 대전 이후 세계부흥을 이끌어낸 IMF^{국제통화기금}나 IBRD^{국제부흥개발은행}처럼 발전시켜야 한다. GCF가 포스트 탄소경제 시대의 세계은행으로 기능할 수 있게 해야 한다.

우리 대한민국이 대륙세력과 해양세력의 어느 한편에 서는 것은 매우 위험하다. 자칫 두 세력의 대척점에 서서 임진왜란, 청일전쟁, 러일전쟁 때처럼 열강들의 세력 확장을 위한 전쟁 무대로 전락하면 안 되기 때문이다. 한반도가 3차 세계대전의 화약고가 되는 일은 없어야 한다. 북중러 북방 3각 동맹과 한미일 남방 3각 동맹 간의 대립구조가 동북아에서 재현되는 일을 막아야 한다.

이를 위해서는 한중일 정상회의와 동방경제포럼을 통해 한-중-러-일이 만나 경제 협력을 통해 이 대립구조를 완충시켜야 한다. 문재인 대통령이 제시한 동북아시아 슈퍼그리드^{Super grid}와 동북아 철도 공동체를 실현해 대륙세력과 해양세력을 한반도에서 융합해내야 한다. 남북의 화해협력을 통해 한반도를 둘러싼 4대 강국의 각축을 역으로 포섭해낼 때 우리는 4대 강국의 벽을 넘어 세계로 나갈 수 있다. 이것이 내가 주장하는 지구본 외교가 전하고자 하는 핵심 메시지이다.

우리는 적극적으로 '반도세력론'을 정립해야 한다. 반도세력론 정립의 선제조건은 남북의 화해협력이다. 대륙세력과 해양세력의 힘의 균형 속에서 우리 민족의 자주적인 공간을 확보하자는 것이다. 이탈리아 반도가 지중해 해양세력과 갈리아, 게르만 대륙세력을 통합·포섭하여 천

년 로마제국의 번영을 이룬 것을 벤치마킹해야 한다.

국가안보에서 국방부보다 더 중요한 곳이 외교부이다. 미국은 외교부가 없고 국무부가 있다. 연방제하에서 주정부 간의 관계를 다룬다는 의미에서 국무부라고 했다고 하나 연방 내부의 주정부 간의 문제와 다른 독립국가 간의 문제를 다루는 국제외교 업무는 엄연히 다름에도 외교부라는 명칭을 쓰지 않는다. 세계 외교·안보가 모두 미국의 일이라는 뜻이다. 미국 예외주의, 세계강국 미국을 상징한 것으로 보인다. 제국을 경영해보았던 나라들의 외교는 역시 다르다.

대한민국은 제국을 건설해본 경험은 없지만, 영화 〈기생충〉, BTS(방탄소년단) 등 한류가 세계적 인기를 얻은 것처럼 문화 영토·사이버 영토·경제 영토에서 세계제국을 만들어갈 충분한 능력과 자질을 가지고 있다. 광개토대왕의 대륙으로 뻗어 나가는 기상과 장보고의 해양으로 뻗어 나가는 열정이 융합되어 한반도의 새로운 시대를 만들어 나가야 한다.

인도는 13억 4,000만의 인구로 곧 중국을 능가하여 세계 최대 인구 대국이 될 것으로 보인다. GDP 2조 5,000억 달러에서 수년 안에 5조 달러를 향해 전진하고 있다. 인도 모디 총리의 리더십 아래 세계 최대의 민주주의 국가인 인도가 도약하고 있다. 2억 5,000만의 세계 최대 이슬람 국가 인도네시아, 1억 인구에 평균연령 30대 초반인 젊은 국가 베트남이 용트림하고 있다. 이 나라들과 대한민국의 관계는 더할 나위 없이 좋은 조건을 갖추고 있다. 긴밀한 상호발전과 상호투자를 심화할 필요성이 있다.

독일을 비롯한 유럽과도 철학과 문학·정치·제도·사회복지의 가치를 공유하고 서로 발전시켜 나가야 한다. 독일은 대한민국과 긴밀한 관계를 맺고 있다. 프랑스, 영국 등 모든 유럽 주요국들 사이에서 대한민국은 위협적인 나라가 아니다. 협력에 장애가 없다.

초선의원 시절 이라크 남부 나시리야 지역에 파병된 서희·제마부대를 방문한 적이 있다. 동네를 방문하여 부족장들을 만났다. 부족장이 한국을 좋아하는 이유를 말했다.

첫째, 남의 나라를 침략한 역사가 없고, 멀리 떨어져 있어 자신들의 영토나 경제를 침략·지배할 나라가 아니라 위협을 느끼지 않는다. 둘째, 종교적 편견이 없이 불교·기독교·천주교·이슬람 등이 공존하는 나라이다. 셋째, 예의 바르고 부지런하다. 넷째, 식민지에서 해방된 이후 내전을 겪고도 세계 10위 경제대국으로 성장했다. 이라크에서 대한민국 군인들이 민심을 얻어서 '태극기를 달고 다니면 테러 대상이 아니다'라는 소문이 났을 정도였다. 나시리야에서 에르빌로 간다고 하니 나시리야 사람들이 아쉬워하던 모습이 눈에 선하다.

외교로 하나 될 통일 한반도를 꿈꾸다

대한민국 외교부의 예산을 두 배로 늘려야 한다. 외교부 장관을 부총리급으로 승격하고 주요 대륙을 담당하는 차관을 두어야 한다. 김대중 대통령이 말한 대로 '외교하는 민족'과 외교 강국이 되어야 한다. 현재까지 대한민국 외교는 미국이 그어놓은 선 안에서 수동적으로 움직였다. 적극적으로 미국에 제안하고 미국의 대외정책에 대한민국의 입장과 시각을 반영하도록 강력한 외교력을 키워야 한다. 냉전시대에는 미국을 축으로 한 서방 자유진영 틀 안에서만 외교를 하면 문제가 없었다. 소련 붕괴 이후 형성된 미중관계는 미소관계와 다르다. 친구이자 적인 프레너미(friend+enemy) 관계라고 한다. 복합적 외교 전략이 필요하다.

2010년 인천시장에 출마했을 때 "서해와 동해바다를 제2의 지중해로 만들고 한반도를 로마시대 천년 번영을 이끌었던 이탈리아반도처럼 발전시키자. 인천을 제2의 베네치아처럼 발전시키겠다"라는 구상을 밝힌 바 있다. 한반도는 로마시대 천년의 번영을 일구었던 이탈리아 반도의 길로 나갈 것인가 아니면 사라예보 총성사건으로 1차 세계대전의 불꽃을 일으킨 발칸반도의 길로 나갈 것인가 하는 갈림길에 서있다. 몇몇 전문가들은 3차 세계대전이 벌어진다면 한반도에서 벌어질 것이라고 분석하기도 했다. 끔찍한 상상이다. 1차 세계대전 때 유럽의 화약고였던 발칸반도처럼 한반도는 동북아의 화약고가 되어가고 있다. 이 화약의 뇌관을 제거하기 위해 문재인 정부가 백방으로 애쓰고 있다.

변증법에서 외부의 모순은 내부의 모순을 매개로 작동한다고 한다. 외세의 개입은 우리 내부의 분열을 매개로 치고 들어온다. 남북분단과 적대 강화는 외세종속과 불가피하게 연결된다. 남과 북은 이제 만나야 한다. 소통해야 한다. 북한 전문가와 탈북자들을 만나면 북핵 해결의 핵심은 개방이라고 말한다. 북이 열린 사회로 나아가 안심하고 국제사회에 문을 열 수 있도록 도와주어야 한다. 핵을 사용할 수 있는 나라는 북한보다 오히려 미국과 러시아 같은 핵 강국, 즉 핵미사일에 대한 미사일 방어체제 ABM$^{\text{Anti-Ballistic Missile}}$과 2차 보복능력을 가진 나라이거나 혹은 보복대상을 특정하기 어려워서 상호확증적파괴$^{\text{MAD, Mutual Assured Destruction}}$에 기초한 공포의 균형이 불가능한 비국가 테러리스트 그룹일 가능성이 높다. 북은 ABM 체제를 갖추지 못했다. 대한민국은 PAC 패트리어트 미사일 방어체계에 사드까지 도입되어 있다. 대한민국 현무 1, 2, 3은 북한 전역을 타격할 수 있다.

공군력과 대공방어력이 대한민국보다 많이 취약한 북한은 더 큰 안보위협에 노출되어 있다. 경제제재로 제대로 된 재래식 기동훈련조차 할 수 없다. 그래서 핵, 미사일, 잠수함 등 비대칭전력을 발전시켜왔다. 북은 핵을 방어용이 아닌 공격용으로 쓰기 어렵다. 북의 핵은 꿀벌의 침과 같다. 한 번 쏘면 사망이다. 만약 북이 핵을 사용한다면 그것은 자살행위나 다름없다. 북이 자살하지 않고 스스로 자기운명을 개척하고 삶의 질을 향상할 수 있도록 도와주어야 한다. 토대가 변하면 상부 구조도 변한다. 자유로운 시장은 필연적으로 자유를 생산한다. 남북한의 상호 경제 의존도가 50%를 넘어서면 남북한 전쟁은 일어나지 않을 것이다. 남북 모두 전쟁을 통해서 내부 국민을 설득하고 생업과 일자리를 보장할 수 없기 때문이다.

나는 북한 측 인사들로부터 "개성공단 폐쇄 후 일자리를 잃은 5만

5,000명의 북한 근로자들 문제 때문에 체제가 흔들릴 정도의 부담을 가졌다"는 말을 들었다. 개성공단에 상응하는 일자리를 만들기 위해 중국 국경 지역 각 기업들에 인력을 배치하는 등 홍역을 앓았다고 한다. 개성공단 같은 사업체가 10여 개 정도 있다면 남북 간의 전쟁은 구조적으로 불가능할 것이다.

역사책과 외국어로 세상을 보는 눈을 키우다

어릴 적 꿈은 외교관이었다. 국제문제에 관심이 많았다. 우리 민족이 수많은 외세의 침략을 받았기에 더욱 그랬다. 초등학교 때 '고전읽기부'가 있었다. 《삼국사기》,《삼국유사》,《동국병감》과 《이순신 위인전》을 읽고 시험을 봐서 전라남도 전체에서 대표를 뽑는 경쟁을 벌였다. 그때 나는 학생들 앞에서 이순신 장군 일대기를 발표할 기회를 얻었다. 대부분 학생이 그러했듯이 이순신 장군은 마음속의 태양이었다.

민족의 운명이 일본과 명나라, 청나라에 의해 좌우되는 현실을 보면서 외교의 중요성을 실감하였다. 임진왜란 전 동인 김성일과 서인 황윤길이 일본을 방문하고 도요토미 히데요시를 만나고 돌아와 선조에게 서로 다른 보고를 했다는 류성룡의 《징비록》을 보면서 임진왜란에 대한 통한의 반성을 했고, 국가의 운명을 지키는 데 국방 외교의 중요성을 뼈저리게 느꼈다. 한반도가 자신의 자주적 권력을 확고하게 만들지 못하면 대륙, 해양세력의 선제공격 대상이 될 수밖에 없음을 역사를 통해 절실하게 경험하였다.

　분단의 문제를 극복한 독일 외교에 관심이 많았다. 빌리 브란트Willy Brandt 총리의 동방정책Ostpolitik과 에곤 바르Egon Bahr의 외교활동을 공부하였다. 독일통일을 완성한 사람은 기민당 보수정권의 헬무트 콜이었다. 사민당 정부와 기민당 정부 정권이 바뀌어도 연립정부 파트너 자유민주당 몫으로 외교부 장관을 하면서 독일통일을 완성시키고 통일독일 외교부 장관까지 18년 동안 독일통일 완성에 헌신한 사람은 한스 디트리히 겐셔Hans Dietrich Genscher 외무장관이다. 겐셔 외무장관은 미국, 프랑스, 영국 등과 외교를 잘 관리하면서도 고르바쵸프 소련공산당 서기장과 소련 외교부 장관 세바르드나제를 설득하여 독일통일을 만들어낸 것이다. 겐셔의 외교 전략은 외교관의 꿈을 가졌던 나의 벤치마킹 대상이기도 했다.

　한반도가 통일하기 위해서는 한미동맹, 한일협력만으로는 부족하다. 필요조건은 되지만 충분조건이 되지 못한다. 중국과 러시아의 협력과 동의가 필요하다. 그래야만 통일의 필요충분조건이 충족된다. 그러나 이것은 말 그대로 조건에 불과하다. 가장 핵심은 대한민국 국민과 조선민주주의 인민공화국 인민들의 공감대와 동의를 얻어야 한다. 남북 국민의 공감과 결단이 필요하다. 그래서 남북문제와 한반도를 둘러싼 4대 강국의 언어와 역사·문화에 관심이 많아 지속해서 공부를 해왔다.

　사법시험을 준비할 때 1차 시험을 통과해야 했는데 한참 노동운동을 하면서 영어 공부를 하지 않았기에 영어로 시험을 볼 자신이 없었다. 그래서 고등학교 때 제2외국어로 공부했던 프랑스어로 시험을 보았고 84점을 받고 통과했다. 이 인연으로 재선의원 때 한-프랑스 의원친선협회 회장을 맡았다. 그 덕에 열심히 활동한 공로를 인정받아 사르코지 프랑스 대통령으로부터 주한 프랑스 대사를 통해 레종 도뇌르 훈장을 받았다. 아직도 틈틈이 프랑스어 공부를 한다.

일본어도 열심히 공부했다. 2000년 초선 국회의원이 되자마자 일본인 인턴비서 히사다(久田, 성균관대 행정학박사)를 채용했는데 틈틈이 그에게서 일본어를 배웠다. 한일의원연맹 21세기위원회 위원장을 맡으면서 야먀모토 이치타 군마현지사(전 일본 참의원)와 고노 다로 방위상(전 외무대신), 후쿠야마 데쓰로(일본 입헌 민주당 간사장), 나가시마 아키히사(중의원), 마에하라 세이지(전 민주당대표) 등과 교분을 쌓았다. 상호 선거구 교환 프로그램으로 고노 다로 의원의 지역구인 가네가와 현도 방문하고 고노 다로 의원과 야마모토 이치타 의원을 내 지역구로 초청하여 고등학교 특강도 마련한 적이 있다. 일본인의 언어로 일본 국민과 소통하는 능력을 갖추기 위해 노력하고 있다.

2000년 초선 의원 시절 YPM(Young Parliament Meeting)이라는 행사가 있었다. YPM은 유럽과 아시아 간의 40대 이하 젊은 국회의원들의 미팅 프로그램이다. 이때 한국 대표로 여당에서는 내가 나갔고, 야당에는 원희룡 의원(현 제주지사)이 참석하였다. 우리 둘은 모두 영어를 제대로 못 해서 말도 못 하고 웃기만 해야 했다. 한국어 동시통역도 형편이 없어서 제대로 통역되지 않았다. 국가 돈으로 이탈리아 베네치아까지 가서 비싼 비행기 표에 호텔비까지 쓰면서 제대로 활동을 하지 못한 자책감 때문에 그때부터 영어 공부를 열심히 했다.

그렇게 쌓은 실력은 인천시장 재임 시절 서울과 경기도를 이기고 외국인 직접투자 유치 1등을 하는 데 큰 도움이 되었다. 또, 인천시에서 열린 모의유엔대회에 참석한 500여 명의 학생들을 상대로 1시간 동안 원고 없이 영어로 특강을 하여 같이 참석하였던 반기문 유엔 사무총장으로부터 가장 국제화된 정치인이라는 평가를 받기도 하였다. 뉴욕주립대학SUNY 스토니브룩을 인천 송도 글로벌 캠퍼스에 유치하는 일에도 보탬이 되었다. 트럼프 대통령이 졸업한 유펜UPenn과 스토니브룩에 가서 교수들 앞에서 겁 없이 영어로 특강을 하기도 하였다.

초선 의원 시절 방통대 중국어과에 입학하여 중국어도 공부하였다. 시간이 없어 출석할 수 없으니 출석 대체시험, 중간시험, 기말시험, 과제물 제출도 해결해야 했다. 4년제 대학을 졸업한 사람은 편입할 수 있다. 나는 2학년에 편입하여 무사히 졸업했다. 수많은 정치인이 정치적인 이유로 방통대에 입학하지만 졸업하는 사람은 거의 없다고 한다. 중국어과를 졸업한 이후 다시 일본학과에 입학하여 학업을 마친 후 졸업하였다.

2014년 7월부터 2015년 8월까지 중국 칭화대에서 방문학자로 있으면서 중국어로 특강을 하였다. 그 외에도 칭화대, 베이징대, 길림대, 상하이복단대학 등에서 특강을 하였다. 특히 중국 공산주의청년단의 지도자를 양성하는 당교, 중국청년중앙정치학원에서 특강을 한 일이 재미있었다. 200여 명의 학생을 두고 '중국공산당이 나아갈 방향'에 대해 특강을 하였다. 한국 정치인이 중국어로 중국공산당에 관한 특강을 한다고 하니 모여 있는 학생들이 신기한 듯 나를 바라보았다. 다행히 학생들은 나의 중국공산당 역사 강의를 듣고 큰 호응을 보내줬다. 지금도 칭화대 후안강 교수, 중국경제학자 랑셴핑 교수, 상하이복단대 정계용 교수등과 중국 모바일 메신저 위챗WeChat에서 중국어로 소통하고 있다.

최근에는 러시아어 공부에 집중하고 있다. 러시아 국회의원들과 왓츠앱WhatsApp으로 소통하고 있다. 러시아어는 정말 어렵다. 키릴문자 알파벳을 외우고 읽는 데까지 많은 시간이 걸렸다. 러시아연방의회 볼로딘 의장과 예피파노바 부의장, 슬러츠키 외교위원장 등 의원들과 메신저에서 러시아어로 소통하면서 실력을 쌓고 있다.

나는 4대 강국의 언어를 막힘없이 구사할 수 있도록 매일매일 노력하고 있다. 언어는 단순한 커뮤니케이션 수단이 아니다. 사상과 철학, 문화를 담는 그릇이자, 그들의 생각을 깊게 이해할 수 있는 플랫폼이다. 민족의 자주적인 공간을 만들어 나가기 위한 수단이다. 4대 강국의 언어도 중요하지만 북한의 언어와 생각, 문화, 역사, 철학을 분석하고 이해하는 것이 더 중요하다.

최근 10여 년 동안 나 자신의 축적된 경험과 철학을 정리해볼 기회를 갖지 못했다. 마음 먹고 한 권 쓰기로 했다. 내가 그동안 고민하고 경험한 것을 기초로 대한민국의 생존 전략을 모색해보기로 했다. 학문적 서술이 아니라 국제외교와 정치 일선에서 경험하고 느낀 것을 중심으로 정리를 해보았다. 왜 내가 정치를 시작했으며, 시대적으로 다양한 상황에 부딪힐 때마다 어떤 주제를 숙고했던가. 이 책에는 주로 국제외교 전략 관점에서 우리 민족의 생존방안에 관한 고민을 정리해보았다.

부족한 글을 탄탄하고 멋진 책으로 만들어준 메디치미디어 김현종 대표 이하 관계자 여러분과 원고 정리에 도움을 준 황유정을 비롯한 보좌진 여러분께 감사드린다.

2020년 2월

송영길

contents

들어가는 글_ 21세기 우리 민족의 생존방안은 무엇인가 — 004

Chapter 01 21세기 대한민국, 무엇을 어떻게 할 것인가
 01 한반도 주변의 정세와 생존 전략 방안 — 022
 02 무엇을 할 것인가? — 033

Chapter 02 한반도 평화를 위한 지구본 외교
 01 한반도를 둘러싼 국제정세 — 048
 02 외교 강국으로 가는 한반도 책략 — 054
 03 한미관계와 한중관계 — 062
 04 한일관계와 한러관계 — 070

Chapter 03 미국: 주체적 가치동맹으로의 진화 발전
 01 공동의 가치를 지향하는 한미동맹 — 082
 02 트럼프 대통령 체제하에서 나타난 한반도의 담대한 희망 — 094
 03 종속적인 관계에서 진정한 동반자 관계로 — 101

Chapter 04 중국: 외로운 대국, 진정한 형제 국가로 발전해야
 01 마오쩌뚱과 덩샤오핑 — 114
 02 현 중국 대내외 정책의 흐름 — 121
 03 경제의 걸림돌이 되는 중국의 정치 상황 — 133

Chapter 05 러시아: 유라시아 발전의 전략적 동반자
 01 대한민국 근현대사의 한 축을 차지했던 러시아 — 144
 02 대한민국 정부가 추진해온 북방정책의 역사 — 153
 03 유라시아 경제 공동체의 전략적 동반자 러시아 — 166

Chapter 06 일본: 한일관계의 새로운 패러다임
01 민주주의 국가 일본과 우호적인 관계를 만들자 — 176
02 일본과 한국이 손잡고 해야 할 일 — 185

Chapter 07 북한: 북핵문제 해결을 통한 신한반도 경제구상
01 대한민국의 국시는 평화통일 — 194
02 남북한 경제협력과 문화스포츠 교류의 중요성 — 200
03 분단의 시대를 넘어 평화와 협력의 시대로 — 210
04 한반도의 평화를 지키기 위한 우리의 외교 전략 — 220

Chapter 08 외교로 바라본 한반도 근현대사 100년
01 식민지배와 전쟁, 분단으로 얼룩진 슬픈 근현대사 — 230
02 일본 식민지배의 서막 — 237
03 2차 세계대전의 종전과 대한민국의 탄생 — 245

Chapter 09 역대 대통령의 외교 되짚어 보기
01 김대중의 외교: 한국 외교의 황금기 — 260
02 노무현의 외교: 주체적인 한미동맹 외교 — 270
03 이승만과 박정희의 외교 — 282
04 노태우, 김영삼, 이명박, 박근혜의 외교 — 289

Chapter 10 지구를 지키는 환경외교
01 에너지 문제가 국가경쟁력을 좌우한다 — 302
02 올바른 녹색성장 정책이 필요하다 — 312
03 한국형 그린 뉴딜 정책으로 남북과 4대 강국을 융합시키자 — 318

마무리하는 글_지구 문명을 선도적으로 이끌어 나가는 전략, 지구본 외교 — 324

CHAPTER

01

21세기 대한민국, 무엇을 어떻게 할 것인가

01

한반도 주변의 정세와 생존 전략 방안

한반도를 둘러싼 동아시아 정세

2019년 10월 중국과 러시아가 군사동맹을 체결하기로 했다고 〈교도통신〉이 보도했다. 중국 국방부는 이를 부인했다. 중국은 전통적으로 군사동맹에 대해 원칙적으로 부정적 입장을 견지하고 있다. 새로운 시대의 전면적 전략 동반자 관계일 뿐 군사동맹 관계는 아니라는 입장이다. 그러나 이미 중국과 러시아는 사실상 군사동맹처럼 동해와 지중해, 북해 등에서 합동군사훈련을 진행하고 있다. 냉전시대에도 볼 수 없었던 최대의 밀월관계를 과시하고 있는 것이다. 냉전시대에 소련과 중국은 사실상 적국이었다. 그래서 소련을 공동의 적으로 하는 미국과 중국은 협력을 모색하기 위해 1972년 닉슨의 중국방문이 이루어졌고 1979년 미중국교가 수립된 것이다. 냉전이 무너진 지금 공산주의 국가인 중국과 공산주의체제가 무너진 러시아 연방공화국 간에 군사협력이 훨씬 더 긴밀해졌다.

나는 미국 상·하원 의원들을 만날 때마다 중국에 대한 무역전쟁, 러시아에 대한 경제제재의 위험성을 경고하며 중국의 경제력과 러시아의 첨단군사 능력이 결합한다면 미국의 세계전략에 강력한 위협이 될 것이라고 강조하였다. 트럼프 대통령이 푸틴 대통령과 친분을 쌓고 러시아와 관계 개선을 하는 것이 정확한 방향이라고 지적했다. 2018년 워싱턴 방문 시 다나 로라바커 미국 연방 하원의원을 만났을 때 미국과 러시아 간의 관계 개선 필요성에 대해 의견을 공유한 바 있다.

최근 트럼프 대통령은 중거리 핵미사일 폐기협정인 INF에서 탈퇴했다. INF 조약은 지상에 배치된 500~5,500km의 중거리 핵미사일을 폐기하는 협정이다. 해·공군이 접근할 경우 감시할 수 있으며, ICBM^{대륙간 탄도미사일}은 체공시간이 30분 정도 걸려 요격할 수 있지만, 지상배치 중거리 미사일은 24시간 발사가 가능하고 대개 8분 이내 도착하기 때문에 훨씬 위협적이다. 선제공격용이라고 할 수 있다. 한번 발사되면 돌이킬 수 없는 핵전쟁에 돌입하기 때문에 정말 위험한 무기이다. 1987년 레이건과 고르바초프가 이 협상을 타결하여 2,700여 기의 중거리 핵미사일을 폐기시킨 것은 인류문명 생존을 위한 의미 있는 조치였다.

그런데 2019년 2월 트럼프 대통령이 러시아의 협약 위반과 중국의 중거리 핵미사일 배치를 이유로 INF 조약 탈퇴를 선언한 것이다. 나는 바로 이에 대한 반대성명을 발표했다. 이런 국제 이슈는 대한민국의 안보와 직결되는데도 우리나라 국회의원들은 상대적으로 관심이 적은 편이다. 당 차원에서도 제대로 된 논평을 내지 않는다. 미국이 대한민국에 정식 중거리 핵미사일 배치를 요청한 적이 없기 때문에 미리 호들갑을 떨 필요가 없다고 보는 것이다. 만일 미국이 이런 요구를 한다면 수용불가의 원칙을 미국에 이해시켜야 한다고 생각한다. 우리나라와 전략적 동반자 관계를 맺고 있는 중국과 러시아를 군사 적대국으로 만드는 행위는 국가안보에 치명적인 위협이 되기 때문이다.

동북아 지역에서 미국은 전략폭격기와 전략핵잠수함 등에 장착된 핵미사일로 러시아와 중국의 육상에 배치된 중·단거리 핵미사일과 균형을 이루고 있다고 볼 수 있다. 그러나 이는 비용이 많이 들기 때문에 방위비 예산 절감을 위해 중거리 미사일 아시아 역내배치를 추진하고 있다. 필리핀, 괌, 일본, 한국 등이 대상 후보지로 검토되고 있다. 이것은 동북아 지역의 핵미사일 군비경쟁을 강화시켜 3차 세계대전을 불러올 수 있는 아주 위험한 시도다. 최근 오키나와 지사는 강력하게 중거리 핵미사일 배치를 반대하는 입장을 피력하기도 했다.

전쟁 억지 군사비가 때로는 전쟁 촉진 군사비로 되는 것은 군사비가 가진 관성의 결과라고 할 수 있다. 미국을 가상의 적으로 두는 일본해군도 그런 전철을 밟았다. 태평양전쟁 당시의 일본 군부 대본영참모 세지마 류조賴島龍三는 이렇게 말했다. "방어적 무기와 공격적 무기라는 말은 동전의 양면이다."

2019년 국회 운영위원회 청와대 국정감사에서 나경원 자유한국당 원내대표와 정의용 청와대 안보실장 간에 북의 미사일 능력 향상과 국가안보문제에 대한 설전이 있었다. 미사일을 요격해서 100% 막는 것은 불가능하다. 상호 간의 미사일 능력으로 공포의 균형, 힘의 균형을 이뤄 상호 간의 안보를 지키자는 것이다. 한쪽에서 완벽한 방어를 할 수 있다는 것은 상대방을 완벽하게 공격할 수 있다는 의미다. 그러면 상대방은 이를 회피하기 위한 비대칭 전력 개발에 전념할 수밖에 없다. 최근 한반도에 미군의 사드THAAD 배치 이후 러시아와 중국이 사드를 무력화시키는 초음속 미사일을 개발한 것과 같다. 상대방의 안보를 배려해야 나의 안보가 확보될 수가 있다.

동북아의 군비경쟁은 필연적으로 3차 세계대전의 가능성을 높일 것이다. 북핵을 핑계로 한 한미일 안보동맹 강화는 필연적으로 러시아와 중국 간의 군사협력 강화와 대응을 초래한다. 이미 냉전이 무너졌기 때문에 프롤레타리아 독재체제를 붕괴시키고 민주공화제를 채택한 러시아와 시장경제를 채택한 중국 그리고 북한이 북중러 3각 군사동맹으로 발전할 것으로 전제하고, 한중일 군사동맹 체제를 강화해 동북아판 NATO를 만드는 것은 자기 예언적 실현이 될 가능성이 크다.

1차 세계대전의 전초전은 러일전쟁(1904년)이었다. 영국은 영일동맹(1902년)으로 러일전쟁 때 일본을 지지했다. 그러나 독일 빌헬름 2세의 등장과 함께 대독일주의, 대양해군 건설 등 군비확장으로 전개되자 영국은 프랑스, 러시아와 협력한다. 당시 통일된 독일의 수상이었던 비스마르크는 프랑스와 러시아와 적대하면서 2개의 전선이 만들어지는 것은 독일 안보에 치명적인 위협이 될 것이라고 생각했다.

비스마르크는 이와 같은 독일의 지정학적 의미를 정확히 이해하고 있었다. 그렇기 때문에 1873년 5월 6일 독일제국과 러시아제국은 제3국이 공격할 경우 군인 20만 명을 동원하여 피침국을 돕기로 하는 상트페테르부르크 조약을 체결하였다. 프랑스를 고립시키고 발칸반도를 둘러싼 러시아제국과 오스트리아-헝가리 제국 간의 잠재적 갈등요소를 관리하면서 독일의 안보를 지키려는 계획이었다. 그러나 신성로마제국의 영광을 구현하고자 하는 빌헬름 2세의 등장과 비스마르크의 퇴장으로 1890년 6월 15일 러시아와의 재보장조약 연장이 취소되었다. 이로써 3제동맹[1]이 무너지자 이틈을 타서 러시아와 영국, 프랑스가 상호협력하게 된다.

발칸반도에서 슬라브족과 비슬라브족 간의 갈등이 세르비아의 오스트리아-헝가리 제국에 대한 반감으로 발전되고, 사라예보를 방문 중이던 황태자 프란츠 페르디난트 대공 부부가 19세 세르비아계 보스니아인 가브릴로 프린치프의 총탄에 사망하는 사건이 벌어진다. 오스트리아-헝가리 제국은 세르비아에게 선전포고를 하고 독일과 러시아가 여기에 합세해서 4년 동안 2,500만 명이 사망하는 1차 세계대전으로 발전한다. 비스마르크가 말한 국가안보의 상호의존성과 복합적인 동맹 네트워크를 부정하고 대독일주의를 지향했던 빌헬름 2세의 무모한 정책이 빚은 참혹한 결과라고 할 수 있다.

---

[1] 1873년 10월 비스마르크 중재로 체결한 독일·오스트리아·러시아 3제국의 동맹

현재 대한민국이 복합적인 동맹 네트워크와 지금 동북아에서 벌어지고 있는 중국, 러시아의 군사협력 강화, 미국과 일본의 군사력 강화 그리고 북핵문제를 둘러싼 긴장 강화는 러일전쟁 혹은 1차 세계대전 전야의 상황과 비교된다. 백 년 전 영국과 러시아의 그레이트 게임이 영일동맹과 러프동맹 간의 러일전쟁으로 막을 내렸는데, 다시 제2의 그레이트 게임이 시작되고 있는 형국이다. 그렇다면 다시 시작되는 중러-미일 간의 대결구도 속에서 우리의 생존전략 방안은 무엇인가?

중국 〈환구시보〉는 남북 간의 군사 대립을 화약고 안에서 아이들이 불장난하는 것으로 비유했다. 1차 세계대전 직전에 비스마르크 또한 "지금 유럽은 일촉즉발의 상황인데 지도자들은 화약고 안에서 담배를 피우는 사람들과 같다"고 지적한 바 있다. "단 하나의 불꽃이 우리 모두를 태워버릴 폭발을 일으키게 될 것"이라고도 했다. 지금의 한반도를 둘러싼 동북아의 군비경쟁이 유사한 상황이라고 볼 수 있다.

일본의 조선 식민지배와 만주 침략, 태평양전쟁의 최고책임자인 히로히토 일왕이 1926년부터 1989년까지 무려 64년간의 쇼와昭和시대를 마감하고, 1989년 평화주의자 아키히토 일왕이 즉위하여 헤이세이平成시대가 시작되었다. 그리고 2019년 나루히토 일왕의 즉위로 레이와令和시대가 시작되었다. 2012년 말 이후 장기집권 중인 아베 신조 일본 총리는 아름다운 나라 일본을 추구한다고 밝혔다. 그러나 아베 총리는 2차 세계대전 전후체제를 일부 부정하면서 평화헌법 개정을 통해 전쟁이 가능한 일본으로 전환을 준비하고 있다. F-35A 105대를 도입하기로 한데 이어 추가로 수직이착륙기인 F-35B 42대를 도입하기로 결정함으로써 항공모함을 전력화하는 방향으로 군비를 강화하고 있다.

중국과 러시아를 가상의 적으로 하는 일본의 육군 및 해군력의 강화는 2차 세계대전 직전 러시아의 육군과 미국의 해군을 가상의 적으로 하여 군비증강을 하다가 파탄난 제국일본의 뒤를 따르는 시도가 될 우려가 크다. 하토야마 유키오 전 일본 총리도 이런 점을 지적하면서 대일본주의를 포기하고 중견국으로서 일본의 역할을 강조하고 있다.

문제는 남북관계다

동북아 국가들의 관계가 북중러 북방 3각 군사동맹과 한미일 3각 군사동맹으로 진화, 발전해가기를 바라는 군산복합체와 보수 강경세력들의 논리가 자기 예언적 실현이 되지 않기 위해서는 어떤 관점과 전략이 필요한가?

미중 간의 갈등은 조정되고 타협될 수밖에 없다. 미소 냉전시대와 달리 세계경제가 하나로 통합되었고 가치사슬, 생산·공급사슬로 연결되어 상호 간 긴밀하게 결합되었다. 미중 무역전쟁은 양국 모두에게 피해를 줄 뿐만 아니라 세계경제 전체에 악영향을 미치기 때문에 필연적으로 조정될 것이라고 본다. 미중 무역 갈등이 양국 간의 전쟁 형태로 발전하기는 어렵다. 만약 미중 간에 무력 전쟁이 벌어진다면 인류파멸의 길로 가게 될 것이다.

미국과 중국 사이에 선택을 하라고 한다면 당연히 대한민국은 미국을 선택할 수밖에 없다. 한국과 미국은 민주주의, 인권, 자유라는 공동의 가치를 추구하는 민주공화국이기 때문이다. 그러나 한미동맹을 기본축으로 하면서도 한중 간의 협력적 동반자 관계를 유지해 나가야 한다. 미중 갈등 속에서 자주적인 공간을 끊임없이 확보하는 노력을 해야만 한다. 그것이 대한민국의 생존전략이자 인류가 당면한 기후변화와 같은 여러 문제를 향한 전 인류적 대응전략이기도 하다.

대한민국이 미중관계의 종속변수가 되지 않기 위한 가장 중요한 전략은 바로 남북 간의 상호협력이다. 남북문제에 자주적인 주도권을 확보하려는 노력을 끊임없이 전개해야 한다. 북미 간의 교섭이 실패한다고 해서 북한과 미국이 군사적 대결로 가기는 쉽지 않으리라 생각한다. 김정은 위원장이 말하는 제3의 길 또한 핵실험 재개와 ICBM 재발사로 귀결되기는 쉽지 않을 것이다. 그렇게 되면 북한이 중국과 러시아의 협력을 구하기 어렵기 때문이다.

미국의 강력한 추가제재를 중국과 러시아가 거부하기는 어렵다. 남북관계 역시 진전될 수 없으며 북한의 경제총력집중노선이 성공할 수도 없다. 이렇게 되면 북한 인민들의 삶의 질을 보장하기가 어렵다. 북한이 생각하는 제3의 노선은 추가 핵실험과 ICBM 실험을 하지 않으면서 비핵화에 대비하기 위해 재래식 전력을 정비하는 일이다.

최근 북한은 신형방사포를 개발, 발사 실험을 했고 잠수함발사탄도미사일 SLBM도 개발하는 한편 이동형 발사대 TEL 기술도 강화했다. 이는 핵 폐기 시 이라크의 후세인이나 리비아의 카다피 같은 상황이 되지 않도록 재래식 전력의 자체 무장력을 유지, 강화하겠다는 전략으로 보인다. 그리고 중국과 러시아의 협력을 얻어 유엔을 상대로 직접 담판을 하는 방식으로 미국을 고립시켜 우회하는 전략을 선택할 수도 있다.

북한 입장에서는 이전의 어떤 정부보다 북핵문제에 전향적으로 접근하는 트럼프 대통령 임기 내에 뭔가 합의를 끌어내기 위해 최선을 다할 것이다. 트럼프 대통령 역시 북미합의라는 이벤트가 2020년 11월 대선에 가장 극적인 효과를 낼 수 있다는 점을 고려할 것이다. 물론 트럼프 대통령의 탄핵소추 의결 가능성과 재선 여부가 관건이다.

결국 문제는 남북관계다. 2018년 9월 19일 평양 선언 때를 상기해보자. 백두산 천지에 문재인 대통령과 김정은 위원장이 손을 잡고 올라가 천지의 물에 함께 손을 담그며 남북 간 화해와 협력의 분위기를 꽃피웠다. 북한 최대 규모의 종합체육경기장인 능라도 5·1경기장에 모인 15만 평양 군중에게 문재인 대통령이 사전 협의 없이 직접 연설을 했고 역사적인 9·19 군사합의가 이루어졌다.

그런데 1년이 지난 2019년 9월 19일에는 제대로 된 기념식조차 할 수 없을 정도로 썰렁한 상황이 되었다. WFP세계식량계획를 통해 5만 톤의 쌀을 제공하겠다고 했지만 북한이 공개적으로 거절했다. 게다가 북한은 가장 모욕적인 언사로 대한민국 대통령과 정부를 비난하기까지 했다. 국내 보수세력이 문재인 정부의 대북정책이 실패했다며 조롱해도 반박하기 어려운 상황으로 치닫고 있다.

왜 이렇게 되었을까? 문재인 정부가 북한을 제대로 모르는 부분도 있고, 북한이 어떠한 전략과 철학에 따라 움직이는지에 관한 분석이 부족한 탓이 있다고 본다. 수많은 남북 간의 합의에도 불구하고 대한민국 정부가 미국을 설득시켜 남북한만의 자주적인 협력공간을 만드는 데 실패했기 때문에 북한을 설득하는 수단을 확보하지 못한 것이다. 결국 남한이 미국의 동의 없이는 아무것도 할 수 없는 무력한 존재로 비춰지면서 북한의 통미봉남 전략이 강화되었다.

　북한의 평창 동계올림픽 참가와 이에 따른 남북관계 개선은 우리 정부의 대북 화해협력정책이 작용한 면도 있겠지만 주된 요인은 북한의 전략 변화 때문이다. 김정은은 김정일 때보다 집중적으로 핵실험과 미사일 발사 훈련을 통해 조속한 시기에 핵능력과 ICBM을 완성하기 위하여 총력을 기울였다. 트럼프의 '화염과 분노'와 같은 선제폭격의 위협에도 불구하고 자신들의 전략목표에 매진했던 것이다. 핵무기와 ICBM만이 미국을 상대로 동등하게 협상할 수 있는 길임을 누구보다 잘 알고 있었기 때문이다. 그러면서 대화 국면으로 전환하던 시기에 마침 시의적절하게 평창 동계올림픽이라는 계기가 있었던 것이다.

　지금 단계에서 북한은 자신들의 핵과 ICBM을 경제제재 해제와 북미관계 정상화(종전선언, 평화협정, 북미수교)로 가기 위한 협상수단으로 활용할 것이다. 동시에 핵과 ICBM을 폐기하였을 때 자신들의 안보를 지킬 수 있는 대형 신방사포와 SLBM, TEL 등의 재래식 무력을 확보하기 위해 총력을 기울일 것이다. 북한의 입장에서 보면 지극히 합리적인 안보전략이라고 할 수 있다.

 이러한 상황에서 대한민국은 어떠한 전략으로 이 문제를 풀어갈 것인가? 미국을 설득하여 북한이 느끼는 안보위협의 해소를 단계적으로 담보해주어야 한다. 유엔 제재 해제 이전에 개성공단을 복원하고 금강산 관광을 재개해야 한다. 그보다 먼저 유엔 제재의 예외인 나진-하산 프로젝트부터 복원해야 한다. 이를 뚫어내기 위해 모든 외교역량을 집중해야 한다.

 미국의 2020년 대통령 선거도 우리가 활용하기에 따라 충분히 이러한 공간을 만들어낼 수 있는 기회가 될 것이다. 이와 동시에 중국과 러시아와 대화를 촉진하고, 프랑스와 영국 등 유엔 안보리 상임이사국과 긴밀한 협의를 통하여 종국에는 미국과 북한을 설득하는 양면 전략을 구사해야 한다고 생각한다.

 1871년 독일 통일을 달성한 비스마르크는 "역사 속으로 사라져가는 신의 옷자락을 놓치지 않고 붙잡는 것이 정치가의 임무"라는 명언을 남겼다. 기회가 왔을 때 놓치지 말라는 얘기다. 1989년 베를린장벽 붕괴와 독일 통일이 그랬다. 우리는 어떠한가? 분단 70년이다. 5,000년 역사를 같이하는 단일민족 국가인 우리만 지구상에서 유일하게 분단·적대 상태, 법률적·기술적 전쟁 상태를 유지하고 있다. 부끄러운 일이다. 몇 차례 신이 옷자락을 드러낸 듯 보였으나, 우리는 그것을 붙잡지 못했다.

02

무엇을 할 것인가?

 내 인생의 화두는 늘 "무엇을 할 것인가"였다. 내 인생을 10년 단위로 나누어 살펴보면 그때마다 결정적인 변화의 전환점이 있었다.

1980년대: 학생운동·노동운동 시기

 20대 학생운동 시절의 화두도 "무엇을 할 것인가?"였다. 광주시민을 학살하고 대한민국 헌정질서를 파괴한 전두환 정권을 타도하는 데 뭐라도 기여하는 삶을 선택해야만 했다. 비겁하게 도망갈 수 없었기에 10년 동안 학생운동과 노동운동을 했다. 실존적인 고민과 사회적 고민 속에 방황하던 시기이기도 했다.

 지배자들은 항상 민중을 빵과 채찍으로 통제한다. 빵과 채찍은 민중들에게 유혹과 공포로 다가온다. 깨어있는 시민들의 조직된 힘이 있어야 이를 이겨낼 수 있다. 80년 5월과 학생운동을 겪으면서 미국의 실체를 객관적으로 분석하고 파악할 수 있게 되었다.

　NL-PD 논쟁을 하면서 대한민국의 계급문제와 민족문제를 고민하고 심화시켰다. 남북문제와 북한 주사파 문제를 정면으로 맞서 공부하고 분석하고 정리할 수 있었던 시기였다. 친미, 반미를 넘어서 용미用美를 주장하는 김대중 대통령의 전략적 선택을 깊게 공부하고 이해할 수 있었다. 대한민국의 정체성을 확고히 하면서도 어떻게 남북문제를 화해협력으로 이끌어 나갈 것인가 고민했다. 주체사상을 신봉의 대상이 아니라 사회과학적으로 비판하고 분석하며 북한사회를 내재적 관점으로 이해하는 능력을 갖춘 시기이기도 했다.

80년대 노동운동 당시 인천 기독교 민중교육연구소에서

1990년대: 법률 공부와 변호사 생활 그리고 정치 입문

30대를 맞이한 1990년대는 냉전체제가 붕괴되는 시기였다. 베를린 장벽이 무너지고 소비에트연방이 해체되었다. 공산주의, 사회주의에 대한 환상도 깨졌다. 블루 파시즘과 레드 파시즘을 객관적으로 비교하여 바라볼 수 있는 시대가 된 것이다.

공산주의자들은 '서방세계에서 말하는 민주주의는 부르주아들만의 민주주의이고 프롤레타리아에 대한 독재를 의미하며, 공산주의가 말하는 프롤레타리아 독재는 프롤레타리아의 민주주의이며 자본가들에 대한 독재를 의미한다'고 선전했다. 인민민주주의독재, 민주집중제라는 말로 현혹했다. 그러나 프롤레타리아 독재가 부르주아들에 대한 독재만이 아니라 노동자계급에 대한 더 가혹한 독재로 전락하면서 당내 민주주의도 질식시키고 당 중앙으로 모든 권한이 집중되었다가 결국 당 서기장 수령의 일인독재 개인숭배로 발전하는 현상을 보고 학생운동권 시절의 편협한 시각에서 벗어났다.

민주주의와 시장경제, 생산적 복지 3대 이념을 제시한 김대중 대통령의 취임사는 지금 다시 봐도 새롭다. 민주주의와 시장경제는 서로 공존하기도 하고 부딪히기도 한다. 극심한 빈부격차와 사회적 이동성이 차단된 약탈적 시장경제에서는 민주주의가 질식당하고 공산주의자들이 지적하는 그들만의 민주주의, 대다수 민중에 대해서는 폭력적인 지배층의 독재로 전락할 수 있다.

그러나 자유민주주의 체제에서 자유·평등·보통·비밀 선거를 통해 국회의원과 대통령을 선출하고 언론, 학문, 집회, 종교, 양심의 자유 등을 불가침의 권리로 선언한 것은 인류의 진보와 발전이다. 이를 확고히 인정해야 공산주의 유혹을 이겨낼 수 있다.

1991년 한 달 동안 동유럽과 러시아를 배낭여행 하고 나서 사법시험 공부를 하면서 대한민국의 작동원리인 헌법의 매력에 빠져들었다. 민법의 3대 원리인 사유재산 존중 원칙, 사적 자치 원칙, 과실 책임의 원칙을 이해했다. 법률관계, 권리와 의무의 법적 의미, 기본권과 행복추구권을 이해하게 되었다.

기본권의 이중적 성격, 즉 사회통합의 기본 가치이면서 객관적 가치질서라는 점을 알게 되었다. 통치구조의 기본권 기속성, 즉 대통령, 국회의원 등 지배통치기구가 국민의 기본권 실현을 위한 수단적 존재라는 사실을 확실하게 깨달았다. 이미 2,000년 전에 공자, 맹자가 설파한 진리를 다시 한번 확인할 수 있었다.

사법시험 2년 반, 사법연수원 2년, 변호사로서 3년의 세월을 보냈다. 최초의 평화적 정권교체를 이룰 김대중 정부에 협력하기 위하여 김대중 대통령의 '젊은 피 수혈론'에 힘입어 민주당에 들어와 원외위원장으로서, 초선 국회의원으로서의 삶을 살았다.

사법연수원 시절 사법 연수지 편집위원들과 함께

2000년대: 국회의원으로 정치일선에 서다

나는 사주를 보면 싸우는 사람보다는 일하는 사람이라고 나온다. 여당 체질이라는 사람도 있다. 정글에서 싸우는 야수와 같은 육식동물이 아니라 황소처럼 일하는 초식동물이다. 그러나 자식들과 무리를 보호하기 위해서 싸울 때는 사자와도 대결하는 황소 같은 기질도 있다.

여당 의원으로 정치를 시작하였다. 인천 계양구 국회의원이던 이기문 변호사가 선거법 위반으로 의원직을 상실하면서 1999년 6·3 보궐선거를 했다. 당시 386세대 젊은 의원들이 나를 추천하였고 그때 총재를 겸직하고 있던 김대중 대통령이 나를 공천하였다. 그런데 공교롭게도 당시 김태정 법무부 장관의 옷로비 사건이 뉴스를 장식해 언론의 선정적인 보도로 여론이 나빠졌다. 선거운동 기간 내내 관련 보도가 쏟아졌다.

당시 몽골 순방을 마치고 선거 전날 귀국한 김대중 대통령은, 보고를 듣고 실체가 없다고 판단해 김태정 장관 유임을 결정하고 언론을 상대로 마녀사냥이라고 비판하였다. 그러자 6·3 선거 당일 모든 신문에서 김대중 대통령의 결정을 비판하고 나섰다. 당시 상대방이었던 안상수(현 국회의원) 후보는 선거 차량에 호피코트를 입힌 마네킹을 싣고 회초리로 때리면서 선거운동을 하였다. 나는 당일 선거에서 9,000여 표차로 대패하였다.

10개월 후인 2000년 4월 16대 총선이었다. 재공천이 쉽지는 않았지만 출마해 4,000여 표 차이로 승리하였다. 그렇게 여당 국회의원으로 김대중 정권 2년, 노무현 정권 5년, 총 7년을 보냈다. 7년 동안 더 잘할 수 있었는데 하는 아쉬움이 많다. 그러나 국회의원으로서 상가임대차보호법, 일제강점하 반민족행위 진상규명에 관한 특별법, 친일반민족행위자 재산의 국가귀속에 관한 특별법 등을 발의하여 통과시킨 보람이 있었다.

한미 FTA 특위 위원장을 맡아서 노무현 정부의 한미 FTA 협상을 성공적으로 뒷받침해내고 개성공단 원산지 인정 규정 근거를 만들어낸 보람도 있었다. 또한 부시 행정부의 선제공격전략 Preemptive Strike Policy 에 맞서 이라크 침략전쟁을 반대하고 이라크까지 다녀왔던 경험들도 뜻깊은 추억으로 남아있다.

2010년대: 인천광역시장으로 민생행정을 경험하다

　인천시장 시절은 외교 역량과 글로벌 마인드가 실제적 행정집행을 통해서 꽃피운 시기다. 내가 인천시장에 당선된 2010년은 부동산 잔치가 끝나갈 무렵이었다. 2007년부터 2009년까지 부동산 열풍이 몰아치던 시기, 전임시장과 인천도시공사는 사업을 문어발식으로 확장했다. 그러나 점차 개발 열기는 식어갔고 청라, 영종도, 루원시티개발, 도화지구 인천대부지개발 등 인천도시공사 부채가 7조 원을 넘어섰다.

　부동산거래 취등록세에 의존하는 지방재정은 부동산거래 실종으로 점점 취약해졌다. 송도의 상징인 68층 동북아트레이드센터빌딩도 대우건설이 시공하다가 공사비 체납으로 공사가 중단되면서 을씨년스럽게 서있었다. 주요 일간지들이 송도를 유령도시로 표현했다. 송도도 분양이 안 되면 212군데나 지정된 재개발 재건축은 경제성이 나오기가 어려웠다.

　인천시 재정이 최악에 이른 상황에서 시정을 맡은 것이다. 재정문제를 해결하는

2010년 인천시장에 당선되던 날

가장 좋은 방법은 외자 유치 및 국내기업 유치였다. 기업 유치를 해야 땅이 팔려 부채를 갚고, 고용과 세수가 늘어나는 1석 3조 효과를 낼 수 있다. 미국, 유럽, 중국, 일본을 돌아다니며 외자 유치에 총력을 기울인 결과, 마침내 서울과 경기도를 누르고 2013년 인천시가 외자 유치 부문 1등을 차지했다.

2020년대: 다시 무엇을 할 것인가?

촛불혁명으로 살아있는 권력인 현직 대통령이 탄핵되고 구속·기소되었다. 그것도 피 한 방울 흘리지 않고 헌법적 절차에 따라 평화적으로 이루어졌다. 전 세계에서 유례를 찾아볼 수 없는 기적적인 일이다. 수백만 명의 시민이 수개월에 걸쳐 야간에 시위를 하면서 폭력사태, 약탈이나 방화 없이 평화적으로 의사 표시를 하는 것을 보고 전 세계가 감탄하였다. 이것이 가능했던 것은 대한민국 국민의 뛰어난 민주시민으로서의 역량 덕분이다. 거리의 외침을 제도적으로 현실화할 수 있었던 데는 3가지 이유가 있었다고 생각한다.

첫째, 2016년 20대 총선에서 민주당이 정당투표에서는 3등이었지만, 의석수로 보자면 제1당이 되어 민주당 출신 정세균 의장을 탄생시킨 것이다. 둘째, 외유내강의 부드러운 리더십을 지닌 우상호 원내대표가 야당을 설득하여 과반수도 안 되는 민주당이 재적의원 3분의 2가 넘는 표를 확보한 것이다. 셋째, 반기문 유엔 사무총장 덕분이다. 김무성을 비롯한 자유한국당 탄핵세력들이 반기문 총장을 추대하여 정권을 창출할 수 있다는 희망이 있었기 때문에 박근혜를 버리고 탄핵에 동참할 수 있었다고 본다.

2019년 연말에 뒤늦게야 4+1 형태로 공수처법 등 개혁 입법을 통과시킬 수 있었다. 이것은 소수정당을 배려하는 연동형 비례대표제라는 선거법 개정안을 제시한 타협책 때문에 가능했다. 연동형 비례대표제를 골간으로 하는 이번 개정선거법 하에서는 단독 과반정당이 나오는 것은 사실상 어려워졌다. 연정이 불가피하다. 보수와 진보 모두 분열을 전제로 사안별로 이합집산하는 일이 벌어질 것이다. 대통령제와 어울리는 양당제에서 대통령제와 충돌되는 다당 구조가 만들어질 것이다. 이는 필연적으로 연립정부가 가능한 개헌문제로 연결될 수밖에 없다.

국회를 불신하고 대통령제를 선호하는 우리나라 현실에서 내각제 도입은 시기상조이다. 이원집정부제도 대통령과 총리의 충돌을 방지하기가 쉽지 않다. 대통령제와 이원집정부제의 중간 형태로 고민되는 것이 책임총리제도이다. 즉 국회가 추천한 총리후보를 대통령이 임명하는 구조이다. 국회 추천으로 임명되더라도 헌법 제86조 제2항 '국무총리는 대통령을 보좌하며, 행정에 관하여 대통령의 명을 받아 행정각부를 통할한다'는 조항을 유지하면 이원집정부제에서와 같은 상호충돌의 위험을 통제할 수 있을 것이다. 대통령이 국무총리 임명 및 해임권을 가지고 있기 때문이다.

"생계형 정치인이 되어서는 안 된다." 아내가 항상 내게 하는 말이다.

"적폐와 싸우고 정의를 바로 세워라. 국민의 먹고사는 문제를 해결하라"는 요구이다. 그래서 인천시장을 그만두고 국회 복귀하기 전에 〈평화와 먹고사는 문제 연구소〉를 여러 동지들과 뜻을 모아 만드는 데 참여한 바 있다.

총선출마를 앞두고 다시 화두를 생각한다. "송영길, 너는 왜 정치를 하느냐?"라고 물으면 나는 민족의 화해와 번영 그리고 통일이라고 외칠 것이다. 김구 선생이 〈나의 소원〉에서 너의 소원이 무엇이냐는 물음에 세 번을 물어도 똑같이 내 소원은 조선의 독립이라고 대답할 것이라고 외쳤듯이.

문재인 후보의 총괄선대본부장 제안을 받고 밤새 《문재인의 운명》과 《대한민국이 묻는다》라는 책을 읽으면서, 문재인 후보의 민족화해, 번

문재인 후보 캠프 선대위원장, 본부장단 회의에서

영, 통일의 시각과 노선에 전적으로 공감했다. 그래서 초대 북방경제협력위원회 위원장을 맡아서 열심히 일했다. 전당대회에 당대표로 출마하게 되어 북방경협력위원회를 끝까지 책임지지 못해 대통령에게 죄송할 뿐만 아니라 아쉬움이 크다.

2018년 평창 동계올림픽을 계기로 문재인 대통령의 노력이 더해져 남북정상회담이 이루어지고 이어서 싱가포르 북미정상회담이 이루어진 것은 감격적인 일이었다. 이후 4·27 판문점선언, 9·19 평양선언은 우리 모두에게 희망과 장밋빛 비전을 그리게 만들었다. 그러나 그 이후 하노이 북미정상회담 결렬을 비롯하여 북미실무협상 결렬과 남북관계 단절, 북의 남에 대한 가혹한 비난을 보면서 현 시국의 어려움을 실감하게 된다.

1994년 제네바 합의는 북한의 강석주 외교부 제1부상과 미국의 로버트 갈루치 국무부 핵 대사 간의 회담이어서 실패하더라도 정상회담이라는 카드가 있었다. 그러나 북미정상회담을 3번이나 했는데 문제가 해결되지 않고 결렬되면 북핵문제와 한반도 평화문제는 장기미제사건으로 표류할 수밖에 없다. 비스마르크가 정치가는 역사 속에 사라져가는 신의 옷자락을 잡아내는 것이라고 했는데 지금이야말로 그럴 때가 아닌가 하는 절박한 생각이 들었다.

흔히 문재인 정권을 민주당 정권이라고 이야기한다. 문재인 대통령은 주요 사안에 대해 당을 참여시키고 당정협의 강화를 지시한다. 당을 많이 배려한다. 그런 만큼 주요 메시지는 당정협의를 통해 발표할 필요가 있다. 당이 준비된 역량을 가지고 내각과 청와대를 이끌어 나갈 실력을 갖추어야 한다. 따라서 당 지도부의 역할이 매우 중요하다. 가감 없이 민심을 전달하고 내각이 시행하는 각종 정책이 현실과 민심에서 유리되지 않도록 방향을 잡는 역할을 수행해야 한다.

문재인 대통령은 현 정부를 '민주당 정부'라고 이야기하지만 '민주당 정부'가 되기에는 민주당의 실력이 부족하다. 앞으로 정권을 재창출한다면 적어도 경제부총리와 외교부 장관, 국방부 장관, 법무부 장관 정도는 대통령 및 여당과 함께 국정 철학을 공유할 수 있는 실력 있는 '팀'으로 출범시킬 수 있는 준비가 되어 있어야 한다.

송영길의 지구본 외교
둥근 것이 강한 것을 이긴다!

02

한반도 평화를 위한 지구본 외교

01

한반도를 둘러싼 국제정세

"도태할 것인가 진화할 것인가?"

인천시장에 막 취임하며 간부 공무원들에게 던졌던 화두이다. 세계시장에 팔리려면 국내시장도 세계 상품에 문을 열어야 한다. 주체적인 개혁개방이 필요하다.

2007년 3월 노무현 정부하에서 법무부 장관을 역임했던 천정배 의원은 한미 FTA의 일부 조항을 문제 삼아 체결을 반대하며 25일간 단식을 했다. 또 2012년 총선을 앞두고 참여정부에서 총리를 지낸 한명숙 의원이 당대표를 맡고 참여정부의 2인자로 열린우리당 대표와 통일부 장관을 지낸 정동영 의원을 최고위원으로 하여 발족한 통합민주당은 한미 FTA 폐기를 당론으로 채택했다. 참여정부의 외교성과로 홍보하던 한미 FTA를 이명박 정부가 재협상을 통해 자동차 부문을 약간 양보했다고 해서 이를 반대한 것은 옹색한 논리였다. 유시민, 정동영 의원

등은 참여정부 때 장관으로서 한미 FTA를 막지 못한 것을 공개반성하면서 진보 진영에 가담했다. 이것은 참여정부의 외교적 성과를 부정하는 자해행위였다고 생각한다.

나는 인천시장 시절 집권당일 때 추진했던 한미 FTA를 야당이 되었다고 반대하는 것은 모순이라 여겨 찬성의사를 밝혔다. 내가 한미 FTA 폐기 당론을 어겼다고 제명해야 한다고 주장하는 의원이 있을 정도로 당내에서 비판 받기도 했다. 그런데 문재인 정부 들어와 트럼프 대통령이 한미 FTA가 미국에 불리하다며 개정을 요구하자, 오히려 지난 FTA 협상이 잘되었으니 지켜야 한다는 주장이 나오는 모순된 상황이 벌어지기도 하였다.

한미 FTA를 반대하는 정당이 대한민국에서 집권여당이 되기는 어렵다. 미국이라는 시장을 장악할 기회가 생겼다는 자신감이 필요하다. 제조업 강국은 자유롭고 개방적인 국제무역질서를 선호한다. 제조업이 공동화된 미국이 다자간 자유무역질서를 제한하려 하고, 한국의 반도체 IT 산업 성장에 위기를 느낀 일본이 강제동원배상 판결을 빌미로 한국을 화이트리스트에서 배제하는 등 무역보복 조치를 취한 것이 그 방증이다.

동남권신공항으로서 김해공항은 부적절하고 대안으로 가덕도가 타당하다고 주장해왔던 나는 가덕도를 직접 방문해서 기록에서 보던 척화비를 둘러본 적이 있다. 대원군이 병인양요, 신미양요를 겪은 다음 전국에 세운 척화비 가운데 하나다. "양이침범, 비전즉화, 주화매국洋夷侵犯 非戰則和 主和賣國"이라고 써놓았다. "서양 오랑캐가 침입하는데 싸우지 않으면

가덕도 척화비를 둘러보며

화해를 하는 것이니, 화해를 주장하면 나라를 파는 것이 된다"라는 뜻이다. 변화와 개방에 대한 두려움과 완고함이 스며들어 있다.

나는 헤겔의 인정투쟁[1]과 주인과 노예이론을 자주 상기한다. 대한민국이 주변국에서 중심국이 되는 길은 무엇인가? 세계적인 국제 분업 질서 가치 사슬에서 고부가가치 부분을 감당해 나가야 한다. 우리 민족은 위대한 자질과 잠재력을 가지고 있다. 단점도 있지만 스스로 과도하게 자기비판하고 과소평가해서는 안 된다. 장점을 발굴하고 격려하고 발전시켜 나가야 한다. 사람의 존재가치는 그가 어떤 과제를 해결할 능력을 가지고 있는가 하는 문제이다. 그 사람이 속한 사회 공동체에 헌신할 자세와 철학을 가지고 있는지 물어야 한다. 자신의 삶과 기쁨을 어떻게 전체 사회 공동체의 발전과 행복에 연결시킬 수 있는가를 생각해야 한다. 나는 묻는다. 대한민국의 전략적 가치는 어떻게 만들어 나갈 것인가?

---

[1] 헤겔의《정신현상학》에서 나온 개념. 주인-노예관계에서 노예가 주인과 대등한 자아로 발전하는 과정에 대한 변증법적 분석

중국공산당이 어떻게 미국과 소련의 지원을 받은 장개석 국민당을 이길 수 있었을까? 그것은 중국공산당이 중국민중 모두가 우선순위로 생각하는 항일전쟁의 최전선에 서고자 했기 때문이다. 실제 항일투쟁 규모가 국민당이 더 컸다고 하더라도 그 정당이 공표하고 선전하는 우선순위와 자세에서 중국공산당이 훨씬 더 항일전쟁에 강력한 실천 의지를 보였다. 그렇기 때문에 중국 민중의 마음을 얻을 수 있었다.

마찬가지로 대한민국이 세계의 지도력을 얻을 수 있는 방법은 무엇인가? 지구온난화 반대, 핵무기 없는 세상을 선도적으로 실천하는 것이다. 질병, 사고, 마약, 노령화, 자살, 범죄, 환경, 노사, 종교, 사회적 갈등, 수많은 현상에 모범적인 대안과 성숙한 문화역량을 축적해 나가야 한다. 김구 선생의 문화국가론도 연상된다.

내가 생각하는 '대한민국 지구본 외교 전략'은 세계적인 문제인 지구온난화 문제, 해양오염, 에너지, 재난, 물부족, 기아, 전쟁, 테러, 마약 등 문제에서 대한민국의 국제사회 헌신과 문제해결 능력을 높여 나가는 것이다. 나는 인천시장을 그만둔 이후 정치를 그만둔다면 내가 이 사회에 기여할 것이 무엇인가를 고민하였다. 가장 하고 싶은 것이 군축, 반핵운동과 기후변화 대응 등 지구 지키기 운동이다.

프랭클린 루즈벨트 대통령 취임사에서 지적한 대로 두려워할 것은 두려움 자체라는 자세를 가져야 한다. 정면으로 맞부딪히고 대화를 통해 협력을 이끌어내고 지혜를 모아야 한다. 민족주의에 갇히면 안 된다. 극단주의, 냉소, 편견, 허무주의에 빠져서도 안 된다. 외국인 혐오, 인종 차별, 테러에 대한 공포로 특정 집단을 매도하고 증오하고 대화의 문을 닫음으로써 공포로 도피해서도 안 된다. 공포로의 도피는 자유의 포기이고 자유에서의 도피이다.

국제회의에서 트럼프 대통령은 세계를 구하는 것은 국제주의가 아니라 애국주의라 주장한다. 궤변이다. 모두 자국 우선주의이다. 국경에 장벽을 세우고 기후난민들을 몰아낸다. 구명보트에 올라타려고 살려달라고 울부짖는 사람들의 머리를 노로 때려 물에 집어넣은 형국이다.

시진핑 주석은 위대한 중화민족 부흥을 외친다. 100만 명이 넘는 위구르족들을 집단 직업훈련소에 강제 이주시켜 통제하는 것으로 알려졌다. 푸틴의 대유라시아 제국 구상과 아베 신조의 보통국가, 전쟁이 가능한 일본제국의 꿈이 부딪히고 있다. 만델라와 김대중 같은 리더십이 보이지 않는다. 그나마 메르켈과 마크롱을 보면서 유럽의 진보성에 대한 희망을 갖기도 한다. 대한민국은 글로벌 이슈에서 어떠한 목소리와 철학을 제시해 나갈 것인가?

내가 주장하는 지구본 외교는 세계경영의 외교이다. 한 국가 내에서 중산층은 좌우 독재를 막는 민주주의 뼈대이고 보루이다. 중산층이 무너지면 좌우 포퓰리즘 독재로 흐르면서 나라가 망가진다. 정치도 마찬가지이다. 미국이나 한국이나 모두 양당이 극단적으로 분열되었다. 진영논리로 조금이나마 자기 진영에 대한 반성적 고찰을 하는 사람은 이적행위자, 간첩으로 매도하고 공격하는 포퓰리즘이 횡행하고 있다.

미소 냉전 시기인 1955년 인도네시아, 인도, 스리랑카, 미얀마, 파키스탄 등 5개국이 주도한 반둥회의를 시작으로 비동맹 중립주의, 집단적 군사동맹 불참 원칙 등을 선언한 아시아 및 아프리카에서의 새로운 세력 출현은 국제사회에 충격을 안겨주었다. 수카르노, 네루, 나세르와 같은 지도자들이 출현하기도 했다. 소련 해체 이후 미국 중심의 단극체제에서 중국의 부상은 마치 투키디데스의 함정처럼 다른 국가에게 줄서기를 강요하게 될 것이다. 최근 모디 총리가 이끄는 인도가 중국과 러시아 사이, 그리고 미국과 일본 사이에서 적극적인 외교를 통해 진영을 넘어서는 행보를 보이는 것처럼 새로운 중간지대 외교영역 확보가 절실히 필요하다.

대한민국은 중견국가들과 협력을 통해 패권적 질서에 반대하고 미중 대립을 양보와 협력으로 촉진시키는 역할을 감당해 나가야 한다. 당면하는 인류문명에 대한 도전에 대해 솔루션을 선도적으로 제시해 문제 해결 역량이 있는 국가로 발전해 나가야 한다. 삼성그룹이 각 지역 전문가를 양성한 것은 잘한 일이다. 설사 삼성의 투자를 받고 지역 전문가가 된 사람들이 삼성을 떠나더라도 결국 대한민국 자산이 될 것이라는 생각으로 이건희 회장이 이를 추진하였다고 한다. 평가할 만한 일이다. 세계 각국을 연구하는 전문가들이 늘어야 한다. 대한민국 외교부의 예산과 조직을 두 배 이상 늘리고 전문역량을 강화시켜야 한다.

지구의 축이 23.5도 기울어진 것같이 한미동맹을 기본 축으로 하되 한미동맹이 대북한 방위를 넘어 대러, 대중 군사적 대립으로 발전하는 것을 차단하고 분명한 자기 목소리를 내면서 자주적인 민족이 생존공간을 자신감 있게 열어 나가야 한다고 생각한다.

02

외교 강국으로 가는 한반도 책략

문재인 대통령이 당선되고 나서 외교가 이렇게 중요한 줄 몰랐다고 토로한 적이 있다. 김대중 대통령은 우리나라는 외교를 잘하는 민족이 되어야 한다고 역설했다. 반도의 운명이다. 대륙과 해양세력의 틈바귀에서 어떻게 생존해갈 것인가?

1880년 일본을 방문한 김홍집에게 청나라 외교관 하여장何如璋과 황준헌黄遵憲이 정리한《조선책략朝鮮策略》을 다시 한번 읽어본다.

"조선이라는 땅덩어리는 실로 아시아의 요충지에 있어 그 형세가 반드시 다툼을 가져오게 되어 있다. 아 슬프고 슬프도다! 시세의 절박함은 위태롭고도 위태로우며 기회가 오는 것은 은밀하고도 은밀하다. 이 기회를 지나쳐 버리면 알든 모르든 친숙하든 소원하든 오대주 종족이 모두 조선이 위태할 것이라고 보는데도 조선만이 임박하고 있는 재앙을 도리어 알지 못하고 있으니, 이것이야말로 처마의 제비가 불붙은 것도 모른 채 아무 근심 없이 즐겁게 지저귀는 것과 무엇이 다르겠는가? (중략) 러시아가 낭진(狼秦, 이리 같은 진나라)처럼 영토 확장에 주력해온 지 300여 년, 그 첫 대상은 유럽이었고 다음은 중앙아시아였으며 오늘날에 이르러서는 동아시아로 옮겨졌으니, 그 첫 번째 대상이 마침 조선이 되어 이제 그 피해를 입게 된 것이다."

《조선책략》은 청나라가 러시아에 맞서 자국의 이익을 보호하기 위해 조선에 제안한 이이제이(以夷制夷, 이 나라의 힘을 이용하여 저 나라를 제어함) 방안이었다. 청나라 이익의 관점에서 조선 문제를 바라본 것이다. 그러나 중국의 처지도 조선과 별반 다르지 않았다. 러시아를 가장 위험하다고 여겼던 황준헌은 일본과도 손잡고 러

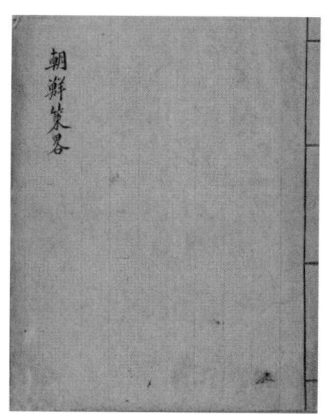

19세기 말 청나라 외교관 하여장과 황준헌이 쓴《조선책략》

시아를 견제해야 한다고 조언했지만, 그것은 결과적으로 러시아를 견제하고 중국 이권을 차지하기 위해 일본과 연합한 영국과 미국의 전략에 놀아난 셈이 되었다. 결국 하여장과 황준헌의 세계인식과 당대 정세분석은 근시안적인 것이었으며 자국의 몰락을 재촉했다.

한미일 삼각동맹을 강요받는 한국의 딜레마

조선은 1882년 조미통상수호조약을 체결했으나 미국을 독자적인 동맹국으로 끌어올려 일본의 침략을 견제하기에는 역부족이었다. 동북아시아에서의 미국의 전략적 이익에서 조선이 일본을 능가하는 전략적 가치를 만들지 못했다. 1905년 체결된 가쓰라-태프트 밀약[2] 이후 현재까지 미국의 동아시아 정책은 만주사변부터 태평양전쟁 시기까지 14년을 제외하곤 항상 일본이 우선이었다.

미국이 자국 동아시아 전략에서 일본을 중심축에 놓은 것은 1951년 9월에 체결하고 1952년 4월에 발효된 샌프란시스코 강화조약에 토대를 두고 있다. 그 조약에서 미국은 패전국이자 전범국인 일본을 사실상의 동맹국으로 격상시켜 미일안보조약을 체결하고, 일본 군국주의 침략전쟁의 최대 피해자인 남북한과 중국(중국 본토와 대만 정부 모두)을 강화회의에 초청하지도 않았다. 1947년 '트루먼 독트린'으로 냉전체제에 돌입한 미국은 1949년의 중국 공산화와 1950년 한국전쟁을 거치면서 대소련 봉쇄를 축으로 한 동서냉전체제를 본격화하면서 일본을 동아시아 냉전전략의 교두보로 삼았다.

한편 미중 데탕트시기[3]에 일본은 발 빠르게 변신했다. 다나카 카쿠에

---

2 1905년 일본과 미국이 비밀리에 체결한 밀약으로 '일본은 미국의 필리핀 지배를 확인하고, 미국은 일본의 조선 지배를 승인한다'는 내용이다
3 1972년 미중은 탁구외교를 계기로, 닉슨 대통령이 중국을 방문하여 마오쩌둥 주석과 상해공동선언을 발표했다. 소련을 견제하기 위한 미국과 중국의 공동전선이었다.

이 총리의 방중을 통해 미국보다 7년 먼저 1972년 중일국교를 정상화하였다. 1991년 소련체제가 붕괴된 이후 부상하는 중국에 맞서 미일동맹은 더욱 강화·발전되어 왔다.

1990년 한소국교 수립, 1992년 한중국교 수립으로 북방정책을 시도해온 대한민국은 최근의 미중 무역분쟁, 미러 군사대치 상황 속에서 다시 선택을 강요받고 있다. 한미일 삼각동맹으로의 발전을 미일 측으로부터 요구받고 있는 것이다. 보수적인 인사들은 북핵문제가 발생하면 한미동맹 강화, 한미일 안보협력을 주장한다. 중요한 지적이자 한반도 외교전략의 필요조건이다. 그러나 충분조건이 필요한데 그것은 북방외교, 즉 중국과 러시아의 협력이다.

우리 국민 중 일부는 지금도 북한의 남침도발을 걱정한다. 적화통일을 시도할 것이라고 주장한다. 그러나 한국전쟁은 스탈린과 마오쩌뚱의 협력과 동의 없이는 일어날 수 없었다. 중국과 러시아가 대한민국과 전략적 동반협력관계를 맺고 있는 마당에 중국, 러시아가 북한의 침략도발에 결코 동의하지 않을 것이다.

한국전쟁 당시는 공산주의 경제체제와 자본주의 경제체제가 서로 분리되어 블록경제를 이루고 있었다. 그러나 지금은 중국이 개혁개방으로 세계시장경제에 편입되어 세계 2대 경제대국으로 발전하였다. 러시아는 공산주의체제를 종식시키고 자본주의체제로 전환했다. 중국은 한국의 제1 무역파트너이다. 또한 미국, 일본, 유럽의 교역량을 합친 것보다 중국, 대만, 홍콩 등과의 교역량이 더 크다.

이런 상황에서도 대한민국이 여전히 중러를 잠재적인 적으로 인식하는 미국의 세계전략에 충실하여 미국의 대중, 대러 군사적 전초기지를 자초한다면 한반도의 안보는 더욱 위태로워질 가능성이 높다. 2019년 8월 2일자로 종료된 INF 탈퇴를 기회로 미국이 요청하는 아시아의 중거리 핵미사일을 배치한다면, 우리나라는 중러의 핵미사일 표적이 되는 위험에 직면하게 될 것이다.

북한의 비핵화, 어떻게 이끌어낼 것인가

북한이 남침을 시도할 수 있는 상황이 아니다. 북한의 핵무기는 꿀벌의 벌침과 유사하다. 자기 집을 공격하는 적을 향해 목숨을 걸고 공격하겠지만 한 번 쏘고 나면 자신도 생명을 버려야 하기 때문에 신중할 수밖에 없다. 북한은 일부 극단적인 테러리스트처럼 자폭행위를 할 나라가 아니다. 잿더미에서 건설한 평양 시내를 비롯하여 원산 휴양도시 등 나름대로 잘살아보려고 발버둥을 치고 있는 나라이다. 김일성 주체사상을 신봉하지만 죽어서 지상낙원으로 가고 싶은 것이 아니라 지상에 풍요롭게 잘사는 나라를 만들자는 것이 그들의 목표이기도 하다.

우리의 안보는 북한의 안보문제와 상호 영향을 주고받는다. 이웃집 사는 사람이 삶의 희망이 없이 나에 대한 적개심으로 불타고 있으면 나의 안보는 높은 담장과 경비견을 두는 것만으로 해결할 수 없다. 최근 칸영화제 황금종려상을 받은 봉준호 감독의 영화 〈기생충〉에서 볼 수 있듯이 이웃에게 살 희망의 구멍을 만들어주지 못하면, 가진 사람도 기득권을 유지하기 어렵다.

한미합동훈련은 평화를 지키기 위한 방어전쟁이고, 북은 침략도발을 위한 전쟁훈련이라는 도식으로 남북 간의 군사 대립을 종식할 수 없다. 북의 안보에 대한 우려를 해소하면서 북핵을 포기할 수 있도록 압력을 병행해야 한다. 무엇보다도 북한이 국제통화기금IMF에 가입하고 국제시장경제에 편입되도록 도와야 한다. 시장경제를 매개로 북한경제가 미국, 대한민국 등과 긴밀한 연결 관계를 가지게 될 때 북핵문제를 해결해 갈 수 있다. 북핵 폐기는 동시적, 단계적 접근이라는 북한 측 주장과 선핵 포기를 주장하는 미국 측 주장이 절충되지 않으면 풀리기 어렵다.

그렇다면 어떻게 북한의 체제 안전을 보장하면서 북핵을 포기시킬 것인가? 니키 헤일리 유엔 미 대사의 말처럼 북한은 유례를 찾아볼 수 없는 가혹한 경제제재를 당하고 있다. 유엔결의안 2397호에 따르면 북한은 1년에 원유 400만 배럴과 정제유 50만 배럴만 수입할 수 있도록 제한을 받는다. 우리나라의 하루 정제유 사용량이 약 2,500만 배럴이라고 하니, 남한 하루 사용량의 5분의 1을 가지고 1년 동안 2,400만 명 인구가 살아가라는 뜻이다. 게다가 비행기 항공유는 전면금지이다. 탱크나 비행기 등 재래식 무기를 훈련할 여유가 없다. 막강한 한미연합 전력에 상응하는 재래식 전력을 유지 기동할 경제력이 없다.

북한 입장에서는 비대칭무기를 만들어 저비용으로 안보효과를 노리려고 한 것이다. 잠수함과 미사일 핵무기가 그것이다. 입장을 바꿔 생각해보면 북한 입장에서 그들이 얼마나 안보상 위협을 느끼는지 짐작할 수 있다. 닉슨, 카터 등 미국 대통령들의 주한미군철수 주장이 나오자 핵무기 개발을 추진하였던 박정희 정권의 사례를 생각해보면 북의 입장을 이해할 수 있다.

그럼에도 불구하고 북한의 핵 보유는 용납하기 어렵다. 대한민국과 일본의 핵무장을 촉발할 수 있고 NPT^{Nuclear non-Proliferation Treaty}4 체제가 무너질 가능성이 크다. 핵을 가진 상태에서 남북관계의 개선이나 국제적인 제재를 해결하기가 어렵다. 문제는 북의 안전보장을 어떻게 담보하여 북한 스스로 핵을 포기할 수 있도록 국제적인 여건을 어떻게 만들어 갈 것인가다.

서독의 동방정책은 사회민주당의 브란트 총리가 시작했고 에곤 바르가 뒷받침했다. 그러나 독일통일의 최종 마무리는 기독교민주연합의 헬무트 콜 총리가 하였다. 이를 뒷받침한 인물이 한스 디트리히트 겐셔 외무장관이다. 자유민주당 소속의 겐셔는 사민당과 연정도 하고 기독교민주연합과도 연정을 하였다. 그래서 정권이 바뀌어도 18년 동안 외무장관을 하면서 초당적인 오스트 폴리티크^{Ost Politik}, 즉 동방정책을 추진할 수 있었다.

겐셔 장관은 당시 조지 부시 대통령과 제임스 베이커 미 국무장관 그리고 시라크 프랑스 대통령, 대처 영국 총리 등과 긴밀히 협력하면서 통

---

4 핵확산금지조약, 1969년 유엔 총회에서 결의된 조약. 비핵보유국이 새로 핵무기를 보유하는 것과 비보유국에 핵무기를 양도하는 것을 금지하는 것을 내용으로 하는 조약

일된 독일이 나토에 남을 것임을 역설했다. 독일 통일에 대한 프랑스, 영국 등의 견제 심리를 해소하기 위하여 노력하였다. 동시에 통일독일이 나토에 남는 것에 대한 소련의 고르바초프나 세바르드나제 외무장관의 반발을 누그러뜨리고 설득하는 데 주력했다. 막대한 대 소련 경제 원조를 약속하고, 동독 지역에 미군을 배치하지 않겠다고 설득했다. 마침내 고르바초프의 동의하에 베를린 장벽이 무너질 수 있었다.

겐셔에 대해 공부할수록 위대한 인물이라는 생각이 들었다. 한국에도 겐셔와 같은 인물이 필요한 시점이다. 한미동맹을 튼튼히 발전시키고 한미일 협력을 강화하면서도 중국과 러시아의 협력을 끌어낼 수 있는 경륜과 철학이 있는 외교 인력풀이 갖추어져야 한다.

03
한미관계와 한중관계

아내와 연애할 때 서로 다투다가 한동안 헤어진 적이 있었다. 그때 자주 불렀던 노래가 구창모의 '희나리'다. 가사 내용 중 "사랑함에 세심했던 나의 마음이/ 그렇게도 그대에겐 구속이었소/ 믿지 못해 그런 것이 아니었는데/ 어쩌다가 헤어지는 이유가 됐소"라는 구절이 있다. 내 방식대로 사랑한 것이 헤어지는 이유가 되었다는 의미이다. 상대방이 좋아하는 방식으로 사랑을 해야 한다. 핵심은 상대방에 대한 배려이다. 상대방이 원하는 것을 해주어야 한다. 일방적인 지배 종속은 동맹이 아니다.

한미동맹의 진화 발전과 남북관계의 개선

일단 미국은 대한민국 생존과 발전에 있어 여전히 매우 중요한 동맹국이다. '같이 갑시다Go Together'라는 표어가 이를 상징한다. 같이 미래로 손잡고 나가야 할 친구이자 동맹이다. 한미동맹은 진화, 발전해가야 한다. 대등한 동맹관계, 진정한 친구관계가 되려면 어떻게 해야 하는가? 솔직하게 서로 이야기를 나누어야 한다. 헤겔이 말하는 인정투쟁이 필요하다. 상대방이 나를 무시할 수 없는 전략적 가치를 가져야 한다.

대한민국은 대단한 나라이다. 2차 세계대전 전 식민지 상태였던 나라가 해방되어 경제성장과 민주주의를 동시에 이렇게 발전시킨 나라를 찾기 어렵다. 한미동맹의 빛나는 성과이기도 하다. 미국이 지향하는 민주주의적 가치와 제도를 어떤 면에서 미국보다 더 잘 실천해 나가고 있는 나라는 한국 외에 찾기 힘들다. 전 국민 대부분이 글을 읽고 쓸 줄 아는 나라도 세계에서 달리 찾기 어렵다. 따라서 미국은 자신들의 국민에게 적용하는 민주주의, 인권, 헌법적 가치를 동맹국인 한국에서도 같이 존중해주어야 한다. 미국의 이중적 기준과는 끊임없는 논쟁과 대화를 통해 한국의 존재가치를 스스로 확립해 나가야 한다.

무엇보다도 남북관계를 잘 풀어내야 한미동맹에서 주도적 위치를 점할 수가 있다. 한미동맹과 남북관계는 항상 상호충돌하면서도 절충해야 할 어려운 입장에 서있다. 북은 우리에게 이중적 존재이다. 체제위협과 통합대상인 한민족이라는 측면이 동시에 존재한다. 김대중·노무현·문재인 정부 모두 전자에 대해서는 튼튼한 국가안보를 강조해왔다. 북의 군사적 도발에 대해서는 단호하게 대응해야 하며 이를 위해 튼튼한 국방력은 필수조건이다. 동시에 국방력 못지않게 북의 도발 자체가 불가능하도록 동맹과 주변강국 외교관계를 잘 관리해 나가야 한다.

북은 동시에 대한민국 헌법이 명한 민족의 평화 통일의 대상이다. 남북 간의 신뢰 축적과 관계 개선은 대한민국의 안보를 튼튼히 하는 첩경이다. 한반도의 평화야말로 가장 소중한 안보이기 때문이다. 문재인 정부는 한미동맹과 남북관계가 조화를 이루고 북미관계를 개선하기 위해 최선을 다해왔다.

그러나 2018년 판문점선언과 9·19 비핵합의에도 불구하고 유엔제재 이외의 인도적 지원문제, 개성공단 방문문제 등 사소한 문제까지도 한미워킹그룹의 통제를 받은 상황에서 북한의 실망은 커졌고 남북 간의 소통과 신뢰에 장애가 발생했다. 유엔제재 이외의 문화, 스포츠, 관광, 인도적 지원문제 등에 대해서 과감한 조치를 통해 남북 간의 신뢰를 쌓아가면서 북미 간의 비핵화협상의 타임테이블이 합의될 수 있도록 유도해 나가야 한다.

5천 년 역사를 함께해온 이웃나라 중국

중국은 어떤 관계인가? 중국은 1992년 국교를 수립하여 이제 수교 30년이 되었지만, 사실 중국과 우리는 5,000년 역사를 함께해온 민족이다. 이웃 국가이다 보니 수많은 다툼과 협력이 있었다. 수나라와 당나라 때 한족의 침략을 받았다. 그것은 고구려, 백제, 신라의 3국 간의 쟁투와 관련되어 있다. 그 후로는 주로 북방민족인 거란, 몽고, 만주족의 침략이 있었다. 대부분 투쟁의 역사는 북방민족과의 싸움이었다.

중국은 북방민족이 중국을 점령함으로써 역설적으로 더욱 커졌다. 중국을 점령한 이민족들은 거대한 중국의 영토와 인구를 통치하기 위해서 불가피하게 중국의 한자와 문화, 관료체계, 사상 등을 활용하지 않을 수 없었다. 그러다가 점점 중국에 동화되었다. 만일 고구려가 북경을 점령하여 중국을 정복했다면, 우리 민족도 중국으로 동화되었을지도 모른다. 몽골과 만주가 중국에 흡수된 것처럼 우리 민족의 독자성을 유지하고 보존하기 어려웠을 것이다.

신해혁명 이후 중국의 변화 발전은 그대로 한반도에 투영되었다. 국공내전은 한국전쟁의 전주곡 같은 것이었다. 어려운 시기에 장제스의 국민당 정부는 임시정부를 비롯한 우리 민족의 독립운동 발전에 커다란 도움을 주었다. 직접적으로 처음으로 국제사회에서 대한민국 독립을 선언하게 한 카이로 선언은 장제스 총통의 도움이 매우 컸다.

1992년 중국과 수교 이래 양국관계는 비약적으로 발전하였다. 사드 배치를 둘러싸고 양국관계가 한때 최악으로 치달았지만, 문재인 정부 수립 이후 천천히 복원되어 가고 있는 중이다. 이런 상황에서 미중 무역분쟁이 발생하였고, 동중국해를 비롯한 미국의 인도태평양 자유항해 전략과 중국의 일대일로 전략이 부딪히고 있는 실정이다.

우리나라는 미국, 중국 두 나라와 긴밀히 연결되어 있다. 어느 한쪽을 무 자르듯이 자르고 다른 한쪽을 선택할 수 있는 입장이 아니다. 미중 간의 갈등은 냉전시대의 미소관계와는 다르다. 미소 간의 관계에는 경제적 상호의존도가 적었지만, 현재의 미중관계는 하나의 세계시장경제 속에서 긴밀한 가치사슬을 이루고 있다. 수요공급의 사슬이 긴밀하게 연결되어 상호영향을 미치고 있다. 미중 간의 갈등 속에 우리는 한미관계를 기본 축으로 하면서도 중국과의 관계를 잘 풀어나가야 한다.

중국은 국경을 접하고 있는 나라가 14개국에 달하는 세계 최고의 인구대국이다. 그런데 14개국 중에 진정한 중국의 동맹국은 찾아보기 힘들다. 북한 정도라고 할까? 미얀마는 이미 미국으로 많이 돌아섰다. 준타 군부정권이 개혁 조치를 시행하고 해금된 아웅산 수지를 지도자로 삼는 정당이 집권당이 되었다. 오바마 대통령이 미얀마를 방문하기도 했다. 파키스탄은 미국과 중국에 양다리를 걸치는 외교를 펼치고 있다. 미국의 동맹국들이 중국을 에워싸고 있다.

중국의 주변 국가 중에 진정으로 중국의 5,000년 문화유산을 공유하고 함께 나눌 수 있는 나라는 어디인가? 함께 술잔을 기울이며 이백과 두보의 시를 음미하고 제자백가와 공맹을 논할 친구는 누구인가? 오로지 대한민국만 가능하다. 그래서 중국 친구들을 만날 때마다 이를 강조한다.

그런데 중국이 너무 교만해졌다는 지적이 많다. 일대일로 정책을 강력히 추진하면서 주변강국들의 반발을 초래하고 있다. 사드 배치에 대한 보복으로 중국에 진출한 롯데를 비롯한 한류금지·여행금지 등 협량한 조치로 중국을 향한 한국인들의 우호적인 감정이 싸늘하게 식어가고 있다. 중국에 투자한 한국기업들에 계약변경, 기술이전 강요, 지분투자 강요 등 예측 불가능한 여러 조치로 신뢰도 또한 떨어졌다. 중국에 투자한 우리 기업들의 불만이 커지면서 베트남으로 이전하는 현상이 벌어지고 있다.

외교 관계에 변화가 필요한 시점에 미중 무역분쟁이 발생하였다. 대부분 한국인들은 미국을 지지하고, 미국 주장에 공감을 많이 표현한다. 중국은 이 점을 냉정하게 인식하여야 한다. 중국 시진핑 주석이 강조하는 이념인 허시에和諧, 즉 하모니이다. 원원 또는 상호공잉共贏정책을 강조한다. 자기가 하기 싫은 것은 남에게 강요하지 말라는 뜻인 기소불욕 물시어인己所不欲 勿施於人을 강조하면서 이것이 대외정책의 철학이라고 말한다. 중국은 패권 국가를 비판하면서 절대 패권을 추구하지 않겠다고 주장한다. 과연 그러한가? 돌이켜 생각해볼 부분이 많다.

중국의 개혁개방은 대단한 일이었다. 중국 5,000년 역사에 전 국민을 하나로 통합시키고 기근, 역병, 전쟁으로부터 해방시킨 일은 처음이다. 전 백성을 굶어죽지 않게 만든 일도 중국 역사상 유례를 찾아볼 수 없다. 중국 14억 인구가 소강사회小康社会[5]로 발전한다는 것은 엄청난 업적이라고 하지 않을 수 없다. 중국인들이 미국인들처럼 에너지를 낭비하고 자동차를 소유하고 소비를 한다면 지구는 생존하기 어려워질 것이다. 미국식으로 발전하는 것이 모두의 미래일 수는 없다. 중국과 인도가 미국처럼 에너지와 물자를 소비해가면 인류문명의 대혼란이 발생하

---

[5] 기본적인 의식주가 해결된 온포사회를 바탕으로 일정한 문화생활까지 향유할 수 있는 약간의 여유 있는 상태에 도달한 2단계 사회가 소강사회. 소강사회 다음은 대동사회로서 이는 요순시대 같은 이상사회를 의미한다.

고 지구 인류 문명은 지속가능한 발전을 하지 못할 수 있다. 중국 문명의 새로운 대안과 그 속에서 한중관계가 어떻게 발전해 나가야 할지 고민해보았다.

중국이 미국을 GDP 규모나 군사력으로 이길 수 있다고 생각한다면 그것은 오산이다. 미국이 여러 가지 문제가 많은 나라임에도 세계를 이끌고 있는 것은 그들이 주창하는 민주주의, 인권, 복수정당제도, 언론·출판·집회·시위·종교의 자유 등이 보편적 공감을 가지고 있기 때문이다. 중국이 제시하는 위대한 중화민족 부흥이 다른 나라 국민들의 감동과 공감을 불러일으킬 수 있는가? 중국은 인류문명 공동번영의 시대를 주창하고 있다. 이에 걸맞은 철학이 바로 공자, 맹자, 노자의 철학 등을 재해석하는 것이다.

나는 2019년 7월 중국 인민일보를 방문하여 리바오샨李宝善 사장에게 황태연 교수의 《공자, 잠든 유럽을 깨우다》라는 책을 〈인민일보〉가 번역해 출판할 것을 제안한 바 있다. 새로운 문명의 시대를 제시하는 가치관과 사유방식, 인간과 자연, 우주, 종교에 대한 해석방식이 제자백가 속에 녹아 있다. 중국은 여기서 새로운 인류시대를 이끌어 나갈 가치관과 비전을 제시할 수 있을 때 진정한 의미의 세계지도국가로 발전해갈 수 있을 것이다.

공산당의 권력독점이 언제까지 합리화될 수 없다. 항일투쟁의 성과를 언제까지 우려먹을 수 없다. 당내 민주주의부터 강화시켜 나가야 한다. 빈부격차를 해소해가야 한다. 생산력발전, GDP성장의 논리를 뛰어

넘은 새로운 인류문명의 발전 방향을 제시해야 한다. 이런 측면에서도 진정한 친구로서 중국의 부족함을 메꿀 수 있는 문화적 지적능력을 가진 나라가 바로 대한민국이다.

04
한일관계와 한러관계

제국주의 일본과 민주주의 일본이 지닌 양면성

일본 역시 우리에게는 일의대수(一衣帶水, 냇물 하나를 사이에 둔 가까운 이웃)의 나라이자 떼려야 뗄 수가 없는 나라이다. 일본은 청일전쟁, 러일전쟁의 승리를 발판으로 조선을 침략하고 식민 통치하면서 마침내 제국주의의 길을 걷기 시작했다. 1차 세계대전 때 연합국 편에 서서 3국 동맹과 싸워 중국에 대한 이권을 확보하고 이후 만주침략과 중국침략을 시작했다.

일본 제국주의의 야욕은 조선, 만주, 중국을 넘어 동남아시아와 태평양까지 뻗어나가면서 아시아 전체를 2차 세계대전의 소용돌이에 몰아넣었다. 1940년에 일본은 만주국, 중국과 동남아시아의 일부를 아우르는 대동아를 건설하기 위해 대동아공영권을 기획했으며, 그 명계는 서구 제국주의 지배로부터 자유로워져 번영과 평화, 자유를 누릴 아시아 국가들의 '공영'을 찾기 위해 새 국제 질서를 만드는 것이었다.

이러한 일본의 중국 침략으로 중국이 공산화되었다. 항일투쟁의 과정이 없었다면 중국공산당이 성장하지 못했을 것이다. 일본이 중국을 침략하지 않고 장제스 정부와 협상하고 만주, 한국의 근대화 세력과 협력하는 통치를 하였다면 공산당이 대중적 토대를 갖기 어려웠을 것이다. 북한도 마찬가지이다. 남북분단과 중국의 공산화는 일본 제국주의에 기인한 바 크다.

맥아더 사령관의 최대 실책은 실질적인 전쟁 책임자였던 히로히토 일왕에게 전쟁범죄의 책임을 묻지 않은 것이다. 일본국민 정서를 존중하여 천황제를 유지하고, 백보 양보하여 히로히토의 전쟁 책임을 묻지 않는다고 할지라고 최소한 퇴위라도 시켰어야 했다. 아키히토 왕세자가 항복 당시 12세였으니 충분히 왕위를 계승할 수 있는 나이였다. 그런데 만주침략, 중국침략, 태평양전쟁 등 모든 주요 의사결정을 주도한 히로히토는 전쟁에 대한 책임을 지지 않고 퇴위도 하지 않았으며, 1989년까지 무려 64년을 집권해서 쇼와시대를 이어갔으니 제국일본과 민주주의 일본이 단절될 수 없었던 것이다.

그나마 히로히토 일왕의 전쟁 책임면제와 자리를 보장하면서 교환한 것이 평화헌법 제9조다. 그런데 아베 총리체제에서 그것마저 개정된다면 일본은 다시 메이지헌법시대의 일본으로 되돌아간다는 우려를 불식시키기 어려울 것이다.

일본은 지난날의 과오를 되풀이해서는 안 되며 동북아 공동체 수립을 위해 나서야 한다. 그런 면에서 아베 신조 총리가 푸틴 대통령과 적극적인 외교를 하고 블라디보스토크에서 열리는 동방경제포럼에 적극 참여하고 중국의 일대일로 정책에 적극적으로 대처해 나가는 것은 바람직하다.

그러나 대한민국에 협량한 자세로 대하는 것은 자승자박이 될 수 있다. 강제동원 피해자의 손해배상 청구소송에 대해 대한민국 대법원이 승소판결을 내렸다고 일본 정부가 나서서 대한민국을 화이트리스트에서 배제하는 조치를 취한 것은 자유무역질서의 혜택 속에서 성장한 일본의 자기 부정적인 행위다. 한일무역질서를 정상화하지 않으면 앞으로 중국이나 미국이 일본경제에 보복을 가했을 때 일본은 자기방어를 하기 어려운 모순에 봉착하게 될 것이다.

또한 대한민국의 위안부, 강제동원 배상문제에 대한 자기 방어적 대응만으로는 북일관계를 풀 수 없다. 아베 총리가 주장하는 납치문제 해결은 북일 간의 직접대화와 교섭으로 해결할 수 있다. 아베 총리를 비롯한 일본 국회의원들 상당수가 납치문제 해결을 위한 의원모임에 가입했고, 그 상징인 파란 리본을 의원배지 밑에 달고 다닌다.

물론 북한의 일본인 강제납치는 용납하기 어려운 범죄행위이기에 이에 대한 일본인들의 분노를 이해한다. 하지만 일본인 몇 명의 납치문제에 그렇게 집착하고 매달리는 일본이, 수십만 명을 강제동원 납치함으로써 일본과 동남아, 사할린에 끌려가 죽어간 수많은 조선민중에 대해야멸차게 반격하는 것은 지나친 일이 아닐 수 없다.

나는 초선의원 시절부터 한일의원연맹 활동에 적극 참여해왔다. 박열과 그의 부인 가네코 등의 무료 변론을 해주면서 우리 독립운동을 지지했던 교토 출신 후세 다쯔지 布施辰治 변호사를 발굴하여 대한민국건국훈장을 받게 하는 데도 일조하였다. 역사 교과서 왜곡사건 때 후쇼사를 상대로 도쿄지방재판소에 판매금지 가처분소송을 제기한 바도 있다.

나는 많은 일본인을 만나면서 그들의 성실함과 진보성에 감동했다. 일본의 양심들과 적극 교류협력하면서 진정한 한일관계의 미래를 준비해 나가야 한다. 민주주의 일본은 대한민국의 동반자이며 친구가 될 수 있다. 일본은 2차 세계대전 전후질서를 전제로 미래 지향적 관계로 발전해야 한다. 안중근 의사의 동양평화론의 정신을 되돌아보아야 한다.

그러나 일본에 대한 근본주의적 접근에서 장기 단기과제를 구분하는 탄력적인 대응이 필요하다. 북한에 대한 근본주의적 접근에서 내재적 접근이 필요하다는 주장과 유사하다. 2018년 10월 발생한 강제동원 피해자 대법원판결은 우리나라 사법역사상 사실상 최초로 일본식민지배의 불법성을 선언한 상징적 의미가 있는 판결이다. 그러나 일본식민지배의 합법성을 주장하고 이를 근거로 1965년 한일협정을 체결했다고 주장하는 일본은 이 판결에 대해 격렬하게 반발하였다.

일본은 북한과 마찬가지로 우리 대한민국에 이중적 존재이다. 식민침략의 제국일본적 요소와 같은 민주주의 시장경제를 추구하는 우방으로서 측면이다. 이중적 대응, 탄력적 대응이 불가피하게 요구되는 부분이다. 구동존이(求同存異, 공통점을 구하고 차이점을 놓아둔다)의 지혜로운 관점과와 함께 종국으로는 자강불식(自强不息, 스스로 힘써 노력하기를 쉬지 않는다)으로 일본을 능가하는 국가경쟁력을 갖추는 단계적 전략이 필요하다.

원교근친의 대상 러시아

러시아는 근현대에 들어와 처음으로 대한제국에 소개되었다. 니콜라이 2세와 고종 황제는 서로 마지막 황제로서 동병상련의 관계였다. 러시아 역시 제국주의 나라로서 대한제국을 향한 여러 가지 이권과 욕심이 당연히 있었다. 그러나 러시아에는 한반도보다 만주와 연해주, 사할린, 쿠릴열도가 더 중요했다. 황해로 나가기 위한 부동항으로서 여순항이 필요했고, 소야해협을 통해 태평양으로 진출하려 했다.

러시아와 일본의 견제균형 덕분에 고종은 1897년 대한제국을 선포할 수 있었다. 5,000년 역사에 우리나라가 공식적으로 제국이 되어 황제라고 칭한 것은 처음 있는 일이었다. 비록 대한제국은 바로 무력화되었지만 영세중립국을 선포하는 등 자주적인 공간을 만들려는 시도가 이루어졌다. 반상과 서얼의 차별을 없애고 한글을 공식 언어로 채택하는 등 자주적인 개혁 조치도 시행하였다.

냉전시대로 들어가면서 한반도는 미소 양국에 의해 분단되었다. 사실상 스탈린의 승인하에 남침이 이루어지고 한국전쟁이 발발했다. 게다가 스탈린이 동유럽에 소련위성국을 세우기 위하여 휴전협정을 2년 동안 지연시키면서 엄청난 희생이 뒤따랐다. 김일성은 휴전을 원했지만 스탈린은 미군을 한반도에 묶어두고 동유럽에서 소련의 전략적 이익 확보를 위해 한국전쟁을 팻감(바둑에서 패를 쏠 수 있는 자리)으로 활용한 것이다. 결국 1953년 3월 5일, 스탈린이 사망하고 나서야 휴전협정이 타결되었다. 한국과 소련은 한국전 이후 40년 가까이 적대국가로 대치하다가 1990년에야 한소수교가 이루어졌다. 이어서 소련이 해체되고 소련 공산당 체제가 붕괴되면서 러시아는 새로운 공화국으로 거듭났다.

여러 가지 논란이 있었지만 러시아는 민주공화국이다. 국민의 선거로 대통령을 선출하고 국회를 선출한다. 제한적이지만 언론의 자유도 존재한다. 물론 야당에 대한 탄압과 언론인의 의문의 죽음 등 불투명한 요소들이 많다. 그러나 어쨌든 공산당 일당독재가 폐지되고 대통령직선제와 의회민주주의 제도가 채택된 나라이다. 트위터, 페이스북, 인스타그램, 카톡, 텔레그램, 왓츠앱 등의 사용이 허용된다. 일반 대중이 CNN 뉴스를 볼 수 있으며, 러시아 정교회가 부활했고 종교의 자유가 허용되었다.

극동개발에 관심이 큰 러시아는 극동개발부를 만들고 동방경제포럼을 창설하여 2015년 이래 매년 9월 블라디보스토크에서 포럼을 개최한다. 푸틴 대통령이 신동방정책을 발표하여 추진하면서 한국과 새로운 전략적 동반자 관계로 발전했다. 철의 실크로드와 아이스 실크로드 연결은 러시아와 협력할 때 가능하며 북극항로의 대부분은 러시아 관할이다. 러시아는 유럽과 아시아를 연결하는 나라로 유라시아의 새로운 미래발전의 전략적 파트너이다.

나는 인천시장 시절 러시아와 특별한 인연을 맺었다. 1904년 2월 8일 일본은 중국 다롄을 공격하고 동시에 인천 제물포에 있는 러시아 바리야그^{Варяг} 함대와 코레츠함에 대한 공격을 시작했다. 러일전쟁의 시작이다. 당시 바리야그 함대 부세블로드 루드네프$^{Всеволод\ Руднев}$ 함장은 영웅처럼 목숨 바쳐 싸웠다. 마지막까지 항복하지 않고 버티다가 스스로 자침하였는데, 당시 바리야그함대 깃발을 일본군이 보관하고 있다가 해방 이후 인천시립박물관에 두고 갔다. 내가 인천시장이었을 때 이 깃발을 러시아에 대여했다. 메드베데프 대통령과 러시아대사관에서 사인을 하고 깃발대여행사를 실시했다.

이 인연으로 지금 러시아연방 상원의장인 마트비엔코가 상트페테르부르크 지사일 때 상트페테르부르크를 방문하여 인천시와 자매결연을 체결하였다. 바리야그함대가 출항했던 발틱함대의 모항 크론슈타트에 인천광장을 만들었다. 이후 푸틴 대통령이 크레믈린에 나를 초청했고, 한러관계 발전에 기여한 공로로 오르지나 드루쥐비 국가우호훈장을 수여하였다.

이를 계기로 한러관계를 집중적으로 공부했다. 니콜라이 2세와 고종 황제 간에 오간 편지도 살펴보고 니콜라이 2세 대관식에 참석하였던 민영환 특사의 견문록《해천추범^{海天秋帆}》[6]도 읽어보았다. 이런 인연으로 문재인 정부 출범 이후 러시아 특사로 모스크바를 방문했다. 이후 북방경

---

6 1896년 약 204일간 11개 나라를 방문 견학한 기록을 담은 기행문. 우리나라 최초의 세계여행이었다.

인천시장 재직 시절, 2013년 2월 모스크바 크레믈린궁 대통령 집무실에서 푸틴 러시아 대통령으로부터 오르지나 드루쥐비 국가우호훈장을 받았다.

제협력위원장을 맡아서 한중러와 중앙아시아권의 경제협력강화를 위하여 노력해왔다.

푸틴 대통령은 나를 '러시아의 친구'라고 부른다. 한국과 러시아는 유라시아를 공동 개발하고 경영해 나가는 파트너가 되어야 한다. 한반도 주변 4대 강국 중에 한반도 통일을 가장 바라는 나라가 러시아라고 생각한다. 러시아인들도 이 점을 강조한다. 러시아와 미국은 중국, 일본에 비해 상대적으로 역사문제, 영토문제에 대해 대한민국과 엮인 적이 적은 편이다. 원교근친의 대상이다.

최근 중러 간의 군사협력이 강화되었다. 독도상공을 러시아 전폭기가 침공한 것이 문제가 되었다. 대한민국과 중러 간의 군사적 협력과 정보교환을 위한 상호 핫라인이 필요하다. 한일 간의 지소미아(한일군사정보보호협정) 못지않게 중요하다. 북한의 도발을 막는 데는 두만강과 압록강의 넓은 국경선(880마일로 휴전선 155마일의 5.7배)을 접하고 있는 중국, 러시아와의 군사협력이 한미동맹의 부족한 지점을 보완하는 중요한 요소다.

송영길의 지구본 외교
둥근 것이 강한 것을 이긴다!

미국:
주체적 가치동맹으로의
진화 발전

01

공동의 가치를 지향하는 한미동맹

대한민국 헌법과 미국 헌법의 가치 공감대

한미동맹은 대한민국의 안전, 발전, 동북아 힘의 균형에 절대적으로 필요한 조건이다. 한미동맹은 진화 발전해야 한다는 것이 소신이다. 2000년 국회의원이 된 이래 지금까지 나는 일관되게 한중관계가 발전하면 할수록 역설적으로 한미관계가 중요함을 강조해왔다. 원교근친遠交近親[1], 힘의 균형이 필요하다. 미국은 세계전략상 원교근공遠交近攻[2]을 요구할 것이기 때문에 우리의 원교근친 정책과 상호 긴장과 갈등이 발생할 수 있다.

우리나라 보수세력의 담론은 항상 반미냐 친미냐 동맹의 배신이냐,

---

1 가까운 나라, 먼 나라 모두와 친하게 지낸다는 뜻
2 전국시대 말기 진나라의 책사 범수의 계책. 멀리 떨어진 나라와 동맹을 맺고 가까운 나라를 친다는 뜻

또는 친중 조공외교라는 프레임으로 한미동맹과 중국관계를 분석하고 규정한다. 한미동맹을 교조화하거나 신화화해서 절대 선으로 만드는 행위야말로 조공종속외교라고 할 수 있다. 우리는 어디까지나 대한민국의 국익을 위해 한미동맹을 선택한 것이다.

2010년 인천시장 선거에 출마했다. 선거 때마다 상투적인 공격이 시작되었다. '송영길은 빨갱이다, 좌파 종북이다'라는 공격을 받았다. 잘 아는 목사님에게 부탁했다. 보수적인 목사님 100여 분을 모시고 안상수 후보와 함께 10분씩 정견발표를 할 기회를 달라고 했다. 그 자리에서 3가지를 이야기했다.

첫째, 나는 학생운동을 하던 시절부터 소위 주사파와 사상이론 논쟁을 하면서 대한민국 중심의 민주화운동을 해왔다. 둘째, 노무현 정부에서 한미 FTA 특위 위원장을 맡아 한미 FTA를 일관되게 추진했다. 셋째, 일부 시민단체에서 맥아더 동상 철거운동을 벌일 때 이를 반대하여 미 하원 아태소위 위원장으로부터 감사편지를 받았다. 이렇게 설명하는 자리를 마련한 덕분에 보수적인 목사님들의 편견을 바로잡을 수 있었다.

한미동맹은 미국에 대한 일방적인 추종이나 굴종이 되어서는 안 된다. 우리 민족의 자주적 운명 결정과 생존을 위해 활용하고 서로 돕는 동맹이 되어야 한다. 단순한 이해관계만이 아니라 공동의 가치를 지향하는 동반자가 되어야 한다. 왜 한미동맹이 여전히 중요한지 생각을 정리해본다.

제국주의시대를 지나 패권국가의 시대에 힘을 가진 강대국들이 약소

국가에 수많은 갑질을 행한다. 미국도 마찬가지다. 그럼에도 불구하고 우리 국민 대다수는 중국이나 러시아, 일본이 주도하는 세계보다는 미국이 주도하는 세계질서를 원한다. 왜 그럴까? 미국이 제시하는 보편적 가치에 동의하기 때문이다. 민주주의, 인권, 양심과 종교의 자유, 집회결사·표현의 자유 등에 공감하기 때문이다.

다음은 1776년 7월 4일 미국 필라델피아에서 발표된 '미국독립선언문'의 일부이다.

"다음과 같은 사실을 자명한 진리로 받아들인다. 즉 모든 사람은 평등하게 태어났고, 창조주는 몇 개의 양도할 수 없는 권리를 부여했으며, 그 권리 중에는 생명과 자유와 행복의 추구가 있다. 이 권리를 확보하기 위하여 인류는 정부를 조직했으며, 이 정부의 정당한 권력은 인민의 동의로부터 유래하고 있는 것이다.

또 어떤 형태의 정부이든 이러한 목적을 파괴할 때에는 언제든지 정부를 개혁하거나 폐지하여 인민의 안전과 행복을 가장 효과적으로 가져올 수 있는, 그러한 원칙에 기초를 두고 그러한 형태로 기구를 갖춘 새로운 정부를 조직하는 것은 인민의 권리인 것이다.

사실 신중을 기하기 위해서는, 수립된 지 오래된 정부는 사사롭고 일시적 이유로 바꿔서는 안 되며, 또 모든 경험에 의하면 인류는 악폐라 할지라도 그것을 견딜 수 있는 동안은 자기들에게 익숙한 (정부) 형태를 폐기함으로써 그러한 악폐들을 시정하느니 오히려 참고

견디려는 경향이 있다.

그러나 항상 동일한 목적을 추구하기 위해 부조리와 권리 침해를 끊임없이 일삼음으로써 국민을 절대적인 전제하에 묶어두려는 의도가 분명할 때는 국민들은 그러한 정부를 떨쳐버리고 자신들의 미래의 안전을 지켜줄 새로운 수호자들을 마련할 권리와 의무가 있다."

학생운동 시절 미국독립선언문을 처음 읽고 전율했던 기억이 난다. 미국 헌법은 생명, 자유, 행복추구권이라는 양도할 수 없는 기본권을 천명하고 국가는 이를 실현하기 위한 수단이라고 명시하였다. 동시에 어떤 형태의 정부라도 헌법적 기본권을 파괴하는 정부를 타도할 권리가 인민에게 있음을 천명했다. 맹자의 역성혁명론을 헌법으로 조문화한 것이다. 이것이 중국 헌법과의 차이다.

대한민국 헌법 역시 마찬가지이다. 헌법의 존재 이유는 5,000만 국민의 기본권 실현을 위함이다. 이는 미국의 헌법적 가치와 일맥상통한다. 물론 이러한 미국 헌법의 가치는 미국의 국가이익과 안보를 위한다는 명분하에 제3세계 독재정권을 지원하고, 거짓증거를 조작하여 다른 나라를 침략하는 등 수많은 전쟁범죄 행위를 저지르면서 상호 충돌하기도 한다.

베트남 전쟁과 이라크 전쟁을 예로 들어 살펴보자. 1964년 8월 2일 베트남의 동쪽 통킹만에서 북베트남과 미국 사이에 군사 충돌이 발생했다. 미국은 공해상에서 초계 중 어뢰정 3척으로부터 공격받았으며 다음 날에도 공격받았다고 했다. 그러나 나중에 미국이 베트남 전역으로 전쟁을 확대하기 위해 도발했다는 것으로 판명 났다. 당시 국방부 장관이었던 로버트 맥나라마도 1995년 회고록에서 미국의 자작극이었음을 고백하였다. 이라크 전쟁은 제국주의 시대도 아닌 21세기 문명국가 시기에 전쟁을 조작하여 벌였다는 점에서 놀라운 일이다.

다음은 2003년 초선의원 시절 조지 부시 행정부의 이라크 침략 행위를 규탄하면서 발표한 글의 일부이다.

"본 의원은 한미동맹의 중요성을 인정하고 존중합니다. 그러나 한미동맹은 서로가 다른 나라로부터 침략이나 위협을 당할 때 서로 돕자는 것이지 힘없고 불쌍한 나라를 고립시켜 침략하여 재산을 빼앗아 나누어 갖자는 동맹이 될 수 없습니다. 나는 미국의 동맹국인 대한민국의 국회의원으로서 미국 행정부 조지 부시 대통령 이하 각료들에게 진심으로 충고합니다.

즉각 이라크 침공을 중지해야 합니다. 수많은 인명 피해를 초래할 바그다드 진격을 즉각 중지하십시오. UN은 즉각 평화유지군을 구성하여 이라크에 파견, 미·영의 일방적 침략 행위를 중지시켜야 합니다. 우리 대한민국의 어린 청소년들에게 미국이 더 이상 자유와 정의의 수호국가가 아니라 무고한 시민을 학살하는 침략국가라는 이미지가 생기기 않도록 조지 부시 대통령은 전 세계 젊은이들의 외침에 귀 기울여야 합니다."

몇 달 전에 〈바이스vice〉³라는 영화를 보았다. 이라크 전쟁을 일으킨 주역 딕 체니 부통령에 대한 영화이다. 이 영화는 딕 체니와 럼스펠드 등의 네오콘이 어떻게 조지 부시 대통령을 조종하여 상황을 조작하고 이라크 전쟁을 일으켰는지 보여준다. 나는 미국 부시 행정부의 선제공격전략을 정면 비판했고, 전쟁 직전 목숨을 걸고 바그다드까지 다녀온 경험이 있기에 누구보다도 당시 상황을 생생하게 기억한다. 〈다크 나이트The Dark Knight〉의 주연이었던 크리스찬 베일이 체중을 불려 딕 체니를 묘사한 것이 압권이었다. 인천지역에서 영화관 하나를 빌려서 지지자들과 함께 〈바이스〉를 관람하고 토론하기도 했다.

나는 이런 영화를 만들 수 있고 권력을 파헤치고 비판할 수 있는 자유가 허용된 미국이 대단하다고 생각한다. 또한 아프리카계 유색 인종 오바마가 대통령이 된 것을 보면서 미국이 왜 세계를 리드하는지 깨달을 수 있었다. 그래서 나는 200만 재미동포 사회의 각종 모임에 참석할 때마다 강조한다. 한국계 미국인 자녀 중에서 상원의원, 주지사도 배출하고 미국 대통령이 나오는 날을 만들어보자고. 한국계 미국인이 미합중국 대통령으로 탄생하는 날이 오리라 확신한다. 함께 꿈을 꾸면 꿈이 현실이 된다. 그만큼 대한민국 헌법이 추구하는 이념과 미국 헌법이 추구하는 이념의 가치 공감대가 크다고 생각한다.

역사를 돌아보면 우리에게는 1905년 가쓰라-태프트 밀약의 아픔이

---

3 네오콘의 우두머리 딕 체니 부통령의 일생을 다큐멘터리 형식으로 편집한 블랙코미디 스타일의 영화. vice는 부통령의 약자이기도 하지만 '악'이라는 뜻도 있음. 아담 멕케이가 제작·감독·각본을 맡음. 2019년 4월 개봉

미국 오바마 대통령과 함께

있었다. 미국인 스티븐슨은 일본의 조선 식민지배를 찬양하다 장인환 열사의 총에 맞아 죽기도 했다. 한반도가 분단되는 과정에서도 미국은 많은 실수를 저질렀다. 제주 4·3 사건, 여수·순천의 민간인 학살에 대한 아픔도 크다. 한국전쟁 전후를 둘러싼 미군정의 정책상의 과오도 돌이킬 수 없다. 그러나 미국이 태평양전쟁에서 승리함으로써 일본 군국주의가 해체되고 평화헌법이 만들어졌으며, 2차 세계대전 이후 유엔이 설립되고 전후질서가 만들어진 것 또한 부인할 수 없는 사실이다.

이처럼 미국의 공과가 공존하기에 이를 둘러싼 진보 보수 간의 시각차가 크다. 정치는 최선이 아니라 차선을 찾는다고 한다. 대한민국이 자주적인 힘을 가지고 스위스처럼 자주적인 중립국이 될 수 있다면 얼마나 좋겠는가? 그렇게 되기 전에 선택을 하여야 한다면 일단 주변 강대국 중에서는 미국과 함께 갈 수밖에 없다고 생각한다.

미중관계를 명청 교체기로 보는 것은 시기상조이다. 중국이 군사력과 경제력으로 미국을 능가한다고 할지라도 미국의 민주주의와 자유, 인권의 가치를 능가하는 대안을 제시하기에는 아직 부족하기 때문이다. 미국은 아직도 세계금융, 경제, 군사, 문화 분야에서 중국을 능가한다. 경제적 실리 측면과 헌법적 가치 측면 그리고 중러와 일본의 역학관계 속에서 힘의 균형을 통한 우리 민족의 자주적인 공간 확보를 위해, 한미동맹은 여전히 중요하다.

반테러 전쟁의 명목으로 진행된 이라크 침략전쟁

2000년 국회의원이 되었다. 초선의원 시절 처음 부딪힌 일이 미국의 이라크 침략전쟁이었다. 조지 부시 대통령의 선제공격전략은 매우 위험한 발상이었다. 일반 개인에 대한 유죄판결도 합리적 의심의 여지가 없는beyond reasonable doubt 우월한 증명력이 있는 증거가 있어야 한다. 그런데 이라크에 대량살상무기나 핵 프로그램이 개발되고 있다는 아무런 객관적 증거도 없이 이라크 침략을 결정했다. 유엔의 결의안도 없는 미국의 일방적인 침략 행위였다.

나는 당시 이라크 국회의장 하마디의 초청으로 이라크를 방문하였다. 후세인을 지지하는 차원이 아니라 전쟁 없이 이라크 대량살상무기 논란을 풀어보고자 하는 충정에서였다. 2003년 3월 10일 미국이 이라크 공격을 개시하기 10일 전 나는 바그다드에 있었다. 외신기자들을 모아놓고 미국의 이라크 침략 부당성을 지적하는 기자회견을 가졌다. 수많은 국제적인 반전평화시민단체들이 바그다드에 모여 침략전쟁 불가를 외쳤다. 그러나 3월 20일 미국함대에서 토마호크 크루즈미사일이 바그다드로 향하여 발사되었다. '충격과 공포'라는 작전명처럼 충격과 공포가 바그다드를 에워쌌다. 코피 아난 유엔 사무총장이 "오늘은 매우 슬픈 날"이라고 유감을 표시하였다.

중국과 러시아는 강력히 미국의 이라크 침략을 규탄하였으며, 버락 오바마, 트럼프도 부시 대통령의 이라크전을 비판하였다. 이라크전이 발발하고 나서 미국은 우리나라에 파병요청을 하였다. 결국 이라크 파병 동의안이 국회에 제출되었고, 표결에 앞서서 이라크 현지 상황을 살펴보기 위한 국회대표단이 구성되었다. 단장은 육사 출신 강창희 의원이 맡았고 정진석 의원, 한충수 의원과 내가 참여하였다. 우리는 비행기를 타고 서희·제마 부대가 파견되어 있는 이라크 남부 나시리야에 도착하였고 이어 바그다드까지 헬기로 날아갔다.

바그다드에 도착하여 그린 존 밖에 있는 팔레스타인 호텔에 묵었다. 한충수 의원이 출출하다고 해서 정진석 의원 방에 모여 라면을 끓여 먹는데, 갑자기 옆방에서 큰 망치로 벽을 때리는 듯한 소리와 충격이 전해졌다. 깜짝 놀라 엎드려 있다가 잠잠해진 후에 방문을 열어보니 복도에 화약연기가 자욱하였다. 옆방에서 딕 체니 부통령이 이사로 있었다는 회사인 켈로그 & 브라운의 직원이 폭탄에 맞아 피범벅이 되어 실려 나

이라크 현지 프레스센터에서 미국의 명분없는 이라크전을 반대하는 기자회견을 열었다.

갔다. 끔찍했다.

　나중에 알고 보니 일부 극렬분자들이 우리 대표단을 노리고 공격한 것으로 추정되었다. 우리가 묵고 있는 방이 있는 층을 향하여 당나귀 수레 뒤에 RPG 8대를 거치한 후 전선으로 연결하여 순차적으로 자동격발 하도록 설치해놓고 도망간 것이다. 그런데 한 발이 발사된 이후 전선 연결이 끊어져 순차적으로 연속발사 되지 않았던 것이다. 만약 발사되었다면 우리도 죽었을 것이다. 천운이 아닐 수 없다.

　돌아갈 것인가 말 것인가? 아내에게 전화를 했더니, 우리 군인들을 파병할 곳인데 국회의원이 비겁하게 도망가면 안 된다고 끝까지 일정을 마치고 돌아오라고 하였다. 아내다운 말이다. 모두 예정대로 일정을 소화하기로 하였다. RPG 공격에 놀란 미군이 그린 존 안에 있는 후세인

궁전을 숙소로 내주었다. 덕분에 금으로 장식된 후세인 목욕탕에서 샤워를 하면서 편히 잘 수 있었다.

당시 조지 부시 대통령은 노골적으로 동맹국들에게 반테러 전쟁에서 미국 편에 서라고 경고했고, 한나라당 의원들은 이라크에 전투부대를 시급히 파견하자고 호응했다. 지금 미국의 대 이라크전에 참여하지 않으면 대한민국은 소외될 것이라고 주장했다. 이라크전에 반대하는 사람은 반미좌파로 몰아붙이는 분위기였다. 마침내 이라크 아르빌주州에 평화재건부대 중심으로 파병하기로 결정이 났다. 노무현 대통령은 부시 행정부와 협력하기 위해 이라크 파병을 수용하면서도 상대적으로 쿠르드족이 지배하는 안정된 지역인 에르빌에 비전투 의료공병대 중심으로 파병을 해 한미동맹의 명분도 지키면서 우리 병사들의 피해가 발생하지 않도록 하였다.

당시 한나라당을 비롯한 보수세력들은 전투부대를 파병하지 않는다면서 한미동맹의 신뢰에 금이 갔다고 정부를 비판하였다. 그러나 얼마 지나지 않아 이라크전은 거짓 증거에 기초한 것임이 드러났다. 이라크전 영토를 점령한 미국은 이라크에서 대량살상무기를 찾지 못했다. 니제르에서 수입한 우라늄도 찾을 수 없었다. 후세인을 방치하면 미국 본토에서 버섯구름을 보게 될 것이라며 협박했던 수많은 이야기가 거짓 선전임이 드러났다.

국무장관 콜린 파월도 유엔에 가서 이라크 위협을 강조하며 이라크 공격의 필요성을 강조했던 것이 가장 부끄러운 일이었다고 고백했다.

이라크전을 찬성했던 힐러리는 상황을 잘 몰랐다고 변명했다. 오바마는 일관되게 이라크전에 반대했고, 트럼프 역시 마찬가지였다.

트럼프는 2001년 아프가니스탄 전쟁에 이어 2003년 이라크 전쟁을 시작한 조지 부시 전 대통령을 경멸했다. 그는 부시가 끔찍한 대통령이라며 이렇게 말했다. "그는 전쟁광이었어. 전 세계에 미국의 영향력을 행사하고 민주주의를 가져다 심으려 했고 세계의 경찰이 되려고 했고 이 모든 전쟁을 시작했지. 그것은 무모한 실수였어." 부시 대통령의 동생 잽 부시는 공화당전당대회 후보경선에서 트럼프와 경쟁하는 과정에서 모욕을 당했다. 이를 비롯한 여러 가지 이유로 부시 가문은 지난 대선 때 같은 당 후보인 트럼프가 아니라 힐러리를 지지했다.

2018년 뉴욕 코리아 소사이어티 행사에서 부시 전 대통령과 만나 만찬을 한 적이 있다. 이라크전에서 부상당한 병사들과 대담하고 그림을 그려서 그림책을 출판하였다. 병 주고 약 준다는 생각이 들었다. 2019년 고 노무현 대통령 추모식에 부시 전 대통령이 봉하마을까지 와서 참석해준 것은 고마운 일이나 이라크전의 과오는 잊지 말아야 한다. 문재인 대통령과 부시 전 대통령의 면담 시 트럼프 대통령 칭찬을 꼭 해줄 것을 청와대에 부탁했다. 백악관에서 문재인 대통령과 부시 전 대통령이 무슨 이야기를 하는지 예의주시할 것이기 때문이다.

02

트럼프 대통령 체제하에서 나타난 한반도의 담대한 희망

외과수술식 정밀 폭격의 허상

2016년 9월 9일 북한이 핵실험을 했을 당시에 미국 오바마 정권은 북한 핵시설에 대한 외과수술식 타격^{Surgical Strike}을 검토하였다고 한다. 클린턴, 부시, 오마바, 트럼프 대통령에게 이르기까지 미국은 수차례 북한에 대한 선제타격, 외과수술식 타격의 성공 가능성에 대해 끊임없이 고민하고 검토해왔다. 밥 우드워드 기자가 쓴 《공포: 백악관의 트럼프 ^{Fear: Trump in the White House}》라는 책에 따르면 미국 공군은 2017년 10월 17일부터 19일까지 북한 지형과 유사한 곳으로 알려진 미주리주^州 오자크스 지역에서 일련의 정교한 모의 공습훈련을 하였다고 한다. 초강경파인 맥매스터^{McMaster} 안보보좌관은 당시 북한에 대한 공격이 빠를수록 좋다고 주장했다고 한다.

그러나 군사 옵션을 검토할 때마다 최종적으로 불가하다는 판정이 내려졌다. 이미 파악된 핵시설도 85% 정도 파괴할 수 있을 뿐 100% 제거는 불가능하다는 것이다. 숨겨진 핵시설을 다 찾아내기 어렵다는 결론이 내려졌다. 북은 반드시 보복공격을 할 것이고, 그렇게 되면 서울·경기·인천의 2,500만 수도권 시민들이 피해를 볼 수밖에 없다. 지상병력을 투입하지 않고서는 북핵 시설을 제거할 수 없다는 뜻인데, 그것은 결국 전면전쟁을 의미한다.

북한은 병력 규모와 군사력에서 이라크와 비교가 되지 않을 정도로 잘 훈련된 대규모 군대를 보유하고 있다. 산악 지형이 험준하고 전국토의 요새화라는 기치하에 수많은 지하시설을 구축해놓았다. 한국전쟁 때 공습의 트라우마를 겪은 북한이기 때문에 더욱 그러하다. 그래서 지상군 투입 없이 정밀 공중폭격으로 북핵문제를 해결할 수 있다는 발상은 어설프기 짝이 없다.

미국 정보당국은 우리나라로 망명한 북한 외교관 출신의 태영호 공사를 미국에 초청하여 여러 질문을 하였다고 한다. 핵심은 북에 대한 정밀폭격 시 북한의 반응에 대한 분석이었다. 사람이 다치지 않고 기념비나 상징물에 타격하는 것에서부터 대동강변에 있는 푸에블로호[Pueblo號 4]를 타격하는 방안까지 물었다고 한다. 즉 인명살상 없이 북의 자극을 최소화시키면서 정밀타격 능력을 보여주어 북을 굴복하게 하는 방안을

---

4 1968년 1월 23일 북한 원산 앞바다에서 해양 조사선으로 위장한 미군의 정찰함 푸에블로호가 북한에 의해 나포됨. 승무원은 11개월 뒤 풀려났으나, 배는 북한이 돌려주지 않았다.

검토해본 것이다.

    그러나 태영호 공사는 전면전을 야기하지 않는 외과수술식 선제타격은 불가능하다고 강조했다고 한다. 태 공사가 비록 북한체제를 비판하고 탈북하였지만 자기 고향이 폭격으로 불타는 것을 바라지 않았을 것이다. EMP 폭탄[5]으로 모든 통신시설을 단절시킨다고 하더라도 휴전선에 전진배치된 장사정포 부대는 평양의 지시가 통신 두절로 차단되더라도 매뉴얼대로 비상시 서울을 향해 공격을 하도록 되어 있기 때문에 전면전이 불가피하다는 것이다. 미국은 물론 우리도 군사적 옵션에 대한 환상을 버려야 한다. 외과수술식 타격이라는 용어가 주는 이미지의 함정에 빠지지 말아야 한다.

    나는 태영호 공사가 쓴 《3층 서기실의 암호》라는 책을 읽어보았다. 북한 외교시스템이 작동하는 과정을 깊게 이해하는 데 도움이 되었다. 태영호 공사는 1962년생이다. 나는 1963년생이지만 일곱 살 때 학교를 가서 1962년생들과 같이 공부를 했다. 동갑내기 태영호 공사를 만나고 싶었다. 대통령 직속 북방경제협력위원장 시절이었다. 국정원을 통해서 만나자는 제안을 하였다. 혹시라도 태 공사가 현 정부 인사들에 대한 편견을 가지고 있어서 만남을 거부하지 않을까 염려도 했지만 오랜 외교관 생활을 한 사람이라 열린 자세를 가지고 있었다. 두 차례 함께 식사를 하면서 여러 가지 솔직한 대화를 나누었다.

---

5 사람에게는 피해를 주지 않고 적의 군사용 통신시스템 및 무기를 비롯한 모든 전력시스템을 무력화시키는 폭탄

핵 없는 한반도는 구현 가능할까

나는 2016년 힐러리와 트럼프의 대결에서 트럼프의 승리를 예상한 몇 안 되는 사람 중의 하나이다. 나는 문재인 후보 총괄선대본부장을 맡으면서 트럼프 대통령이 한반도 문제해결에 더 적임자일 수 있음을 외신기자회견에서 강조하였다. 문재인 후보의 연설 및 외신 인터뷰 기조도 일관되게 트럼프 대통령이 한반도 문제해결에 더 큰 계기를 만들 수 있음을 강조해왔다. 그 예상대로 트럼프의 당선 이후 북미관계에 새로운 흐름이 나타났다.

오바마 대통령도 후보 시절 김정일을 직접 만나겠다고 공언한 바 있어, 당시 경쟁후보 힐러리로부터 국정 경륜이 없는 후보라고 비판을 받기도 했다. 그러나 오바마는 당선 이후 공언과 달리 김정일과 직접 대면 대화를 할 의지를 보이지 않았다. 적어도 한반도 문제에 관한한 '전략적 인내Strategic Patience'라는 슬로건으로 사실상 전략적 방치Strategic Negligence를 한 것이다. 대부분의 한국인들은 오바마 대통령이 이명박·박근혜 정권의 대북 강경책에 편승하여 끌려가는 모습을 보고 크게 실망했다. 그의 책 제목인 《담대한 희망Audacity of Hope》이 사라져갔다. 전혀 대담한 발상의 전환이 보이지 않았다.

오히려 트럼프 대통령 체제하에 한반도에 '담대한 희망'이 보이기 시작하였다. 그는 예전부터 일관되게 북한 지도자와의 직접대화를 공언해왔다. 1999년 10월 〈Meet the Press〉에 출연하여 "나는 미친 듯이 북한과 협상할 것이다"라고 말했고, 2016년 5월 〈로이터〉 인터뷰에서 "나는 김정은과 대화하는 데 아무런 문제가 없을 것이다"라고 말했다. 오바마가 백악관을 떠나면서 전임 대통령으로서 신임 트럼프 대통령에게 전해주는 쪽지에 "한반도 문제는 당신이 시작해야 할 가장 크고 중요한 일일 것입니다"라고 적었다고 한다. 안타까운 일이다. 8년 동안 이를 해결하지 않고 자기에게 떠넘겼다고 트럼프 대통령이 볼멘소리를 할만하다.

트럼프 대통령이 2019년 6월 28일 오사카 G20회담 중 트위터로 DMZ 방문 시 김정은 위원장과 회동할 것을 제안했다. 김정은 위원장이 바로 화답하여 역사적인 3자회담이 이뤄졌다. 역사적인 사건이다. 미국의 주류 언론들은 트럼프 대통령의 예측 불가능한 행태에 대해 비판 일색이다. 그러나 역사상 처음으로 미국 대통령이 북한 땅을 밟은 사건이 기존 관료제의 시스템으로 추진될 수 있었겠는가? 기존 워싱턴의 외교 관료들의 손에 맡겨놓아서는 절대 불가능한 일이었다.

근대 형사소송법의 중요한 이정표인 미란다 법칙을 만들게 한 미란다는 정치적 양심수가 아니라 18세 소녀를 성폭행한 범죄자였다. 그러나 미란다가 정치범이 아닌 일반 형사범이라고 하여 수사 절차에서 피의자의 기본권을 보호하는 경전처럼 인식되는 미란다 법칙의 가치가 줄어드는 것은 아니다. 트럼프 대통령의 여러 정치적인 문제, 사생활 문제, 이방카(큰딸이자 백악관 대통령 보좌관), 쿠슈너(큰사위이자 백악관 수석고문) 기용 등 친인척 정실주의(네포티즘)의 문제 등이 있다고 하여 북미 직접대화, 미국 대통령의 북한방문의 역사적 의미가 퇴색되는 것은 아니라고 생각한다.

트럼프 대통령의 행위에 대해 나는 트위터를 통해 말했다. 닐 암스트롱이 달에 착륙할 때 "한 개인에게는 작은 한 걸음이지만 인류에게는 커다란 도약이다"라는 것처럼 트럼프 대통령이 군사분계선을 넘어 북으로 간 것은 우리 한국민에게 커다란 도약이다. 아니 냉전시대의 마지막 벽을 넘어선 세계사의 큰 도약이다. 그것이 한낱 이벤트로 종료되는 것이 아니라 북미관계 정상화와 한반도 평화협정으로 결실을 맺어야 한다.

트럼프는 군산복합체 출신이 아니다. 뉴욕 부동산 개발업자 출신이다. 그래서 희망이 있다. 영화 〈바이스〉에 나오는 딕 체니 부통령과 도날드 럼스펠드 국방장관의 이해관계는 다르다. 2018년 워싱턴을 방문했을 때 트럼프 대통령의 최측근인 윌버 로스 상무장관을 면담한 적이 있다. 이때 윌버 로스에게 제안했다. 대동강변에 트럼프 빌딩을 만들고 1층에 맥도날드 햄버거 가게를 만들자는 제안이다. 미국은 맥도날드 햄버거가 입점된 나라와 전쟁을 하지 않는다는 불문율이 있다고 한다. 대동강변에 서있는 트럼프 빌딩과 맥도날드 햄버거 가게만큼 미국이 북한을 불가침한다는 증표는 없을 것이다.

그곳에서 트럼프 대통령과 김정은 위원장이 햄버거를 먹으면서 대화하는 모습을 상상해본다. 'Why not?' 트럼프 시대에는 상상이 곧 현실이 될 가능성이 있음을 보여주었다. 실제와 상관없이 그런 대담한 시도를 해볼 공간을 어떻게 활용할 것인가 문제이다. 한바탕 리얼리티쇼로 끝나게 될지 말지는 우리들의 손에 달려있다.

'핵 없는 한반도'는 미국과 북한 모두에게 새로운 도전이 될 것이다. 미국은 '핵 없는 북한'이라는 시대를 맞이할 준비가 되어 있는가? 미국의 군산복합체가 유지되려면 끊임없이 적을 만들어야 한다. 국방비 지출을 늘리고 새로운 무기와 방어체제를 개발하고 구축할 명분이 필요하다. 북한과 이란이 가장 활용하기 좋은 대상이었다. 특히 북핵문제는 동북아지역에 중국과 러시아를 견제하는 미사일방어체제 수립 및 중국·러시아 봉쇄전략에 매우 중요한 명분이었다. 1994년 제네바 합의를 무산시킨 이유가 미국 군산복합체의 글로벌 MD체제 구축에 장애가 되었기 때문이라는 분석이 타당성이 있다.

북한 역시 북한 인민들을 통제하고 하나로 단결시키는 구심으로서 미국이라는 적이 있고 핵이라는 무기가 있었다. 이 두 가지가 다 해결되었을 때 어떻게 자국의 인민들을 단결시키고 자신의 체제를 유지해 나갈지 커다란 도전이 남아있다. 북미 양측 모두 '핵 없는 한반도시대'에 맞는 자신들의 세계전략과 국가발전전략을 수립해 나가야 한다. 이러한 방향으로 국제관계를 추동해 나가야 한다. 핵·경제병진노선이 경제집중노선으로 성과를 볼 수 있도록 도와주어야 한다.

03

종속적인 관계에서
진정한 동반자 관계로

정치·경제·문화를 공유하는 동맹국

    트럼프 대통령이 방위비분담 문제와 관련하여 한국 측 부담을 강조하면서 미군철수를 주장했다. 트럼프는 진정한 힘은 공포에서 나온다고 말한다. 예측 불가능한 협상전략을 쓰기도 한다. 우리는 절대 이러한 전술에 흔들리면 안 된다. 전시작전권을 회수하여 협력적 자주국방의 태세를 확립하여야 한다. 주한미군철수 협박에 흔들려서는 안 된다.

    주한미군은 2006년 전략적 유연성 합의에 따라 더이상 북한만을 상대로 존재하는 군대는 아니다. 평택 험프리스 기지는 444만 평의 세계 최대의 미군기지로 21조 원이 넘는 돈이 투입되어 기숙사, 골프장, 학교, 호텔 등 각종 편의시설 등이 완비되어 있다. 트럼프 대통령에게 객관적인 사실은 중요하지 않다. 그는 자신이 원하는 대로 수치를 왜곡한다. 2020년 재선에 당선되기 위하여 자신이 평소 강조해온 메시지를 일관되게 견지하고 있다. '유럽연합, 일본, 한국 등 부자나라를 미국이 돈을 들여 공짜로 지켜줄 필요가 없다. 돈을 더 내라. 무기를 더 사라, 방위비 지출을 늘려라. 그렇지 않으면 철수하겠다'는 메시지이다.

트럼프는 미군이 한국에 주둔하는 것을 원하지 않는다는 이야기도 수시로 하였다. 그러나 북한에서 발사된 대륙간탄도미사일을 알래스카에서는 15분 만에 탐지하지만, 주한미군의 특별접근 프로그램으로는 7초 만에 잡아낸다. 한반도에서 미군이 존재하는 이유이다. 본토 방어를 위한 태평양 상공의 요격을 위해서는 절대적으로 주한미군이 필요하다는 것이 매티스를 비롯한 미국 측 안보전문가들의 주장이다. 따라서 주한미군 철수 협박에 흔들려서는 안 된다.

2005년 참여정부 시절 한미 간 '전략적 유연성' 합의가 이루어졌다. 이로써 주한미군은 북한의 위협을 막는 붙박이 주둔군이 아니라 중국과 러시아를 견제하고 미국의 안보를 넘어 세계 전략을 위해 어느 지역이라도 파견되는 신속기동군의 성격을 갖게 되었다. 주한미군이 미국과 일본의 안보를 지키는 일종의 초소(GP) 역할을 하게 된 것이다. 최근 미국 상원 군사위원회는 2020 회계연도에 포함된 국방수권법을 통해 의회 동의 없이는 주한미군을 2만 8,500명 수준에서 임의로 감축할 수 없게 하였다. 따라서 앞으로는 주한미군 방위비 분담금 협상에서 더 이상 주한미군 감축이나 철수가 협상의 압력 수단이 될 수 없을 것이다.

1975년 박정희 대통령은 미군 철수 위협에 굴복하지 않고, 만약 북한이 중국이나 소련의 도움 없이 단독으로 남침할 경우 남한도 미군의 도움 없이 자주적으로 이를 격퇴한다는 자주국방 의지를 천명한 바 있다. 미국이 핵우산 제공을 철회한다면 자체 핵개발도 감행하겠다는 의지도 표명했다. 제임스 로드니 슐레진저James Rodney Schlesinger 당시 미국 국방장관은 오히려 주한미군의 주둔 필요성을 강조했다. 박정희 대통령의 자주국방 철학과 노선을 벤치마킹할 필요가 있다. 트럼프 대통령이 요구하는 50억 달러의 방위비 분담은 한·미 상호안보조약이나 주둔군지위협정SOFA 어디에도 수용할 근거가 없다.

부동산업자인 트럼프가 어린 시절 뉴욕 브루클린 임대아파트에서 114달러 13센트를 수금하는 것보다 한국에게 10억 달러 받은 것이 쉬웠다는 모욕적인 말을 이제 그만 들어야 한다. 단호한 자주국방의 자세를 견지할 필요가 있다. 나는 수차례 언론 인터뷰를 통하여 오히려 미국은 주한미군 평택기지를 이용하는 임대료를 내어야 한다고 주장했다.

세간에서는 트럼프 대통령을 예측 불가능한 사람이라고 이야기한다. 그러나 트럼프 대통령이 대선기간 동안 행한 유세문이나 인터뷰를 보면 말한 그대로 실천하고 있다고 본다. 불법이민 중단과 멕시코 장벽 문제, 제조업으로 미국을 다시 살린다, 해외전쟁에서 철수한다, 이란 핵합의를 다시 한다, 중국과 무역불균형을 바로잡는다 등 말한 대로 움직이고 있다.

트럼프는 지구온난화와 기후변화를 부인하고 셰일가스 혁명으로 확보한 화석에너지 주도권으로 '미국 우선!America First'을 밀어붙이고 있다.

셰일가스 혁명으로 미국은 사우디아라비아를 능가하는 세계 최대의 산유국이자 원유 수출국이 되었다. 중동에 대한 의존도가 없어졌으므로 호르무즈 해협이 봉쇄되어도 상관없다는 식이다. 그래서 이란에 대해서도 수출을 봉쇄하고 이란 핵합의를 일방적으로 탈퇴해버렸다. 다급해진 것은 중국·일본·한국 등 중동 원유 수입국이다. 트럼프 대통령은 호르무즈 해협의 안전을 중국·일본·한국 등 원유수입국들이 스스로 책임지라고 이야기한다.

트럼프 대통령이 이란 핵합의를 일방적으로 탈퇴하고 최근 이란혁명수비대 쿠드스군 사령관 솔레이마니를 드론으로 암살하고 이에 대한 이란의 이라크 미군기지에 대한 미사일 공격으로 전쟁위험이 고조되었다. 그러나 이란도 공격을 사전에 이라크 정부에 통보해주고 미국도 추가공격을 하지 않음으로써 일단 소강상태에 빠져 있다. 그러나 솔레이마니과 함께 이라크 시아파 민병대 부사령관 아부 마흐디 알무한디스까지 암살함으로써 이라크 내 반미 분위기가 고조되고 이라크 의회가 미군철수를 결의하기에 이르렀다. 이란과 미국의 전쟁은 중동 전체와 유럽, 미국에까지 테러공격이 확산될 것이다.

한미동맹은 매우 중요하다. 그러나 일방적으로 끌려가는 '종속적인 관계'가 되어서는 안 된다. 도요토미 히데요시와 도쿠가와 이에야스의 관계를 생각해본다. 오다 노부나가, 도요토미 히데요시와 동맹관계를 맺고 있는 도쿠가와 이에야스는 동맹을 유지하기 위해 어떠한 희생과 굴욕도 감수한다. 오다 노부나가의 명령으로 적과 내통했다는 이유로 부인 쓰기야마와 아들 노부야스의 자결을 감내하면서 동맹을 지킨다. 오다 노부나가가 혼노지에서 아케치 미쓰히데의 반란으로 사망한 이래, 후계 구도에서 도요토미 히데요시가 앞섰다.

히데요시는 도쿠가와 이에야스를 계륵처럼 생각했다. 제거하기에는 도쿠가와 세력이 강력하다. 히데요시는 원래 영지였던 미가와를 버리고 황무지 에도로 가라는 명령을 내렸고 도쿠가와는 그 명령을 수행한다. 그리고 자강불식의 자세로 에도를 개간·개발하여 에도 막부시대, 지금의 도쿄시대를 만들어냈다. 우리 대한민국도 도쿠가와처럼 자강불식해 나가야 한다.

그러나 한미동맹은 이런 전국시대의 역학관계만으로 이루어지는 것은 아니다. 한미동맹은 경제적 이해관계뿐만 아니라 민주주의와 인권, 시장경제 등 기본적인 가치를 비롯해 헌법적 가치를 공유하는 동맹이다. 미국과 한국은 단순한 정권 차원만이 아니라 정치·경제·사회·문화와 200만 재미동포와 수만 명의 유학생과 거류 한국인들을 포함하여 실시간으로 소통하는 동맹국이다. 복합적인 접근이 필요하다.

미국과의 정당 네트워크와 정당 외교 강화가 필요하다

"송 의원, 우리는 외교하는 민족이 되어야 합니다. 4대 강국과 잘 지내야 하고, 각 나라의 특정 정책을 비판할 수 있지만 그 나라 전체를 부정하고 척을 지는 이야기를 해서는 안 됩니다." 김대중 대통령의 말씀을 항상 되새기고 있다.

나는 미국의 헌법정신을 존중한다. 토마스 제퍼슨과 벤저민 프랭클린 등의 새로운 민주공화국 수립 정신을 존중한다. 미국 정치의 속살을 보여주는 드라마 〈하우스 오브 카드 House of Cards〉를 즐겨본다. 이렇게 백악관의 행태를 노골적으로 비판하는 드라마를 만들 수 있는 나라, 미국을 존중한다. 수많은 미국의 지도층 인사들이 한국인 고아들을 입양하여 잘 키우고 있다. 더구나 장애를 가진 고아들을 키우고 있는 미국인들을 보면 존경심을 표하지 않을 수 없다.

나는 오바마의 저서 《담대한 희망》를 읽고 나서 오바마가 대통령감이라고 생각했다. 힐러리의 책에서 볼 수 없는 감동과 열정이 있었다. 오바마가 대통령에 당선되는 것을 보고 감동했다. 오바마 취임식에 참석하고 싶었다.

당시 민주당 수석최고위원으로서 민주당 차원에서 축하대표단을 보내자고 했다. 예나 지금이나 우리 민주당은 국제외교 역량이 취약하다. 4대 강국과 네트워크도 빈약하다. 특히 가장 중요한 미국과의 관계도 그러하다. 당시 이미경 총장을 졸라서 여행비의 50%를 지원받고 50%를 자부담하여 전현희 의원과 함께 역사적인 행사에 참석하였다. 참석 티켓이 암시장에서 좋은 자리는 5,000만 원을 호가한다는 소문이 돌았다. 미국 상하원 의원들에게 5장에서 10장 정도씩 티켓이 배부된다고 했다.

당시 마이크 혼다 미 하원의원과 미국령 사모아 출신 미 하원 아태

소위원장 팔레오마베가 의원 그리고 미국 유권자 풀뿌리운동 대표 김동석 선배와 함께 미 하원의 일본군위안부 사과 촉구 결의안을 추진하면서 친해졌다. 그래서 팔레오마베가 의원이 티켓을 주어서 참석할 수 있었다.

유난히 추운 날씨였지만 수많은 사람이 운집하였다. 링컨 기념탑까지 입추의 여지가 없이 사람이 꽉 찼다. 백인들이 훨씬 많이 참석한 것을 보고 감동하였다. 이것이 미국의 힘이라는 생각이 들었다.

오바마의 연설에 감동하고 박수를 쳤지만 오바마의 대한반도 정책은 실망이었다. 전략적 인내라는 명분으로 북핵문제를 사실상 방치하였다. 이명박·박근혜 정권의 강경한 대북정책에 편승하여 끌려 다녔다.

대한민국 정치인들은 워낙 국내 정치에 붙잡혀 있어서 미국 정치에 시간과 열정을 쏟을 여유가 없다. 특히 우리 민주당 의원들은 미국 정치권과의 네트워크가 취약하다. 의원들이 하도 자주 바뀌니까 중진의원들의 대미 네트워크가 안정적이지 못하다. 미국은 백악관 못지않게 의회가 중요하다. 공화당·민주당 양당에 대한 정당외교도 중요하다. 일본이 장기적으로 미국 정치권에서 친일 정치인을 양성해가는 프로그램을 배워야 한다. 재미동포들이 체계적으로 유력한 미 상원·하원 의원을 재정적으로 지원하면서 대한민국 정치인과 네트워크를 연결하는 역할을 해야 한다.

2008년경 초선의원 시절 밥 메넨데스$^{Bob\ Menendez}$ 상원의원을 워싱턴 D.C.에서 만나 대북 화해협력정책을 열심히 설명한 바 있다. 쿠바 난민

출신의 민주당 밥 메넨데스 상원의원은 이제 3선의원이 되어 미 상원 외교위원장이 되었다. 나는 재미교포들을 만날 때마다 메넨데스 상원의원을 예로 든다. 쿠바 난민들도 미 상원의원을 배출하는데 200만 재미동포사회에서 지금까지 미 상원의원 한 사람도 배출하지 못한 것에 대해서는 자성해야 한다고.

미국 풀뿌리운동을 하는 김동석 대표의 이야기는 실감이 난다. 전미 유대인협회 총회가 열리면 미 상·하원 의원들이 대거 참여하는 바람에 미 의회는 정족수 부족으로 회의를 열 수 없을 지경이라고 한다. 이런 유대인협회의 파워가 있기 때문에 이스라엘이 힘을 발휘하는 것이다. 우리도 재미동포 200만 파워를 강화하고 대미 투자를 하는 한국기업들과 연계하여 체계적으로 미 정가에 네트워크를 구성해야 한다.

2018년 11월 앤디 김이 김창준 선배 이후 처음으로 미 하원에 진출하였다. 조 바이든의 핵심 측근이라고 한다. 워싱턴 D.C. 김창준 선배 집에 가서 밤새 이야기를 나누면서 후배 양성 필요성에 공감한 바 있다. 김창준 선배는 공화당인데 앤디 김은 민주당이고 젊은 리더십이 강점이다. 당선 때 축하편지를 보냈고 페이스북으로 소통하고 있다.

마크 혼다 의원의 뒤를 이은 인도계 로하나 의원과도 페이스북으로 소통하고 있다. 하와이가 지역구인 툴시 가바드 미 연방하원의원은 내가 인천시장 시절 하와이주의원이었는데 그 시절부터 친하게 지냈다. 샌더스 지지자다. 이번 대선후보로 당내경선에 출마하기도 했다.

미국 주요 상원의원, 하원의원들의 페이스북도 팔로우하고 트위터도 팔로우하고 있다. 트럼프 대통령의 트위터를 보면서 북미대화 부분에 대해서는 자주 리트윗을 해주고 의견을 첨부하기도 한다.

2018년 북방경제협력위원회 위원장으로서 미국을 방문하여 조지 부시 전 대통령과 만나고 윌버 로스 미 상무부 장관을 만났다. 에드워드 마키 미 상원의원을 만나 문재인 정부의 신북방정책을 설명하였다. 에드워드 마키 의원이 기후변화 문제에 관심이 많아서 나와 잘 소통이 될 것 같다. 윌버 로스 상무부 장관에게는 대동강변에 트럼프 빌딩을 만들고 1층에 맥도날드를 여는 시대를 만들어보자고 제안하였다.

2017년 10월에는 워싱턴을 방문해 뉴트 깅리치$^{\text{Newt Gingrich}}$ 전 미국 하원의장을 만나 1시간 30분 정도 집중토론을 한 적이 있다. 깅리치 의장은 공화당 원로 중 유일하게 처음부터 일관되게 트럼프 대통령을 지지한 사람이다. 토론을 통해 나는 북한이 아랍과는 근본적으로 다르며 새롭게 장마당 경제도 만들어지고 있다는 점, 그래서 북미 간에는 대화가 가능하다는 점을 강조하였다. 깅리치 의장은 이런 새로운 시각은 처음 들었다면서 자신을 '교육'해주어 고맙다는 표현을 썼다.

2018년 민주당 전당대회 때 나는 당대표가 된다면 4대 강국과의 정당교류 및 의원외교를 대폭 강화하겠다고 했다. 우리가 미국을 끌어내는 힘은 남북관계에 달려 있다. 우리가 남북관계를 주도해 나갈 때 미국은 우리와 대화할 필요성이 생긴다. 북한을 이끌어내는 힘은 한미관계이다. 미국에 영향력을 끼치고 미국으로부터 뭔가 양보를 받아낼 힘이 있을 때 우리가 북한을 설득하고 끌고 갈 수 있다.

일본, 미국으로 이어지는 해양세력과 북한, 중국, 러시아로 이어지는 대륙세력 사이에서 반드시 어느 한쪽 편을 들어야 한다는 흑백논리는 위험하다. 이미 냉전이 무너졌고 전 세계는 하나의 시장경제질서에 편입되었다. 반도의 절반은 대륙, 다른 절반은 바다다. 대륙과 해양을 아우를 수 있는 위치인 것이다.

우리에게는 반도세력으로서의 자기정체성이 필요하다. 반도세력이 자주성을 견지하고 하나로 뭉치면 로마시대의 천년의 번영을 이끄는 이탈리아 반도가 될 수 있지만, 분열되어 서로 싸우면서 어느 한쪽에만 붙어서 생존을 도모하려고 하면 유럽의 화약고이자 1차 세계대전의 발발지인 발칸반도가 될 수도 있다.

송영길의 지구본 외교
둥근 것이 강한 것을 이긴다!

중국:
외로운 대국, 진정한 형제 국가로 발전해야

01

마오쩌뚱과 덩샤오핑

10년간 중국을 휩쓴 문화대혁명

"중국은 외로운 대국이다. 동맹이 없다. 미국의 동맹국에 의해 포위되어 있다."

2011년에 출간된 헨리 키신저의 책 《헨리 키신저의 중국 이야기》의 한 대목이다. 이 책은 우리나라와 중국에서도 번역되어 출간되었다.

키신저는 중국을 가장 잘 이해하고 있는 미국인이라고 할 수 있다. 1971년 역사적인 중국 방문을 통해 북미관계 정상화의 길을 열었다. 소련이라는 공동의 적을 두고 미중 간에 협력을 모색한 것이다. 미국은

---

1 1923년 독일에서 태어난 유대계의 미국 정치인이자 외교관이다. 닉슨 대통령의 국가안보좌관과 국무장관을 역임했으며, 중국과의 데탕트, 북베트남과의 평화협정을 체결하여 노벨 평화상을 수상했다.

1972년 닉슨 대통령의 중국 방문 이후, 베이징과 워싱턴에 연락사무소를 설치하고 상호협력에 들어갔다. 1971년 미국의 도움으로 중국은 유엔에 가입하면서 중화민국의 자리를 승계해 유엔 안전 보장 이사회 상임이사국이 되었다. 대만(중화민국)은 미중이 합의한 '하나의 중국'이라는 원칙에 따라 유엔을 탈퇴했다.

중국은 중소분쟁 과정에서 소련과 결별하고 도쿄올림픽이 열리던 해인 1964년 독자적인 기술로 최초의 핵실험을 했다. 그때 중국의 핵실험 논리는 지금 북한이 주장하는 논리와 유사하다. 당시 북한, 북베트남, 알바니아와 아프리카의 몇몇 나라들이 중국에 핵실험 성공 축전을 보냈지만, 소련은 중국의 핵개발에 반대했다.

김일성은 마오쩌뚱에게 핵실험을 축하하는 다음과 같은 전문을 보냈다.

"중화인민공화국의 핵실험은 중국인민의 위대한 승리이고 사회주의 진영과 전 세계 평화애호 인민의 거대한 승리이다. 이것은 전투적으로 혁명인민을 고무시키고 아시아와 세계평화사업에 거대한 공헌이며 완고하게 핵무기체제를 강화하는 미제국주의자들에 대한 유력한 타격이다."

이어서 중국은 1970년 6월 17일 수소폭탄실험에 성공하고 1970년 4월 24일 인공위성발사를 성공시켜 대륙간탄도탄 기술을 획득했다. 일본의 다나카 가쿠에이 총리가 1972년 전격 중국을 방문했고 바로 중일 국교수교가 이루어졌다. 한중일 3국 중 일본이 먼저 중국과 국교를 수립했다. 중일공동성명으로 하나의 중국 원칙이 천명되었다. 대만은 중일공동성명을 발표하는 날 심야에 일본과 외교관계 단절을 선언했다.

1971년 미중의 만남과 화해협력은 남북 양국에 큰 충격을 안겨주었다. 북한은 이제 더 이상 세계공산혁명의 논리로 북한의 적화통일노선(소위 민족해방노선)을 지원받을 수 없게 되었다. 대한민국 박정희 정부 역시 충격 받았다. 철석같이 믿었던 미국이 적국 중국과 손잡은 것이다. 미중 수교는 김일성의 주체사상과 시계추 등거리외교, 박정희의 자주국방·핵개발·민족적 민주주의 사상 등을 내세운 유신체제로 나가는 계기가 되었다.

1966년부터 1976년 마오쩌둥이 사망할 때까지 10년 동안 문화대혁명이 중국 전체를 휩쓸었다. 반공체제하에서 중국이나 소련에 대한 정보가 부족하였던 서방세계의 진보적 지식인들이 문화혁명에 대해서 환상을 가진 적이 있었다. 우리나라에서도 그런 경향이 있다. 그러나 나중에 문화혁명의 참상이 공개되기 시작하면서 그러한 환상은 깨졌다.

1959년 대약진운동의 실패를 평가하는 노산회의에서 마오쩌둥의 호남성 후배인 펑더화이彭德懷는 정면으로 마오 주석을 비판했다. 대약진운동의 후과로 수많은 국민이 굶주려 죽었다. 마오쩌둥은 책임을 지고 주석직에서 내려왔고 호남성 후배인 류사오치劉少奇[2]가 주석에 취임했다. 레닌의 신경제정책처럼, 극좌적 정책에서 중도적 정책으로 경제가 살아

---

[2] 1898~1969년, 대약진운동이 실패한 후 마오쩌둥의 주석직을 물려받았으나 이후 주자파走資派로 몰려 모든 공직을 박탈당하고 비참하게 죽었다. 1980년 덩샤오핑이 복권시켰다.

나고 안정되기 시작했다. 그러자 초조해진 마오쩌둥이 류사오치와 펑더화이의 권력을 뺏으려고 일으킨 것이 문화대혁명이다. 백가쟁명百家爭鳴, 조반유리造反有理 논리로 사령부를 폭격하도록 부추긴 것이다. 역설적으로 문화대혁명 때문에 대한민국 경제가 성장할 수 있었다. '덩샤오핑이 10년 먼저 개혁개방을 시작했다면 대한민국은 설 자리가 없었을 것이다'라는 평가도 있다.

2014년 칭화대학에서 방문학자로 1년간 있을 때 펑더화이가 홍위병들에게 끌려나와 군중 앞에서 모욕을 당하고 두들겨 맞는 동영상을 보고 충격을 받은 적이 있다. 현재 중국 국가주석 시진핑의 아버지 시중쉰이 펑더화이와 같이 활동했다. 시중쉰도 시진핑도 문화대혁명의 핍박을 받고 고생하였다. 시진핑이 주석이 된 이후 펑더화이에 대한 재평가도 이루어지고 CCTV에 일대기가 방영되기도 하였다.

덩샤오핑 개혁개방 정책의 분수령이 된 천안문 사태

마오쩌둥은 사망하면서 화궈펑華國鋒을 후계자로 지명했으나 덩샤오핑은 예진잉의 도움으로 화궈펑을 실각시키고 후야오방胡耀邦 서기와 자오쯔양 총리체제로 개혁개방을 추진해나간다. 후야오방은 개방적이고 포용력이 있는 지도자였으나 정치적 민주화 요구까지 수용하는 것은 공산당 독재를 위협하는 위험한 시도였다. 결국 1987년 실각한 후야오방은 1989년 4월 심장마비로 사망한다. 후야오방의 사망은 천안문 사태를 격화시키는 계기가 되었다.

 자오쯔양 총리는 천안문 학생들의 요구에 동조하였다. 천안문광장에 미국 뉴욕의 자유의 여신상 모조품이 만들어져 시위의 상징으로 사용되었다. 그러나 덩샤오핑은 너무 멀리 나갔다고 생각했다. 베를린 장벽이 무너진 시기였다. 이미 사회주의권 붕괴가 시작되고 소련의 개혁(페레스트로이카)과 개방(글라스노스트)이 한창인 때였다. 소련연방의 붕괴조짐이 나타나고 있을 때였다. 덩샤오핑은 동구권 붕괴처럼 공산당체제가 무너질 위험을 느낄 수밖에 없었다. 개혁개방의 추진과 공산당체제 리더십의 안정적 구축이라는 상호모순 충돌을 해결하기 위해 덩샤오핑은 속도 조절의 필요성을 절감했다. 리펑, 양상쿤, 장쩌민 등 강경파를 내세워 후야오방, 자오쯔양 등을 실각시켰다. 1989년 6월 4일 천안문 무력진압은 중국 개혁개방 노선의 분수령이 된 사건이었다.

 천안문 사태 진압 이후 보수세력 강화로 좌경화되는 분위기를 막고 중단 없는 개혁개방 추진 분위기를 만들 필요가 있었다. 덩샤오핑은 노구를 이끌고 1992년 상하이, 선전, 주하이 등 남방경제특구를 순시하면서 개혁개방 확대의 일관된 정책을 추진하는 분위기를 만들기 위한 남순강화[3]를 실시했다. 덩샤오핑의 남순강화 이후 중국은 12% 이상의 고도성장을 지속했고 1991년 소련체제 붕괴의 충격을 흡수할 수 있었다. 대단한 지도력을 지닌 작은 거인이 아닐 수 없었다. 남순강화에 대해 평

---

3 덩샤오핑이 1992년 1월 18일부터 2월 22일까지 우한武漢, 선전深圳, 주하이珠海, 상하이上海 등을 시찰하고 중요한 담화를 발표한 날을 가리킨다.

소 높이 평가해왔던 나는 우연한 기회에 덩샤오핑을 수행했던 중국 관리로부터 당시 상황을 직접 듣는 행운을 얻었다.

2010년 11월 12일부터 28일까지 광저우에서 아시안게임이 열렸다. 2010년 11월 28일 차기 개최도시 시장으로서 아시안게임 깃발을 받기 위해 폐막식에 참석하였다. 광저우는 태평천국의 난과 신해혁명의 발생지이며 손문의 도시이기 때문에 베이징에 대한 경쟁의식이 매우 강하다. 개막식과 폐막식이 베이징올림픽 못지않게 대단하고 화려했다. 주강 3각 지역의 핵심인 광저우는 광동성의 성도이다. 광동성의 지역 총생산량은 우리나라의 국내 총생산량을 능가하며 인구는 1억 명이 넘는다. 광저우시 천지엔화陈建华 시장이 주강에 배를 띄우고 선상에서 환영 만찬을 베풀어주었다. 주강 강변 양측에 하늘을 향해 치솟은 빌딩숲의 야경이 장관이었다.

인천시장 시절 중국 칭화대를 방문해 특강을 하는 모습

천 시장은 1956년생으로 광둥성 루펑 출신의 한족이다. 그는 당시 47세인 내게, "젊은 나이에 3선 국회의원에 광역시장이 되었으니 앞으로 나라의 지도자가 되기를 바랍니다"라고 덕담을 해주었다. 나도 그에게 "광저우는 광둥성의 발전과 덩샤오핑 지도자의 개혁개방의 성과가 살아있는 곳입니다"라고 덕담을 하고 나서 1992년 덩샤오핑의 남순강화에 대한 이야기를 해달라고 부탁했다. 알고 보니 1992년 광둥성 정부 판공처의 공무원으로 덩샤오핑 남순강화 전체를 수행하면서 덩샤오핑의 발언을 녹음하고 정리한 사람이 바로 천지엔화 시장이었던 것이다. 덕분에 그로부터 생생한 덩샤오핑의 남순강화 이야기를 들을 수 있었다.

천 시장은 덩샤오핑을 회상하면 눈시울이 뜨거워지곤 한다고 말했다. 덩샤오핑은 혁명적 이상주의와 현실주의의 아름다운 결합을 이야기하였다고 한다. 나는 김대중 대통령께서 선비의 문제의식과 상인의 현실감각을 강조하며 실사구시를 강조했던 모습과 일맥상통한다고 응대했다. 천 시장은 덩샤오핑은 선전특구 루오후 항구에서 홍콩을 바라보면서 언제 홍콩에 한번 가보고 싶다는 희망을 피력했는데 가보지 못하고 돌아가셨다면서 눈물을 글썽거렸다. 백주를 마시면서 한중 우호를 다지고 중국의 개혁개방 성공, 태평천국의 난과 신해혁명의 중심지가 이제 아시안게임 개최도시가 되어 새롭게 탄생한 것을 축하했다. 덩샤오핑과 김대중 두 분의 위대한 지도자의 사상과 일화를 서로 나누면서 술잔을 기울였다.

02

현 중국 대내외 정책의 흐름

하나의 중국 원칙과 애국주의 열풍

　2014년 중국 칭화대에서 방문학자로 있으면서 옌쉐퉁(阎学通) 칭화대 국제문제연구소장을 비롯하여 〈환구시보〉 후시진 편집장 등 많은 분들과 대화를 나눌 수 있었다. 주로 공산당 지도부와 관변학자들의 가장 큰 담론은 소비에트연방 해체를 반면교사로 삼아 중국은 절대로 소련해체의 길을 답습해서는 안 된다는 결의였다. 그래서 대만은 불가분의 중국 영토의 일부이며, 독립을 추진할 경우 무력사용도 불사한다는 원칙을 고수하고 있다. 베이징에서 택시를 타고 택시기사와 이야기를 해봐도 통일을 위해서는 무력사용도 불가피하다는 입장이었다.

　중국의 애국주의 열풍이 심하다. 2012년 중국공산당 18차 전국대표대회에서 채택된 사회주의 핵심 가치관이라고 하는 12개 표어를 중국

거리 어디에서나 볼 수 있다. 그 내용을 보면 '국가의 목표: 부강·민주·문명·화해, 사회 지향: 자유·평등·공정·법치, 공민의 덕목: 애국·경업敬業·성신誠信·우선友善'이다. 이런 가치는 모든 사회에 적용되는 보편적 가치라고 할 수 있다. 특별히 사회주의 핵심 가치관이라 특정하기 어렵다. 박정희 때 한국식 민주주의, 민족적 민주주의 표어가 연상된다, 새마을 운동 이념으로 '자조·자립·협동'이라는 구호가 떠오르기도 한다.

중국의 애국주의 열풍을 학문적으로 대변하는 사람이 칭화대학 후안 캉胡鞍鋼 교수와 칭화대 국제문제연구소 옌쉐통 소장이다. 옌쉐통 교수는 2003년 중국 계림에서 열린 유럽아시아 젊은 국회의원 모임에서 기조연설자로 만나 서로 연락하게 되었다. 인천시장 시절에는 옌쉐통 교수를 인천시청으로 초청하여 특강을 하기도 하였다. 그 인연으로 2014년 인천시장을 마치고 칭화대 방문학자로 가게 된 것이다. 중국이 가장 두려워하는 것은 소비에트연방공화국 해체의 재현이다. 고르바초프의 잘못된 리더십으로 소비에트연방공화국이 해체되는 일이 중국에서도 벌어질 수 있다는 위기의식이 있다.

신장 위구르 자치구가 가장 예민한 지역이다. 대만 문제도 그 연장선 상에 있다. 옌쉐통 교수와 가끔 식사를 하면서 여러 대화를 나누었다. 대만은 갈수록 독립의식이 높아져서 통일이 쉽지 않을 것이다. 무력으로 대만을 병합할 태세를 갖추고 있어야 독립 시도를 막을 수 있다. 대만을 포기하면 신장 위구르가 위험하다는 생각을 갖고 있다.

중국의 대표적인 웹 사이트 바이두에서 "대만을 검색해보면 대만은 분할할 수 없는 중국 영토의 일부분(台湾是中国领土不可分割的一部分)"라고 명시되어 있다. 지금 시진핑 중국의 슬로건은 〈위대한 중화민족부흥〉이다. 애국주의이다. 사회주의는 사라졌다. 애국주의, 민족주의가 중국 특색의 사회주의라는 이름으로 포장되었다. 국가 독점 자본주의 형태로 발전하고 있다고 생각한다.

대만독립을 허용하면 신장 위구르 등의 분리독립으로 이어질 수 있기 때문에 중국은 대만이 중국 영토의 일부임을 강력히 주장하고 있다. 그래서 1992년 중국의 해협양안관계협회(해협회)와 대만의 해협교류기금회(해기회) 상호 간에 홍콩에서 회담한 내용을 '1992년 공동인식'으로 정의하고 중국 측은 이를 강조하고 있다. 하나의 중국 원칙을 합의했다는 것이다.

2014년 중국 측 해협회 천더밍陳德銘 회장과 대만 측 해기회 린중선林中森 회장의 사무실을 방문하여 면담하면서 많은 대화를 나눈 적이 있다. 대만은 국민당과 민진당이 92년 공동인식 합의에 대하여 첨예하게 의견대립을 하고 있다. 하나의 중국, 각자 자기 입장에서 설명하는 것으로 일종의 절충이 이루어지고 있다. 중국은 중국공산당 중심의 하나의 중국이고, 대만은 중화민국 중심의 하나의 중국으로 해석한다는 뜻이다. 마잉주 총통은 불통不統, 불독不獨, 불무不武라는 3불 원칙을 표명한 바 있다. 즉 통일도 독립도 추구하지 않고 무력을 사용하지 않는 현상유지정책이다.

나는 대만 민진당 사람들을 만날 때마다 급격한 독립 추구는 불필요한 무력갈등을 일으킬 수 있다는 점을 지적했다. 우크라이나의 급속한 북대서양 조약기구(NATO) 가입 추진 선동 여론이 러시아의 크림반도 병합과 돈바스·도네츠크 등의 분쟁을 야기한 것처럼 양측에 균형을 유지하는 지혜가 필요함을 강조했다. 샤먼에 가면 금문도로 가는 배를 탈 수 있다. 샤먼 해변가에는 큰 글씨로 '일국양제(一國兩制)'라고 구호가 곳곳에 적혀있다. 중국 공항에는 국내선과 별도로 '강오타이(港澳台)'라는 탑승구가 별도로 있다. 홍콩·마카오·대만을 일컫는 말이다. 일국양제의 개념에 대만을 포섭하려는 의도이다.

트럼프 미 대통령은 인권, 민주주의 등의 미국적 가치를 전략적 무기로 제시하기보다 경제적 관점에서 대외관계의 기조를 대응해왔다. 그런데 최근 폼페이오 국무장관의 발언을 통해 경제적 무역전쟁에서 국가안보문제(화웨이 사태)로 신장 위구르, 티베트 등의 인권문제와 대만의 무기 지원문제까지 이슈를 확대시켰다. 이런 와중에 범죄인도법 추진을 둘러싼 200만 홍콩시위가 발생하였다. 사실상 홍콩당국이 시민들의 집단적 요구에 굴복하였다. 중국 체면이 말이 아니게 되었다.

한편 시진핑 주석의 북한 평양방문이 적시에 결정되었다. 후진타오 이후 14년 만에 중국 최고지도자의 평양방문이다. 전 세계의 이목을 전환할 필요가 있었다. 김정은의 북미정상회담 추진으로 4번에 걸친 시진핑 주석의 회담을 하게 했고 결국 시진핑 주석의 평양답방까지 이끌어냈다.

한반도 사드 배치의 보복으로 시작된 한한령

　1992년 한중국교가 정상화된 이후로 무역, 관광, 문화 교류 등이 급속하게 진전되어 한중무역 규모가 2,399억 달러로 한미, 한일, 한EU 교역량을 합한 것보다 더 많아졌다. 홍콩, 대만, 마카오 등의 교역량을 합하면 전체 교역량의 25~30%를 차지하고 있다. 제1 무역파트너가 되었다. 그러나 중국과 무역관계에서 한국기업들의 불만이 많아졌다. 무리한 기술이전 요구, 자국산 비율증대, 인건비상승, 세금상승 등 예측불가능한 요소들이 늘어났다. 한국과 중국의 경쟁영역이 넓어졌고, 이미 한국을 초월한 분야도 증가했다. 중국에 대한 한국의 의존도가 너무 크다. 사드 배치로 인한 중국의 사실상 무역보복 과정에서 한국의 무역구조를 다변화할 필요성이 절실히 제기되었다.

　2016년 6월 29일 베이징을 방문한 황교안 총리가 시진핑 주석을 만났다. 시 주석이 사드 배치가 중국의 안보에 미치는 영향에 대해 우려를 표시하자 황 총리는 아무것도 결정된 바 없다고 이야기했다. 그런데 9일 후인 7월 8일 전격적으로 사드 배치를 발표했다. 시 주석은 자신이 농락당했다고 생각했고, 가혹한 보복이 이어졌다.

　한국 제품 거부 운동으로 현대 기아차 매출이 추락했다. 한국 단체여행이 금지되고 한한령限韓令[4]이 발동되었다. 베이징 시내를 뒤덮었던 김

---

[4] 한국에 사드가 배치된 이후 중국 정부는 한국에서 제작한 콘텐츠와 한국 연예인이 출연하는 광고 등의 방영을 금지하였다.

수현, 전지현 등 한국 배우들의 광고가 사라졌다. 2017년 3월 8일 기준으로 영업정지 처분을 받은 롯데마트의 중국 내 지점 수는 모두 55곳으로 전체 점포 99개의 절반이 넘었다. 롯데그룹 홈페이지가 해킹당하고 롯데면세점 인터넷 쇼핑 사이트가 디도스 공격으로 마비되는 피해를 입기도 했다.

나는 2017년 1월 4일 유은혜, 박정, 신동근, 정재호, 박찬대 의원 등과 함께 중국을 방문, 왕이 외교부장을 만나 사드 배치로 인한 한국에 대한 경제보복 조치 철회를 요구하였다. 사드 배치 문제로 정작 미국에 항의하지 못하고 롯데기업에 보복을 가하는 것은 협량한 조치였다.

미국이 화웨이에 대한 수입규제 등을 추진하자 자유무역원칙을 중국이 강조했다. 정치적 이해관계 관철을 위하여 경제원칙을 저버리고 사실상 민간경제를 통제하는 중국의 민낯을 보면서 한국인의 중국에 대한 호감도가 급락했다.

양국 국민 간의 감정을 악화시키고 대립시키면 원상회복하기 쉽지 않다. 문재인 정부는 이해찬 특사를 보내 3불주 원칙을 이야기했다. 3불 원칙은 '사드 추가 배치하지 않는다. 미국 주도의 글로벌 MD 체제에 들어가지 않는다. 한미일 3각 군사동맹으로 발전하지 않는다'는 내용이다. 이것을 자유한국당과 보수세력은 굴욕외교라고 비판한다. 그러나 이것은 중국과는 별개로 우리 민족의 자주적 공간을 확보하기 위한 조치의 일환이다.

모스크바와 상트페테르부르크 그리고 블라디보스토크에 롯데호텔이 있다. 러시아도 사드 반대 입장을 표명했지만 사드 배치와 관련하여 롯데그룹에 어떠한 불이익을 주지 않았다. 롯데호텔은 정부 관련 인사들의 행사가 항상 벌어진다. 러중 간의 학술회의가 모스크바 롯데호텔에서 열렸을 때 중국 측 대표가 왜 장소를 롯데호텔로 정했느냐고 불만을 표시했다고 한다. 대국답지 않은 모습이다.

나는 사드 배치를 일관되게 반대해왔지만 사드 배치로 인한 중국의 보복 조치에 대해서도 일관되게 비판해왔다. 박근혜 정부가 냉온탕을 오가는 갈지자 행보를 보인 대중국정책도 빌미를 준 면이 크다. 천안문에서 열린 항일전쟁승리 70주년 기념식에 미국 동맹국 가운데 유일하게 대한민국 대통령 박근혜가 참석했다. 당시 박근혜 대통령의 인기는 하늘을 찔렀다. 베이징서점에 가면 박근혜 대통령 자서전이 중국어로 번역되어 절찬리 판매되었다. 중국 네티즌들은 박근혜언니(朴姐, 피아오지에)로 애칭을 붙여 불렀다. 박근혜 대통령 중국 방문 시 베이징대에서 중국어로 한 연설도 관심을 끌었다.

그런데 황교안 총리가 시진핑 주석과 만나 결정된 사실이 없다고 말한 지 9일 만에 박근혜 정부가 전격 사드 배치 발표를 했으니 중국 측에서 당혹할 만했다. 사전에 솔직하게 문제를 말하고 북한 미사일 도발과 북핵문제 해결 책임분담을 중국에 지워주고 사드문제에 대한 이해를 구하는 외교가 절실히 필요한 시점이었다.

푸잉(傅瑩) 전인대 외사위주임(우리나라 국회 외교통일위원회 위원장 격)을 만나 대담을 한 바 있다. 절제력이 뛰어난 여성 지도자이다. 흑룡강성 등에 한반도를 전부 탐색할 수 있는 레이더와 미사일을 설치해놓고 있으면서 왜 사드 엑스밴드 레이더와 미사일은 문제 삼는지 질문했다. 푸잉은 "사드가 한국의 무기이고 한국군과 한국 대통령이 통제하는 무기라면 중국이 무슨 문제제기를 하겠는가?"라고 말했다. 문제는 미국의 글로벌 MD체제에 편입된 무기이고 한국 대통령이나 한국군이 통제할 수 없는 무기체계를 한국 땅에 설치하는 것이 문제라는 지적이다.

중국의 사상통제와 애국주의

나는 중국을 알기 위해 오랜 세월 노력해왔으며 일관되게 한중관계 발전과 협력을 강조해왔다. 방송대 중문학과를 졸업하고 중국인 비서를 두면서 중국어를 열심히 공부했다. 중국을 50번 이상 다녀온 것 같다. 칭화대 방문학자로 1년을 보내기도 했다. 중국의 많은 사람과 친분을 맺고 대화를 했다. 그때마다 강조한다. 중국대륙을 둘러싼 14개 국가 중 중국의 문화유산을 이해하고 두보와 이백의 시를 낭송하면서 달빛 아래 술잔을 나누며 공맹의 철학을 논할 수 있는 유일한 나라가 대한민국임을 강조한다.

특히 칭화대 방문학자로 1년 동안 베이징에서 거주하면서 많은 것을 배우고 느꼈다. 1900년 의화단의 난을 진압한 미·영·불·러·일 등의 나라들은 청나라 왕조에 배상금을 요구해 받아냈다. 미국이 그 배상금 중 일부를 투자해서 만든 학교가 칭화대이다. 그래서 미국인들이 만든 채

플 예배당이 학교 안에 있다.

우리나라 언론에 자주 소개되는 칭화대 교수가 후안강 교수와 옌쉐통 교수이다. 그들은 위대한 중화민족 부흥을 강조한다. 나와 친분이 있는 후안강 교수가 자신이 공동 저술한《2050 중국: 전면실현 사회주의 현대화 2050中国：全面实现社会主义现代化》이라는 책을 주었다. 중국공산당 창당 100주년인 2021년 완전한 소강사회를 실현하고 중화인민공화국 창립 100주년인 2049년 미국을 능가하는 주도국가가 되겠다는 비전을 담고 있다. 그러나 과연 중국이 단순한 경제력, 군사력을 넘어서 세계인민들을 감동시킬 수 있는 진보적인 비전과 대안을 가지고 있을지 의문이다.

칭화대 학생들과 토론하면서 이야기한 적이 있다. "중국이 GDP 규모만 가지고 미국을 따라잡을 수 없다." 나는 오사마 빈 라덴을 사살하는 미국 특수부대작전을 모니터하는 오바마 대통령이 군사령관에게 지휘석을 양보하고 비서처럼 옆에서 쭈그리고 있는 사진을 보여주면서 "이것이 미국의 힘이다"라고 지적했다. 유색 인종 대통령을 선출한 것도 그러하다. 중국의 주석이 인민해방군 장성에게 중심자리를 양보하고 비서처럼 옆에 앉아 있을 수 있을까? 중국이 소수민족 출신을 당서기, 국가주석으로 선출할 수 있을까? 아직 요원한 이야기이다. 미국은 밖으로 자국이기주의 모습을 보일 때도 많지만 인류 보편적 가치를 주도해 나가는 면모를 보여줄 때도 있다. 양도할 수 없는 국민의 기본권, 종교와 양심의 자유, 언론·출판·집회·결사의 자유, 복수정당제의 허용 등 민주주의와 인권 등에 대한 공감대적 가치를 지향한다. 그렇다면 중국공산당이

2017년 1월 4일 중국 베이징 외교부 청사에서 왕이 외교부장을 만나 사드배치 문제 등 현안을 논의했다.

인류사회에 제기하는 가치는 무엇일까?

중국공산당은 일제하의 항일투쟁을 주도하고 토지혁명, 봉건제 타도 등의 성과로 70년 동안 공산당 독점집권을 하고 있다. 내가 학생운동 시절 느낀 중국공산당의 매력은 항일투쟁, 민족해방 투쟁이었다. 제국주의에 반대하는 투쟁이 매력적이었다. 그러나 언제까지 항일투쟁의 성과만으로 권력을 독점적으로 운영할 정당성이 주어지는 것은 아니다. 중국공산당도 이를 잘 알고 있을 것이다. 대약진운동, 문화대혁명의 좌경적 오류를 극복하고 덩샤오핑의 개혁개방을 성공시킨 것은 대단한 일이다. 일인독재, 종신집권, 수령의 우상화에 빠지지 않고 집단지도체제를 정착시키고 10년마다 지도부를 교체하는 시스템을 만든 것 역시 덩샤오핑 리더십이다.

한편 19차 당 대회 이후 덩샤오핑의 유지가 무너지는 듯 보인다. 10년 단위의 권력교체가 불투명해졌다. 집단지도체제가 형해화되어 가는 느낌이다. 후진타오 원자바오 투톱체제에 비해, 시진핑 주석체제에서는 리커창 총리의 모습이 잘 보이지 않는다. 갈수록 사상, 언론 통제가 심화되는 듯한 양상이다.

또한 민족주의 애국주의 사상과 분위기가 들끓고 있다. 문화대혁명 시대 '레이펑 따라 배우기 운동'이란 것이 있다. 레이펑雷鋒이라는 인민해방군 병사가 사고로 죽었는데, 사후에 그의 일기가 발견되었다. 그 일기에 마오쩌둥 주석의 말을 인용한 것이 나왔다. 이를 계기로 마오쩌둥이 직접 '레이펑 동지에게 배우라'라는 운동을 지시했다. 문화대혁명 기간 중 중국공산주의의 이상적 인간형으로 떠받들어졌다. 그런데 2015년경 베이징을 방문했을 때 육교에 걸린 현수막에 "레이펑을 따라 배우자"는 구호를 보고 문혁시대가 연상되어 깜짝 놀랐다.

장이머우 감독의 화려한 역사극 영화와 드라마는 위대한 중화민족 부흥이라는 슬로건에 따라 연출된 듯하다. 최근 중국 영화 〈유랑지구流浪地球〉를 보았다. 수억 명이 시청했다고 전해지는 이 영화는 꽤 감동적이었다. 중국인들이 지구를 구하는 최초의 블록버스터 영화이다. 1974년생으로 베이징체육대학을 졸업하고 중국무술대회에서 우승을 한 우징吳京의 활약은 대단했다. 영화 〈전랑戰狼〉에서는 중국 애국주의가 미국 할리우드처럼 발전했음을 느낄 수 있었다.

원래 사회주의 이념은 민족과 국가의 소멸이고 국제주의를 표방한다. '만국의 노동자여 단결하라. 잃을 것은 쇠사슬뿐이고 얻을 것은 세계이다.' 공산당 선언문에서도 이를 확인할 수 있다. 애국주의나 민족주의는 국제주의와 대립되는 개념이지만 1차 세계대전 당시 독일과 러시아의 노동자들은 애국주의 호소에 국제주의를 버리고 전쟁에 나서게 된다. 소련이 독일의 히틀러와 싸울 때나 중국공산당이 일제침략에 맞서 싸울 때에도 계급주의보다는 애국주의와 민족주의에 더 의존했다. 강대국과 패권세력의 애국주의와 민족주의는 소수민족이나 약소국가에 대한 억압과 강제로 표현되기가 쉽다.

미국이나 중국과 같은 패권국가가 애국주의나 민족주의로 무장하면 주변 국가들의 두려움과 경계는 커질 수밖에 없다. 시진핑 중국 주석이 추구하는 일대일로 정책에 대한 주변 국가들의 반발과 경계도 이런 측면에서 살펴야 한다. 인의예지仁義禮智, 기소불욕 물시어인己所不欲 勿施於人, 인류 운명 공동체의 정신을 강조하는 시 주석은 말뿐만이 아닌 지행합일로 중국의 모범을 보여야 한다. 중국이 패권국가가 아닌 국제사회를 주도하는 지도국가가 되기 위해서는 민주주의와 사회주의가 추구하는 진보의 가치가 애국주의 광풍에 매몰되지 않도록 하는 견고한 원칙이 필요하다. 그렇지 않으면 홍콩이나 신장 위구르 등을 단순히 '하나의 중국'으로 강제 통합하는 것을 넘어서 진정한 내면적 통합을 이뤄내는 데 큰 어려움을 겪게 될 것이다.

03

경제의 걸림돌이 되는 중국의 정치 상황

미중 대결에 대처하는 중국의 지혜가 필요하다

중국은 화웨이를 필두로 5G 산업을 선도하기 위해 박차를 가하고 있다. 미국 트럼프 대통령의 대중국 공세가 시작되었다. 관세전쟁을 필두로 시작한 미중 무역전쟁은 화웨이 사태와 대만 문제, 티베트·위구르 문제와 홍콩 사태까지 겹치면서 전면적인 미중 대결로 나아가고 있다.

이런 미중 대결의 모습에 우려를 나타내는 학자와 여론도 조심스럽게 형성되고 있다. 쑨리핑孫立平 칭화대 교수는 합리적인 관점에서 대미 무역전의 위험을 지적했다. 미중 무역전쟁은 제로섬 게임이 되어 서로에게 피해를 주지만 중국이 버틸 힘이 없음을 지적했다. 중국의 첨단기술 분야는 여전히 대미 의존도가 높기 때문에, 큰 시장과 농업과 에너지의 뒷받침을 이겨낼 수 없다. 셰일가스혁명 이후 중동에 대한 에너지 의존도를 없앤 미국은, 중동에서는 친 이스라엘 정책을 펼치고 아시아에서는 대중국 포위망을 강화하고 있다.

중국의 양보가 불가피하다. 미국에 대한 유일한 압력은 미국 국내 여론임을 지적하고 있다. 중국 지린吉林대 경제금융대학원장 리샤오는 2018년 6월 2일 졸업식 축사에서 중국인·중국문화·중국사회에 대하여 건설적인 비판을 담은 내용으로 논란을 불러일으켰다. 부청멸양을 외치면서 외국인들을 공격하던 의화단처럼 되지 말자는 주장이다. 지식상의 의화단이 되지 말자는 의미다.

아쉽게도 리샤오의 지적이 중국 정부에 제대로 수용될 것 같지는 않다. 중국〈광명일보〉는 '미국을 숭배하고 아첨하고 두려워하는 기담괴론을 논한다'는 상하이 푸단대학교 선이沈逸 상하이국제관계학원 교수의 칼럼을 실어 리샤오 같은 학자들을 비판했다.〈신화통신〉왕평은 미중 무역전쟁에서 투항론자들은 '큰길을 건너는 쥐過街老鼠'로 규정하고 때려잡자는 분위기를 선동했다. '곱사병에 걸려 민족의 기개를 잃은 사람'으로 평가하기도 했다.

이런 칼럼은 미중협상 대표를 맡고 있는 류허가 중국과학원을 시찰하면서 처음으로 "扎实,专注,低调的工作作風"[5]을 제기한 것과 맞물려 권력내부의 심각한 이견을 표출한 것으로 평가되었다. 류허, 양양 등의 실용파와 한정, 왕후닝 등의 강경파가 부딪히는 것 아닌가라는 분석이

---

5 성실·집중·겸손한 업무태도를 뜻하는 것으로 미국과의 무역협상에서 도광양회와 같은 자세로 협상이 필요하다는 의견

나왔다. 중국공산당 내부에서 '중국의 대미인식의 4가지 잘못과 10가지 새로운 인식'이라는 내부 문건이 돌았다. 1952년 허베이河北성 출신 류허는 시진핑과 함께 베이징 101중고등학교를 다닌 동기동창으로, 시진핑의 친위세력을 일컫는 시자쥔習家軍의 일원이기도 하다. 1969년 문화대혁명의 영향으로 지린吉林성에 내려가 농사를 지었고, 1970년부터 인민해방군에 복무하고, 베이징의 공장 노동자로 근무하며 힘든 시기를 견딘 후 문화대혁명이 끝나자 런민人民대학 경제학과에 입학해 석사학위를 받고 강사로 근무하면서 경제학자가 되었다. 시진핑의 복심으로 알려진 류허와 사실상 장쩌민파인 한정과의 갈등설이 나오기도 한다.

중국 관영 언론이 공개적으로 중국 내 투항론자가 있다며 이들을 향해 과격한 경고문을 띄운 건 상당히 이례적인 일이다. 이것은 시진핑의 대미 강경책에 대해 반대를 넘어 상당한 이견이 존재함을 의미한다. 미국 내부에서도 마찬가지로 갈등이 존재한다. 화웨이와 밀접한 관련이 있는 많은 회사에서 예외 조치를 바라고 있다. 미국 농민들도 마찬가지이다. 백악관의 국가경제위원장 게리 콘[6]은 철강관세 25%를 부과하면 예상되는 세수는 34억 달러로 2018년 예상 세수 3조 7,000억 달러의 0.09퍼센트에 불과하지만, 철강을 소비하는 연관산업에 종사하는 미국인 수만 명의 일자리를 잃는다는 점을 트럼프에 설명했다.

중국은 미국이 소비하는 전체 항생제의 96.6 퍼센트를 생산해서 판매하는 등 수많은 분야에 미국과 중국은 긴밀히 결합되어 있다. 그러나

---

[6] 골드만삭스 사장 출신으로 2017년 1월부터 2018년 3월까지 백악관에서 일했다.

대중강경파의 핵심인 피터 나바로[7]를 비롯한 주변 인물들은 WTO를 공격하고 보호무역주의를 주창하고 있다. 트럼프는 세계무역기구(WTO)는 지금까지 만들어진 최악의 기구라고 이야기하고 있다.

미중관계는 전쟁으로 가지 않을 것이다. 타협이 불가피하다. 중국의 지혜로운 대처가 필요하다. 미중 무역분쟁 과정에서 중국은 고립되어 있다. 덩샤오핑의 가르침대로 2050년까지 화평굴기, 도광양회의 자세가 필요했다. 중국의 집단지도체제의 장점과 당내 민주주의 시스템을 강화시켜야 한다. 자유로운 사상과 창작, 비판의 자유를 점진적으로 보장해 나가야 중국이 새로운 창조적 산업 분야에 앞설 수 있다.

원교근친, 중국과의 전략적 동반자 관계가 필요할 때

중국은 유엔안보리 상임이사국 5개 핵보유국 중 유일한 핵선제사용 불가방침을 공식적으로 채택한 나라이다. 인도는 NPT 회원국가가 아니지만 No First Use of Nuclear Weapon[8] 정책을 채택했다. 훌륭한 일이다. NPT는 기본적으로 불평등한 조약이다. 그러나 핵확산방지에 기여한 측면이 있다. 문제는 NPT의 불평등성, 즉 기존 핵보유국만 기득권을 가지고 다른 나라는 핵을 못 가지게 하는 구조적 불평등을 조금이나마 정당화시키려면, 핵으로 비핵국가를 공격하거나 협박해서는 안 된다

---

7 백악관 무역제조업 정책국장이자 국가무역위원회 위원장. 미중 무역전쟁을 주도한 인물 중 한 명
8 핵공격을 받지 않는 한, 핵무기를 먼저 사용하지 않겠다는 의미

는 점이다. 즉 핵으로 공격받기 전에는 핵 선제 사용을 금지해야 한다. 그러나 미국 등 주요 나라는 핵무기가 아닌 재래식 무기로 공격받을 때나 가능성이 클 때도 핵 선제 사용 방침을 고수하고 있다.

중국은 키신저가 《헨리 키신저의 중국 이야기》에서 지적한 대로 다른 나라를 식민지로 삼거나 개항외교를 강요한 적이 없다. 오히려 다른 나라들이 조공을 바치면서 통상을 요청하는 구조였다. 자기의 사상과 종교를 강요하지 않았다. 일단 유일신 종교와 같은 신념을 가지고 미개인을 개화시키겠다는 불타는, 아니 위험한 사명감이 없었다. 덕으로 교화시킨다는 철학이었다.

이런 장점을 새롭게 변화 발전시켜 나가야 한다. 14억 인구를 굶주리게 하지 않고 일인당 국민소득 1만 달러 시대를 만들어낸 것은 위대한 업적이다. 나는 중국의 인권문제를 공격하는 서방 언론에 대해서도 인권 중의 기본인 생존권적 기본권, 기아, 질병, 전쟁으로부터 자유로운 소강사회를 만들어낸 중국공산당의 업적에 대한 평가를 해야 한다고 강조해왔다.

2019년 7월 초 베이징의 〈인민일보〉를 방문해 리바오샨 대표를 비롯한 편집인들을 만났다. 동국대 황태연 교수의 《공자, 잠든 유럽을 깨우다》라는 책을 소개했다. 〈인민일보〉에서 번역·출판할 것을 제안했다. 리바오샨 사장은 동의하여 황태연 박사와 인민일보 측을 연결하여 주로 번역 작업을 하기로 하였다. 중국이 세계를 이끄는 지도국가가 되려면 위대한 중화민족 부흥, 중국 특색 사회주의 노선 등으로는 안 된다.

인근 국가들의 중국패권에 대한 두려움을 낳기 십상이다. 무위이치無爲而治, 음양의 조화와 만물의 생명과의 조화를 제시하는 새로운 시대정신을 제시해야 한다. 그것에 맞는 시스템을 변화시켜야 한다.

미국사회가 이룩한 민주주의, 인권, 언론과 양심, 사상의 자유를 빅브라더처럼 통제하면서 진리를 독점하고 강요하는 식의 개발독재 방식으로 새로운 중국을 이끌어갈 수 없다. 다른 세계의 국민과 젊은이들의 공감을 얻을 수 없다. 중국은 다시 공자, 맹자, 노자, 장자의 세계로 돌아가 새로운 인류문명 공동체의 이상을 제시하고 실천해가야 한다고 생각한다.

이런 관점에서 중국은 대한민국을 동쪽 오랑캐 다루듯 해서는 안 된다. 중국 국경에 인접한 14개국 중 진정으로 중국문화를 이해하고 그 철학과 사유방식을 공유할 수 있는 나라는 대한민국이 유일하기 때문이다. 문화혁명으로 단절된 중국문화유산을 복원시키는 데 한국이 큰 역할을 하였다. 중국과 한국은 동양문화의 정수를 현대적으로 재해석하고 실천할 수 있는 형제국가이자 동반자임을 명심해야 한다.

대한민국은 장기적 관점에서 중국을 바라보고 외교정책을 펴야 한다. 외교부 내에 중국전문가가 부족하다. 5,000년 역사 동안 중국과 우리는 좋든 싫든 불가분의 이웃관계에 놓여있다. 중국문명과 문화의 영향을 강력히 받을 수밖에 없었다. 흔히 원교근공을 이야기한다. 미국과 연결하고 중국을 공격한다는 논리이다. 그러나 원교근공은 위험하다. 원교근친이 되어야 한다.

2019년 인민일보사 본사 방문 모습

한미동맹은 중국을 가상적으로 하는 군사동맹으로 발전해서는 안 된다. 어떤 나라를 적으로 하고 어떤 나라를 친구로 할 것인가를 자주적으로 결정할 수 없는 나라는 독립적인 주권국가라고 할 수 없다.

1950년 냉전시대에 중국은 북한을 도와 한국전쟁에 개입함으로써 우리의 적이 되었다. 그러나 1990년대 냉전체제가 붕괴되면서 1992년 한중수교가 이루어졌다. 그후 27년간 한중관계는 눈부시게 발전하였다. 한중 무역 관계는 홍콩을 포함하여 2018년 기준 3,100억 달러에 달하고 무역수지 약 1,000억 달러 흑자를 달성하였다. 대단한 수치이다. 한미 무역액 1,300억 달러와 한일무역액 851억 달러, 한 EU 무역액 1,200억 달러를 다 합한 것과 비슷한 수치이다. 2008년 중국은 일본을 추월하여 GDP 12조 달러로 부동의 세계 2위로 성장하여 미국을 추격하고 있다. 일본은 4.87조 달러에 불과하다. 한국은 1.5조 달러를 넘어서 일본을 추격 중이다.

양국 상호방문 인원은 1년에 1,000만 명을 넘어섰다. 중국은 부동의 제1역 무역파트너이자 경제적 동반자 관계이다. 한중관계는 서로 전략적 동반자 관계를 맺고 있다. 한중 군사협력도 진행되고 있다. 중국과 한국은 떼려야 뗄 수 없는 관계이다.

보수세력은 북핵문제를 이유로 한미일 군사동맹 강화를 이야기하지만 이것은 과잉반응이다. 한미일 군사동맹 강화는 필연적으로 가상의 적인 중국, 러시아를 겨냥한다. 우리가 중러를 가상 적으로 설정하고 군비증강, 한미 합동훈련을 하는 순간, 우리 역시 중러에 가상의 적이 될 수밖에 없다. 북한을 상대하기에도 여러 힘든 요소가 많은데 중러를 적으로 해서는 대한민국 안보가 훨씬 위태로워진다. 어리석은 일이다.

중러는 1950년대 소련과 중국처럼 북한의 대남도발을 지원하는 국가가 더 이상 아니다. 대한민국은 이미 중러와 전략적 동반자 관계 격상에 합의했다. 군사 협력도 필요하다. 그렇게 되면 북한의 위협을 통제하기 훨씬 쉬워진다.

중국과 관계를 풀어나가는 데 있어서 사드 배치를 둘러싼 중국의 경제보복 조치를 보면서 심각한 대중의존도를 줄여야 할 필요성을 느꼈다. 그래서 신북방, 신남방정책이 제시되었다. 의미 있는 시도라고 생각한다.

한미동맹과 미국을 매개로 한 한미일 3각 군사협력도 중요하지만 그와 동시에 한중일 3국 정상회담을 활성화해 아시아의 경제 공동체, 아시아의 정치문화 공동체를 향하여 나가야 한다. 동방경제포럼을 통해 남북러의 3각 협력을 구체화해 나가야 한다. 인도가 미국과 긴밀한 협력을 하면서도 중국, 러시아가 주도하는 상하이 협력기구 참여와 블라디보스토크 동방경제포럼에 참석하는 것 등을 보면서 벤치마킹해야 한다.

한러관계, 한-베트남-인도관계 활성화, 즉 신북방정책과 신남방정책을 통해 중국의 일대일로 정책과 협력하면서도 중국의 패권적 남용을 견제하여 균형을 이루고 대한민국의 경제의 포트폴리오를 위한 전략적 정책을 펼쳐야 한다.

CHAPTER
05

러시아:
유라시아 발전의
전략적 동반자

01

대한민국 근현대사의
한 축을 차지했던 러시아

러시아 혁명에 대한 향수와 소비에트 체제의 붕괴

우리나라 지식인들은 오래전부터 러시아의 문학과 음악, 역사에 심취해왔다. 톨스토이의 《전쟁과 평화》, 도스토예프스키의 《죄와 벌》, 막심 고리키의 《어머니》, 푸시킨의 시, 차이코프스키와 쇼스타코비치의 음악을 모르는 지식인들은 거의 없을 것이다. 1917년 세계 최초로 사회주의국가를 수립하는 데 성공한 러시아 혁명까지, 선배와 동기들이 그랬듯이 나 역시 학생운동 시절 러시아 혁명사에 심취하였다.

1980년대 카를 마르크스의 《자본론》, 《공산당 선언》, 스탈린의 《레닌주의의 기초 레닌주의의 제문제》 등 수많은 사회주의 관련 서적이 대학가에 복사물로 유통되었다. 광주학살을 통해 집권한 전두환 군사독재 정권을 지지하는 미국 정부에 분노하면서 러시아 혁명에 대한 관심이 더 커졌다. 서울대 김학준 교수의 《러시아 혁명사》가 필독 도서였다. 우리들은 《러시아 혁명사》를 읽으면서 낭만적 혁명주의에 빠지기도 하였다. 브나로드운동을 배워 농활을 가고, 현장 노동운동에 적용해보기도 하였다.

블라디미르 일리치 울리아노프라는 변호사 출신의 러시아 혁명가가 3년간의 시베리아 유형생활을 마치고 뮌헨으로 돌아와 플레하노프, 마르토프 등과 함께 러시아 마르크스주의자들의 최초의 정치신문인 〈이스크라: 불꽃〉을 창간하여 활동했다. 울리아노프는 레닌이라는 필명으로 1902년에 유명한 〈쉬또 젤라찌 Что делать?, 무엇을 할 것인가?〉라는 소책자를 썼다. 경제투쟁 위주의 자생적 노동조합주의와 인민혁명당의 테러와 같은 분노의 자생적 운동을 비판하면서 혁명적 전위조직으로서 강력한 민주집중제의 당을 창건할 것을 제안하였다.

대학 시절, 운동권에는 레닌을 흉내 내서 변혁운동의 방향을 제시하는 소책자 작성이 유행했다. 〈야학비판〉, 〈아방과 타방〉, 〈깃발〉 등이 그것이다. 나 역시 레닌의 저작을 읽어보았다. 〈무엇을 할 것인가?〉라는 소책자는 당시 전두환 독재체제를 타도하기 위한 강력한 조직건설에 유용하다는 생각을 하였다.

이 무렵 조국 전 법무부 장관을 '사회주의 노동자동맹(약칭 사노맹)'에 끌어들인 장본인이 서울법대 1년 선배 백태웅이다. 백태웅은 부산 출신으로 문학청년이었고 감수성이 예민하고 마음이 아름다운 친구였다. 백태웅은 레닌 연구의 대가로 〈무엇을 할 것인가〉를 가장 잘 소화했던 친

레닌이 소비에트 대표회의를 연 집무실을 둘러보며

구이다. 사노맹도 레닌이 제시하는 조직 원리를 벤치마킹한 것으로 볼 수 있다. 당시 우리들에게는 전두환 군사독재 타도를 위해서는 어떠한 도구도 차용해야 할 상황이었다.

나는 학생운동 시절 레닌, 스탈린 등이 일으킨 세계 최초의 사회주의 국가에 대한 호기심 그리고 반파시스트투쟁에서 보여준 헌신과 희생에 매료되었다. 그러나 소련제국하의 수많은 인권탄압과 폴란드와 발트 3국 병합 등에서 보여준 수많은 역사적 오류 등을 보면서 소련을 객관적으로 바라볼 수 있게 되었다.

1991년 한 달 동안 모스크바, 상트페테르부르크와 헝가리·체코·폴란드를 배낭여행 하면서 사회주의 붕괴현장을 목격하였다. 쇼브차크가 상트페테르부르크 시장으로 푸틴이 부시장으로 새로운 개혁개방을 주

마트비엔코 상트페테르부르크 시장 접견

도한 시기였다. 여행길에서 러시아혁명박물관에 들러 레닌이 쓴 〈무엇을 할 것인가?〉 원본을 보면서 감회에 젖기도 했고, 붉은광장의 유리관에 안치되어 있는 레닌의 시신을 보면서 학생운동 시절을 떠올리기도 했다. 다녀와서 레닌의 소책자 제목을 차용해서 《무엇을 해야 할 것인가?》라는 여행기를 작성했다. 노동현장에만 머물러 있을 수 없다는 생각이 들었다. 결과적으로 이 여행은 내게 노동현장을 떠나 사법시험 공부를 시작하는 계기가 되었다.

그로부터 20년 후 2011년 인천시장이 되어 상트페테르부르크를 방문하였다. 감개가 무량했다. 볼세비키 혁명의 중심지였던 스몰니학원도 보고 레닌의 집무실도 보았다. 당시 상트페테르부르크 시장 마트비엔코가 현 러시아연방 상원의장이다. 나는 그를 인천시장 재임 시절 인천으로 초청하여 바리야그 함대 병사 추모비에 헌화할 수 있게 해주었다. 그 이후로 우리는 상트페테르부르크, 투르크메니스탄, 모스크바에서 자주 만나 대화를 나누면서 우정을 쌓았다. 마트비엔코 의장은 남북문제에도 많은 관심을 가지고 있어서 최근에 평양을 방문하기도 하였다.

러시안 연해주는 일제식민치하에 우리 민족의 새로운 피난처였고 독립운동의 거점이었다. 대한제국 민영환 공사가 니콜라이 2세 대관식에 참여하기 위하여 전 세계를 일주하였다. 1896년 4월 1일 서울을 출발하여 상하이上海-요코하마橫浜-밴쿠버-뉴욕-리버풀-런던-플러싱-베를린-바르샤바 등을 거쳐 56일 만에 대관식 6일 전인 5월 20일 상트페테르부르크에 도착하였다. 돌아올 때는 시베리아 철도를 타고 연해주를 거쳐 한반도로 돌아왔다. 민영환 공사가 쓴 여행기가 《해천추범》이다.

문재인 정부의 러시아 특사 자격으로 러시아를 방문하면서 최초의 러시아 특사가 쓴 《해천추범》을 다시 읽다가 만감이 교차했다. 제정러시아 시절에 독러프 3국 간섭 덕분에 일본의 요동반도 진출이 차단되었다. 우리는 힘의 균형관계를 이용하여 대한제국을 건설할 수 있었다. 그러나 러시아를 이용하여 일본을 견제하고 우리 민족의 자주적인 근대화의 시간과 공간을 확보하고자 했던 고종 황제의 의도에 러시아는 기대만큼 부응하지 못했다. 그리고 제정러시아 붕괴 이후 소련체제는 항일투쟁 과정에서 우리에게 도움을 주었으나 결국 한반도 분할점령으로 남북분단과 한국전쟁에 기여한 아픈 과거가 있다.

러시아를 이해하는 키워드, 러시아 정교회

2019년 6월 문희상 국회의장과 모스크바와 발트 3국을 순방할 때 러시아 정교회 키릴 대주교를 면담할 기회가 있었다. 러시아를 이해하기 위해서는 러시아 정교회를 필수적으로 알아야 한다.

서로마제국이 476년 게르만 용병대장 오토아케르에게 멸망한 이래 동로마제국은 1453년 오스만투르크에 의해 멸망하였다. 마지막 동로마 황제 콘스탄티누스 11세의 조카딸 소피아가 모스크바 대공 이반 3세와 결혼함으로써 동로마제국의 혈통이 모스크바 대공으로 연결되었다.

소피아는 비잔틴제국의 궁중의식과 예법을 도입하고 몽골 타타르를 몰아내고 모스크바를 '제3의 로마'로 선포하였다. 러시아황제를 시저 케사르의 러시아식 발음 '차르'로 불렀다. 왜 지금도 러시아가 쌍두 독수리 문양을 쓰고 있는지 배경을 알 수 있는 대목이다. 미국의 상징은 흰머리 독수리이다. 독수리들끼리 맹금의 전투경쟁이 지금도 하늘에서 우주에서 이루어지고 있다.

러시아인들이 가장 자랑스럽게 생각하는 것이 1812년 나폴레옹 전쟁에서 승리한 것이다. 4배나 많은 프랑스군을 물리칠 수 있었던 것은 하느님의 은혜라고 생각하고 구세주성당을 건설했다. 1812년 나폴레옹 전쟁에 승리한 것을 기념하여 1839년부터 1883년까지 44년 동안에 걸쳐 완공하였다. 차이코프스키는 나폴레옹전 승리를 기념하여 차이코프스키의 '1812년 서곡'을 작곡하였다. 이곡이 처음 연주된 곳이 구세주성당이다. 문재인 대통령 내외분이 모스크바 방문 시 들렸던 곳이기도 한다. 성당 안을 돌아보니 엄청난 규모의 웅장한 성당이었다.

그런데 한때 신학생이기도 했던 스탈린이 1931년 12월 종교탄압으로 구세주성당을 폭파하였다. 그곳에 레닌기념관을 지으려고 기초공사를 마쳤다. 그런데 독일군 침략으로 이를 완성하지 못하고 이곳을 수영장으로 써왔다고 한다.

1991년 소비에트 체제의 붕괴는 자본주의 시장경제의 부활뿐만 아니라 무신론의 체제가 무너지고 러시아 정교회 체제가 다시 부활한다는 의미를 갖는다. 서기 988년 러시아는 동로마제국의 기독교를 크림반도를 통해서 수용했고 1988년 고르바초프 서기장은 러시아의 기독교 수용 1,000년을 기념하여 신앙의 자유, 포교의 자유를 공표하였다. 페레스트로이카, 글라스노스트의 주요 내용 중 하나이다.

또 하나의 상징적인 조치는 스탈린에 의해 파괴되었던 구세주성당을 복원하는 것이다. 소비에트연방이 해체되고 옐친이 러시아연방 대통령으로 취임하면서 구세주성당 복원을 선포하였다. 1995년 다시 착공하여 5년 만인 2000년에 완공하였다.

1999년 마지막 날 옐친 대통령이 특별기자회견을 열어 자신은 사임하고 푸틴 총리가 러시아 대통령 권한대행으로 지정되었다고 발표하였다. 21세기를 역동적이고 젊은 리더십의 소유자 푸틴에게 맡기고자 한다고 했다. 푸틴이 대통령으로 업무를 시작한 2000년에 구세주성당 복원이 완료되었다. 상징적인 사건이다. 소련공산당에 의해 억압되었던 러시아 정교회가 화려하게 부활한 것이다.

1917년 볼셰비키혁명 이후 체포된 비운의 로마노프왕가 마지막 황제 니콜라이 2세 가족은 예카테린부르크 근방에서 볼셰비키들에 의해 처형당한다. 그러나 이들은 2000년 러시아 정교회에서 수난자로 지정, 성인으로 추대된다. 니콜라이 2세의 가족들은 현재 상트페테르부르크 페트로파블롭스크 요새성당에 안치되어 있다.

2011년 인천시장 시절 상트페테르부르크와 자매결연을 맺으면서 이 성당을 방문해 니콜라이 2세의 죽음을 추도하였다. 아울러 1905년 을사늑약으로 대한제국 외교권이 박탈되었음에도 상트페테르부르크 대한제국공관을 유지할 수 있도록 재정지원을 해준 니콜라이 2세에게 감사의 기도를 했다.

푸틴 대통령은 독실한 러시아 정교회 신자로 알려져 있다. 푸틴은 2014년 크림반도를 합병하고 러시아 본토와 크림반도를 연결하는 교량건설에 착수했다. 2015년 5월 착공해 2018년 5월에 완공된 크림대교는 흑해와 아조프해 사이 케르치 해협을 잇는 19km의 유럽 최장대교로 총 3조 9,400억 원의 공사비가 투입되었다. 개통식 때 키릴 대주교가 참석하였는데, 이렇듯 국가적 대행사에 항상 푸틴 대통령과 키릴 대주교가 함께한다. 푸틴은 키릴 대주교를 잘 뒷받침하여 소련체제 해체와 새로운 러시아 연방공화국의 상징적인 성속 간의 동반 리더십을 보여주고 있다.

푸틴이 존경하는 철학자는 레프 구밀료프이다. 유라시아대국으로서 러시아의 정체성을 정리한 사람이다. 이 이념을 구체화한 것이 푸틴 대통령의 '유라시아 연합'이라는 정치 구호이다. 나는 대통령 특사 자격으로 러시아를 오가면서 볼로딘 러시아 연방하원 의장과 친구가 되었다. 우윤근 러시아 대사와 함께 그의 고향인 볼가강과 사라토프를 방문하기도 하였다. 그리고 문재인 대통령의 러시아 방문 시 연방하원연설을 요청하여 성사되었다. 연설문은 인천시장 시절 남북관계특보로 같이 일했던 신동호 청와대 연설비서관이 맡았는데, 연설문에서는 레프 구밀료프의 말이 인용되었다. 이 연설을 듣고 러한의원친선협회 협회장을 맡고 있는 예피파노바 연방하원 부의장은 눈물 나게 감동적이었다고 말했다.

이처럼 한 나라의 역사, 문화, 철학을 이해하고 인적 네트워크를 만들지 않으면 효과적인 외교를 수행할 수 없다. 사회주의 체제의 한계를 극복하고 새로운 방향을 모색했던 레닌이 던졌던 '쉬또 젤라찌, 지금 무엇을 할 것인가'는 여전히 필요하다. '지금 무엇을 할 것인가?'라는 화두는 대한민국의 생존 외교 전략을 전개하는 데 아주 유용한 질문이다.

02

대한민국 정부가 추진해온 북방정책의 역사

제2의 냉전구도 속에서 어려움에 처한 북방정책

　노태우 대통령은 전두환과 같이 12·12 쿠데타의 주역이고 광주학살의 공범이기는 하지만 6공화국 정부에서는 대한민국의 외교발전을 위한 의미 있는 조치들이 많이 취했다. 1990년 소련과 수교하고 1992년 중국과 수교에 이어서 동유럽의 나라와 CIS^{독립국가연합}의 국가들과 대부분 수교를 하였다. 1991년 남북기본합의서가 체결되고 남북한 유엔 동시가입이 이루어졌으며 한반도 비핵화선언이 채택되었다. 한반도에 배치된 미국의 전술핵무기도 철수하였다. 냉전시대가 와해되고 한반도에 해빙기가 찾아오던 시대였다. 그중 하나가 노태우 정권의 핵심, 박철언에 의해 추진된 북방정책이다.

　1990년대 초반에는 소비에트 체제가 붕괴되고 미국이 러시아를 지원하여 민주주의 시장경제 체제를 유도했던 시기였다. 러시아와 동유럽의 공산주의 체제가 붕괴되었기에 우리나라는 미국의 대외정책과 상충할 염려 없이 러시아와 폴란드, 헝가리, 체코슬로바키아 등과 차례대로 국교를 수립했다. 강력한 후원국 소련이 무너지고 중국마저 대한민국과 국교수립을 원하자 북한은 우리와 화해를 모색하지 않을 수 없었다. 남북한 유엔 동시가입은 분단의 영구화라고 부정하던 김일성의 방침을 변경하여 김정일 주도로 북한의 유엔 가입이 추진되었다. 유엔 회원국이라도 되어야 자신의 체제를 보장하는 데 도움이 되리라 판단했을 것이다.

미국은 동구권 붕괴와 소련해체에 따라 이들을 재정적으로 지원하여 시장경제와 민주주의 체제를 확산시키는 계기로 활용하였다. 냉전의 벽이 무너지고 미국 1국 체제가 확립되었다. 따라서 특별히 견제할 만한 가상의 적이 없는 상태였다. 한국의 북방정책은 미국의 대외정책과 일치하는 시기였으며 마찰될 일이 없었다.

이명박·박근혜 정부도 러시아와 협력을 강화하였다. 이명박 대통령은 메드베데프 대통령과 만나서 시베리아 가스도입 문제를 합의하였다. 한국은 2015년부터 러시아 블라디보스토크에서 연간 100억m^3의 PNG(LNG 환산 시 약 750만 톤)를 30년간 장기 도입하기로 했다. 국내총수요의 20%에 해당하는 물량이다. 메드베데프 대통령은 김정일 위원장과 블라디보스토크에서 만나 이 문제를 합의하여 러시아를 매개로 남북러 3자가 합의를 했다. 그러나 이명박 대통령의 대북강경책 비핵개방

3000으로 결국 천안함 사건, 연평도 폭격도발, 금강산 박왕자 씨 사건 등으로 남북관계가 악화되었고, 북핵 실험으로 사실상 모든 것이 중단되고 말았다.

박근혜 정부는 유라시아 이니셔티브라는 새로운 북방정책을 제시하였다. 화려한 비전이었다. 푸틴 대통령과 회담을 통하여 나진-하산 프로젝트 추진이 합의되었다. 구체적으로 코레일, 현대상선, 포스코 등이 참여하는 방안이 추진되었다. 그러나 남북관계를 풀어낼 만한 정치사상적 포용력이나 상상력이 빈곤하고 미국의 대외정책을 그대로 추종하던 박근혜 정부하에서 남북관계는 악화되고 북방정책은 유명무실하게 되고 말았다. 게다가 북핵 실험 등으로 미국과 한국의 단독제재가 부가되었다.

북방경제협력을 해나가는 일은 쉬운 일이 아니다. 중러 간의 군사적 밀월이 강화되고 미일 군사동맹이 강화되고 최근 INF 조약 파기로 500km에서 5,500km의 중거리핵미사일 지상배치 문제가 논란이 되는 미일과 중러 간의 군비증강, 대결국면이 강화되었다.

미중 무역전쟁과 크림반도 합병 이후 러시아에 대한 미국의 제재 등으로 더욱 어려운 상황이다. 노태우 정부 시절의 북방정책은 미국의 대외정책과 순방향이었던 것임에 반하여 지금은 역풍을 뚫고 추진해야 하는 상황이다. 문재인 대통령은 명청 간의 전쟁 때 명나라 요청에 따라 청나라와 전쟁을 하기 위해 강홍립 장군과 군대를 파병해야 하는 광해임금과 같은 곤란한 입장에 서있다.

러시아 측이 나진-하산 프로젝트를 살리기 위해 러시아 석탄의 반출에 한하여 유엔제재 예외로 만들어놓았음에도 불구하고, 한미의 단독 제재로 사실상 나진-하산 프로젝트에 한국 참여는 봉쇄되었다. 결국 러시아철도공사와 북한철도공사가 7:3으로 합작하여 만든 라선콘트란스 RasonConTrans 라는 SPC(나진-하산 프로젝트 특수목적법인)가 적자를 감수하고 운영하고 있는 상태이다. 북한 노동자 200여 명을 고용한 라선콘트란스의 이반 톤키흐 대표는 카자흐스탄 출신 러시아인이다. 1984년생으로 김정은 위원장과 동갑이다. 어렸을 때 고려인 가정에서 자라나 한국에 대한 애정이 크다. 그와 수차례 만나 대화를 나누면서 깊은 신뢰와 정이 들었다.

2018년 7월 14일 한국의 고위 정부 관리로는 처음으로 나진과 하산을 방문했다. 라선콘트란스 대표인 톤키흐를 비롯하여 러시아 철도공사의 배려가 컸다. 물론 크레믈린의 도움이 있어 가능한 일이었다. 라브로프 외무부장관 6자회담 수석대표인 마굴로프 러 외교부차관 등을 만나서 나진-하산 방문에 대한 협력을 부탁했다. 안병민 박사 등 북방경제협력위원회 위원들과 함께 기관차에 여객차량 한 대를 부착시킨 특별열차를 타고 블라디보스토크에서 출발해, 약 9시간 걸려 하산을 지나 두만강을 건너 두만강 역에 도착하였다. 두만강 철교를 넘어갈 때는 감개가 무량하였다. 고 김정구 씨가 부른 '눈물 젖은 두만강' 노랫소리가 들려오는 듯했다.

두만강 역에 도착하여 지프를 타고 한 시간 정도 농로를 달려 나진에

도착하여 항구를 둘러보았다. 1, 2, 3 부두가 잘 정비되어 있었다. 라선콘트란스 사무실도 들렀다. 콘테이너 트랜스퍼를 줄여서 라선콘트란스라고 회사 이름을 붙였다고 한다. 콘테이너항이 되어야 철도의 경제성이 살아난다. 석탄 수송만으로는 어렵다. 지금은 러시아석탄이 나진항을 통해 상하이 및 남중국으로 주로 수송되고 있다. 포스코 포항과 광양제철소에 필요한 석탄과 철광석이 나진항을 통해 수송되는 날을 꿈꾸어본다.

나진항을 둘러보고 러시아 및 북측 인사들과 협의를 하였다. 모두들 준비가 되어 있다며 대한민국의 참여를 간절히 바라는 상태였다. 블라디보스토크에서 만난 북의 철도성 부상 김윤혁은 1957년생으로 시골 농부처럼 순박하게 생긴 분이다. 그는 내게 물었다. "북은 모든 것이 준비되어 있는데 왜 남측은 참가하지 못하는 겁니까? 미국의 동의가 없으면 아무것도 못합니까?" 그의 질문에 말문이 막혔다.

2017년 8월 28일
대통령 직속 북방경제
협력위원회 위원장
임명장 수여식

우리나라는 미국의 대러시아 제재를 이유로 너무 소극적이다. 나는 러시아특사로 푸틴 대통령과 만날 때 한러 등 협력전문조직으로 북방경제협력위원회 구상을 제시하였다. 푸틴 대통령이 긍정적으로 화답했고, 문재인 대통령께 보고했더니 문 대통령도 동의했다. 그래서 북방경제 담당부서로서 대통령직속 북방경제협력위원회를 출범시켰다. 초대위원장을 맡아 적극적으로 중요 프로젝트를 추동하였는데, 전당대회에 출마하느라 중간에 그만둔 것이 아쉽다.

미국 재무부의 OFAC(Office of Foreign Assets Control, 해외자산통제국)의 제재감독과 세컨더리 보이콧secondary boycott[1]을 핑계로 러시아 투자에 소극적으로 일관하면서 수출입은행 등이 뒷받침을 못해주니 조선·항만·북극항로개척·야말프로젝트[2] 참여사업 등이 계속 실질적인 결과를 만들어내지 못하고 있는 상황이다.

러시아는 1,700만km²로 남한 영토의 170배가 되는 세계 최대의 영토를 가진 나라이다. 북극항로를 포괄한다. 첨단 군사우주항공기술을 가진 나라이자 유엔안보리 상임이사국이다. 한반도를 둘러싼 4대 강국 중 상대적으로 객관적인 입장에 서있는 나라이기도 하다. 특히 소비에트연방공화국 체제붕괴 이후 러시아연방공화국으로 새롭게 재탄생하였다. 석유, 가스자원에 의존하는 경제·군사 부문의 발전된 경제와 상대적으로 낙후된 민수경제와 간극을 좁히는 문제 등 여러 가지 취

---

[1] 미국의 제재대상과 제3국의 국가나 기업, 개인이 거래할 경우 미국과의 모든 거래를 중단시키는 제도
[2] 북극해의 야말반도에 묻힌 천연가스와 석유를 개발하고, 북극항로를 열고자 하는 러시아와 중국의 공동사업

약점이 있기도 하다. 그러나 무한한 가능성을 가진 나라임을 부인할 수 없다.

북방경제협력을 위한 노력

2013년 인천시장 시절, 러일전쟁 시 인천 앞바다에 침몰한 바리야크 함대 깃발을 러시아에 대여해준 것을 계기로 인천시가 상트페테르부르크와 예카테린부르크 그리고 블라디보스토크와 자매결연을 체결한 바 있다. 이 세 도시는 러시아 서부와 중부, 동부를 대표하는 핵심도시이다.

상트페테르부르크는 1700년대 초 표토르 대제가 엘바강 하구를 매립하여 만든 도시이다. 베네치아와 인천 송도 신도시를 연상케 하는 도시이다. 아시아의 러시아가 유럽의 아시아로 전환되는 계기가 되었다. 예카테린부르크는 옐친의 고향이고 우랄산맥 뒤에 위치하여 2차 세계대전 당시 군수공업시설을 독일의 공중포격으로 보호하기 위하여 이전하였던 곳이다. 우랄산맥 부근 최대공업도시이고 로마노프왕조 마지막 황제 니콜라이 2세 가족들이 볼셰비키에 의해 처형된 곳이기도 하다. 블라디보스토크는 1860년 베이징조약을 통해 청나라부터 할양받은 땅으로 '동방을 정복하다'는 뜻의 도시이다. 세 도시와 인천시가 자매결연을 맺음으로써 한러 간 지방정부 협력의 핵심거점을 마련했다고 생각한다.

2013년 크레믈린에서 푸틴 대통령으로부터 오르지나 드루쥐비 국가 우호훈장을 받을 때 40여분 면담을 했다. 여기서 푸틴 대통령은 이명박 대통령과 메드데베프 대통령이 합의한 가스협력 사업에 지대한 관심을 표명하면서 이의 후속 조치에 대한 강한 의지를 피력하였다. 당시 박근혜 당선자 측에 의견을 전해달라고 하면서 후속회담을 할 실무단을 파견할 용의가 있다는 이야기를 하였다.

나는 한국에 돌아와 당시 박근혜 대통령 당선자 비서실장인 유일호 전 의원에게 푸틴과의 면담 사실을 전하고 박근혜 당선자 면담 요청을 했지만 반응이 없었다. 수개월 뒤 박근혜 대통령이 국정시찰 순회로 인천시청을 방문하였을 때 인천시 구내식당에서 박근혜 대통령과 오찬을 하면서 푸틴 대통령의 메시지를 뒤늦게 전달하였다. 그러나 제대로 수용되는 느낌이 없었다.

그 후 푸틴 대통령이 2013년 11월 13일 청와대를 방문하여 박근혜 대통령과 회담을 하였다. 박근혜 정부의 유라시아 이니셔티브 정책에 따라 나진-하산 프로젝트에 남북러 3각 협력 추진을 합의했다. 그날 오찬행사에 참석하였는데, 청와대 초청명단에서 빠져 러시아 측 초청명단으로 참석하게 되었다. 다음 날 푸틴을 인천에 초대했다. 푸틴은 러시아 대통령으로서는 처음 인천을 방문하였.

정헌 러시아 명예총영사의 역할이 컸다. 원래 서울공항을 통해 돌아가려던 것을 인천공항으로 바꾸고 가는 길에 인천에 들르도록 동선을 조정하였다. 연안부두에 있는 바리야그 함대 병사 추모비 헌화라는 명분이 있었기 때문에 가능한 일이었다. 푸틴 대통령과 짧은 만남 속에서 상트페테르부르크 분교설치 및 상트페테르부르크 콘서버토리 유치 등을 다

러시아 대통령으로서는 최초로 인천을 방문한 푸틴 대통령

시 한번 확인하였다. 그러나 내가 인천시장 재선에 실패한 이후 후임 유정복 시장이 사실상 후속 조치를 포기한 이래 지금까지 방치되고 있는 실정이다.

　문재인 후보 총괄선대본부장을 맡았을 당시 문재인 후보를 수행하면서 온종일 차 안에서 대화를 나눌 기회가 있었다. 나는 문재인 후보에게 러시아와 인천시의 인연, 푸틴 대통령과 인연, 내가 푸틴 대통령으로부터 오르지나 드루쥐비 국가훈장을 받게 된 사연, 북방경제협력구상 등을 설명했다. 당시 문 후보는 많은 공감을 표현하였고, 대통령이 되자 대 러시아특사로 나를 지명하였다. 러시아를 방문해서 나는 푸틴 대통령과 테이블을 마주하고 40분이 넘게 대화를 하였다. 박주민 의원과 정재호 의원을 대동하고 갔다. 처음에는 푸틴 대통령을 만날 때 두 의원은 배석할 수 없다고 했는데 크레믈린을 잘 설득하여 다행히 두 사람 모두 배석하게 되었다. 나는 푸틴 대통령에게 이런 제안을 했다.

"푸틴 대통령은 세계 주요 지도자 중에 가장 많은 경험과 경륜을 가진 분이다. 세계평화를 위해 푸틴 대통령의 국제적인 리더십이 요구된다. 대통령은 북핵문제를 직접적인 대화로 해결해갈 것을 강조했다. 동의한다. 그런데 왜 대통령께서는 직접 김정은과 대화를 하지 않은가? 라브로프 외무부 장관을 특사로 파견할 용의는 없는가?"

푸틴 대통령은 "그럴 용의가 있다"고 답변하였다. 그 후 시간이 좀 흘렀지만 라브로프 외무부 장관이 평양을 방문하였다. 외교관 출신의 특사라면 이런 도발적이고 직설적인 질문을 외국정상 앞에서 하기 어려울 것이라고 당시 언론인들의 평가였다. 정치인 출신이고 푸틴과 신뢰관계가 있었기 때문에 가능한 질문이었다.

라브로프 외무부 장관이 외무부 영빈관으로 우리를 초대해 오찬을 함께했다. 한반도 신탁통치를 결정하였던 모스크바 3상회의가 열렸던 방에서 식사를 하다니, '나라가 힘이 없으면 나라의 운명이 외국인들에 의해서 이렇게 결정되는구나' 하는 생각이 들었다. 역사의 현장에서 러시아 외교부장관과 함께 오찬을 하면서 만감이 교차하였다.

당시도 그렇고 지금도 마찬가지이지만 러시아 정부 내에서는 한국에 대해 NATO(No Action Talk Only)란 말이 떠돈다. 말만 앞서고 실행이 없다는 비판이리라. 푸틴 대통령도 나와 면담할 때 시베리아 철도 연결 등 북방정책 등의 그랜드 구상을 이야기했는데 반응이 시큰둥했다. 똑같은 소리를 수없이 들었다는 표정이다. 하기야 푸틴 대통령은 김대중, 노무현, 이명박, 박근혜, 문재인 대통령 등 5명의 한국 대통령과 정상회담을 한 사람이다. 그리고 2000년 평양을 방문하여 김정일과 만났고, 2001년 김정일이 모스크바를 방문하는 등 북한과도 두 차례 정상회담을 하였다.

그때마다 빠지지 않고 거론되고 합의하였던 것이 한반도 종단철도와 시베리아횡단철도의 연결이었다. 그러니 맨날 똑같은 소리만 한다는 생각이 들었을 것이다. 그때 한러 간의 협력을 구체적 실행단계를 총괄할 기구로서 북방경제협력위원회 필요성을 제기하였다. 푸틴 대통령이 전폭적으로 환영의사를 표명하였다. 나는 귀국하여 문재인 대통령에게 이 사실을 보고하였고 문재인 대통령도 동의하였다. 이런 경위를 통해 북방경제협력위원회 조직이 만들어지고 출범하게 된 것이다.

2017년 블라디보스토크에서 열린 3차 동방경제포럼에 문재인 대통령이 참석하였다. 나는 초대 대통령직속 북방경제협력위원회 위원장 자격으로 대통령을 수행하여 푸틴 대통령 정상회담에 배석하였다. 당시 북한의 핵실험과 미사일 발사로 국내에서 중러로 하여금 북에 원유제공을 중단하도록 요청하는 여론이 비등하였다. 이에 문 대통령이 원유 중단문제를 제기하자 푸틴이 정색을 하며 대답하였다.

"러시아는 북에 공식적으로 원유 제공하는 것이 없고 일부 소량이 밀반입되는 것으로 알고 있다. 그러나 유엔결의를 잘 지키고 있다. 원유를 제공하지 않으면 평양산원에 있는 유아들의 생명이 위험해진다. 인도적 문제가 발생한다."

푸틴 대통령으로부터 북동포의 인도적 문제 이야기를 들으니 얼굴이 화끈거렸다. 문 대통령은 이날 메인세션에서 한러 간의 협력을 남북관계와 상관없이 우선적으로 '9-브릿지 정책'을 추진하겠다고 발표하였다. 동방경제포럼 전에 기존의 대러시아 협력정책을 총괄 정리하여 대통령께 보고했던 사항을 대통령께서 일부 수정하여 수용해주었다.

남북러 협력의 핵심 과제 중의 하나는 나진-하산 프로젝트를 해결하는 일이다. 푸틴 대통령과 트럼프 대통령에게 북방경제협력위원회 위원장 명의로 편지를 보냈다. 러시아 석탄에 한해서 나진-하산을 통해 화물을 반출하는 것은 유엔제재결의안에서 예외로 인정되어 있다. 러시아의 강력한 요청으로 이루어진 것이다.

그러나 미국과 박근혜 정부 때 추가된 단독제재로 나진항을 출입한 선박은 미국이나 한국에 180일 동안 출입할 수 없도록 되어 있어 남북러 협력이 어려운 상태이다. 2018년 6월 21일 문재인 대통령의 모스크바 국빈방문 당시 크레믈린 궁전에서 열린 정상회담에 배석하였다. 당시 푸틴 대통령은 문재인 대통령에게 "나진-하산 프로젝트는 유엔제재 예외인데 왜 진행되지 않는가?"라고 말하면서 이 프로젝트 재개에 대한 한국 측 협력을 요청하였다.

문제는 미국을 설득하는 일이다. 우리나라는 물론 러시아, 북한, 중국, 모두 미국을 설득하여 이를 해결해야 한다고 생각한다. 북한이 ICBM 발사와 핵실험 중단을 하고 있는 만큼 트럼프 대통령도 비핵화를 촉진시키기 위한 작은 선물을 준비하고 있다면 그 작은 선물의 일환으로 나진-하산에 대한 미국의 단독제재를 풀어줄 것을 요청할 필요가 있다. 트럼프 대통령도 유엔제재를 풀어주는 것이 아닌 만큼 국내 언론과 야당을 설득하는 데 큰 부담이 없으리라 생각된다. 나는 이런 취지의 내용을 트럼프 대통령과 푸틴 대통령에게 편지를 정성들여 써서 보낸 바 있다.

03

유라시아 경제 공동체의 전략적 동반자 러시아

러시아 동북아 정책의 핵심 동방경제포럼

나는 2018년 우윤근 주러대사와 함께 야말반도를 방문하였다. 미켈슨 노바텍 회장이 직접 안내를 하였다. 러시아 북극해 LNG 개발사업인 아틱Arctic 1 프로젝트 현장의 거대한 설비들은 주로 중국이 투자한 것들이고, 우리는 지분 참여를 하지 못하였다. 러시아는 아틱 2 프로젝트에 한국 참여를 요청했지만 한국가스공사는 자금 여력과 경제성을 이유로 참여하지 않았다.

아틱 2 프로젝트는 약 200억 달러가 소요되는 대형 프로젝트이다. 바다가 아닌 육지에서 생산하고 영하 40도의 극지방에서 마이너스 160도로 천연가스를 액화시킨다는 장점이 있다. 영상 30~40도 열사의 사막에서 마이너스 160도로 액화시켜야 하는 카타르, 오만 등보다 생산비용에서 경쟁력이 있다. 북극항로 주변 개발에도 참여할 수 있다.

현재 아틱 2 프로젝트는 러시아 노바텍이 60%, 프랑스 토탈이 10%, 중국 최대 LNG 관련 국영기업인 CNOOC가 10%, 중국 CNPC의 자회사인 CNODC가 10% 지분을 가지고 있다. 일본은 2019년 6월 G20 정상회의에서 푸틴과 아베 총리가 만나 10% 지분 참여를 발표하였다. 미쓰비시, 미쓰이에 참여요청을 했지만 미쓰비시는 경제성이 없다고 포기하고 미쓰이가 2.5%, 그리고 일본 정부자금인 JOMEC가 7.5% 지분을 매입하는 식으로 참여했다. 한국가스공사는 해외자금 투자여력문제, 경제성 문제, 가격 문제, 미국의 노바텍 제재에 따른 2차 보복문제 염려 등으로 결국 참여를 포기하였다. 안타까운 일이다.

이런 문제는 대통령이 직접 확실하게 정리하여 힘을 실어주지 않으면 일반 공기업 회사 CEO차원에서는 결정을 내리기 어려운 부분이다. 이명박 정부에서 해외자원개발 실패로 인한 감사원 감사와 검찰 수사를 겪은 터라 어느 공무원도 무서워서 공격적인 투자를 결정하지 못한다. 결국 구체적으로 사업을 진행하지 못한 채 2019년 9월 5차 동방경제포럼을 맞았다. 대통령 입장에서도 답답할 상황이었다.

그래서 대통령도 불참하고 국무총리도 국회를 이유로 불참하여 홍남기 부총리가 정부 대표로 참석하였다. 일본 대표들은 앞줄에 앉아 환대를 받았는데 우리 대표단들은 찬밥 취급을 받았고 푸틴 대통령과 면담도 하지 못했다. 아베 총리는 한 번도 빠지지 않고 4년째 계속 동방경제포럼에 참석하였다. 우리 정부의 남방정책의 핵심 파트너인 인도 모디 총리가 이번에 특별 게스트로 참석하였다. 모디 총리와 문재인 대통령과 사이가 각별하다. 모디 총리는 문재인 대통령의 인도 방문 시 회담에서 푸틴으로부터 동방경제포럼에 초청을 받았다면서 같이 갈 것을 제안한 것으로 알려졌다.

나는 외교부 장관과 청와대 측에 문재인 대통령이 2018년에 이어 2019년도 불참하면 신북방경제정책의 동력이 약화될 것이라는 우려를 수차례 전달하였으나 의견이 반영되지 못하였다. 북방경제협력위원회도 내가 지난 전당대회에 당대표로 출마하느라 사임한 이후 동력이 떨어졌다. 책임감이 크다. 당대표 낙선 이후 책임감 때문에 다시 맡을 의사도 있었으나 한번 그만둔 직책을 다시 맡는 관례가 없다는 등의 사유로 성사되지 못하였다.

2018년 북방경제위원회 위원장 시절 미국을 방문하여 윌버 로스 미 상무부 장관을 만나고 러시아에 우호적인 친러 미국 하원의원으로 알려진 다나 로라바커 미하원 유라시아 소위원장을 만나 문재인 정부 북방경제협력에 적극 지원하기로 약속받은 바 있다. 미 재무부의 OFAC 담당자들을 직접 만나 러시아 프로젝트 투자 등에 대한 보장을 받아내는 적극적 활동을 계획하였는데 그만두는 바람에 후속 조치를 못한 것이 아쉽다.

이번 동방경제포럼에서 러시아, 일본, 인도의 화려한 협력 속에 대한민국의 북방정책은 왜소화되고 소외된 모습이다. 이번 동방경제포럼 하이라이트인 메인세션 포럼에는 푸틴 러시아 대통령, 아베 일본 총리, 모디 인도 총리, 마하티르 말레이시아 총리, 바트툴가 몽골 대통령이 참석하였다. 5차 동방포럼에서 270개 협약이 체결되고, 1,800개 프로젝트의 출범이 합의되었다. 일본은 588명의 대표단이 참석하였다. 가장 많은 인원이었다. 중국은 395명, 한국은 285명, 인도는 204명, 몽고는 68명, 미국은 634명, 싱가포르 58명이 참여했다.

일본은 정부자금으로 야말 2 프로젝트에 10% 지분 참여를 결정했다. 아베 총리의 뒷받침이 있었기 때문에 가능했다. 일본은 북방 영토 반환문제부터 일본의 안보차원에서 러일전쟁 전후부터 1,2차 세계대전에 이르기까지 장구한 대러시아 외교경험을 가지고 있다.

2019년 9월 4~6일에 열린 동방경제포럼 메인세션에서 아베 총리는 LNG를 북극항로를 통해 야말반도에 캄차카 반도로 와서 캄차카 항구에서 쇄빙 LNG선에 실린 LNG를 일반 LNG 선박으로 환적하여 아시아 태평양 지역 인도양까지 공급하겠다는 비전을 발표하여 푸틴과 모디 총리의 박수를 받았다.

사실 이것은 2018년 직접 캄차카 항구를 돌아보고 나서 내가 제시했던 비전이었고, 미켈슨 노바텍 회장과 수차례 만나면서 공유했던 비전이기도 한데, 일본에 빼앗긴 것이 너무 안타까울 뿐이다. 북극항로 개발은 문재인 후보의 공약이자 문재인 대통령의 북방정책의 핵심요소다. 그러나 대통령이 제시한 화려한 비전이 실제 집행단계에서 제대로 뒷받침되고 있지 못하다.

유라시아 경제 공동체 한러 FTA를 향하여

러시아의 핵심도시인 상트페테르부르크와 예카테린부르크, 블라디보스토크와 인천시가 자매결연을 맺었다. 러시아와 인연으로 문재인 정부 출범 이후 러시아 특사로 모스크바를 방문하여 푸틴 대통령을 만났다. 러시아와 협력을 전담하는 북방경제협력위원회를 구성하였다. 초대 위원장을 맡아서 여러 가지 틀을 만들었는데 그중에 구체화된 것 중 하나가 한러혁신센터를 만든 것이다. 송도에 한국 사무소 개소식을 하였다. 러시아의 첨단 군사과학기술과 우리나라의 응용기술을 협력하여 아이템을 발굴해내는 것이다.

러시아는 분단된 대한민국에서 볼 때 대륙경제로 연결되는 통로이다. 북극항로 시대를 열어가는 중심축이다. 어업·농업 분야에 가장 가까운 거리에서 협력할 수 있는 동반자이다. 북핵문제를 해결하는 데도 중요한 역할을 감당할 수 있다.

북중러 북방 3각과 한미일 남방 3각 구도의 신냉전구조는 동북아 발전에 도움이 되지 않는다. 최근 강화되는 중러 간의 군사협력 강화와 미일 간의 군사동맹 강화는 남북관계의 분열과 결합되어 우리 대한민국의 운신의 폭을 좁혔다. 이러한 대립구도를 완화할 수 있는 완충지대를 만들어야 한다.

첫 번째로 관심을 기울여야 하는 것은 푸틴이 주도하는 동방경제포럼이다. 동방경제포럼은 북방 3각 핵심인 중러와 한미일 3각 협력의 핵심인 한일 두 나라가 미국을 제외하고 만나는 곳이다. 즉 동북아 냉전구조를 경제협력으로 완충할 수 있는 구조를 지니고 있다. 적극적인 참여와 협력이 필요하다.

두 번째 신냉전구도를 약화시킬 수 있는 구도는 한중일 정상회의와 한중일 FTA 체결 및 협력방안이다. 한중일 3국 정상회의 사무국이 서울에 있다. 인천시장 시절에 이를 송도경제자유구역에 유치하려고 노력했다. 이 두 가지 협력기구를 통해서 예각화된 동북아 냉전구도를 약화시켜 나가는 방법을 찾아나가야 한다.

2014년 크림반도병합으로 인한 미국과 유럽연합의 대러시아 경제제재로 북방경제협력의 여러 장애가 조성되었는데, 이를 완화시켜야 한다. 러시아는 공산주의 체제를 종식시키고 국민이 직접 뽑는 대통령과 의회를 갖춘 형식상 민주공화국이다. 권위적인 체제를 민주적으로 정착시키고 심화시키는 것을 뒷받침해주어야 한다. 유럽의 러시아와 극동의 러시아에 대한 제제의 탄력적 적용도 해야 한다. 북핵문제 해결을 위해서는 중국과 러시아의 협력이 절대적으로 필요하기 때문이다.

미국은 중국과 러시아에 대한 분리와 차별적인 대응을 해야 한다고 생각한다. 미국 트럼프 대통령이 러시아 푸틴 대통령과 대화하고 새로운 협력관계를 만들려는 시도는 필요하다. 미국 민주당 지도자들은 트럼프의 기후변화협약 탈퇴, 이민문제, 인종주의와 같은 문제를 비판하더라도 러시아와 협력관계 부활은 긍정적으로 평가하고 검토할 필요가 있다고 생각한다.

　러시아는 석유와 가스 등 천연자원에 의존하는 취약한 경제구조를 가지고 있어 고부가가치산업으로 전환해야 한다. 한편 우주과학 군사 분야를 비롯한 물리·화학 등 기초학문 분야에서 높은 경쟁력을 지니고 있다. 따라서 한국의 발전된 산업응용기술과 ICT 기술과 상호보완협력 해야 한다. 북극개발, 우주개발, 북극항로 개척, 지구온난화 대비, 원자력 분야 등 협력할 부문이 많다. 한러관계를 전략적 동반자 관계로 발전시켜 나가야 한다. 유라시아 경제 공동체로 FTA 협상을 실현시켜 나가야 한다.

송영길의 지구본 외교

둥근 것이 강한 것을 이긴다!

06

일본:
한일관계의
새로운 패러다임

01

민주주의 국가 일본과
우호적인 관계를 만들자

일본 식민지배의 불법성을 규정한 강제동원 배상판결

일본 정치인들을 만날 때마다 강조하는 말이 있다. 동북아시대를 만들기 위해서는 한국, 중국, 일본, 세 나라에서 인정받고 롤 모델로 삼을 만한 지도자들이 나와야 한다고. 돌아가신 김대중 대통령이 그런 지도자였다. 김대중 대통령은 지금까지도 중국과 일본의 정치인들에서 존경받는 지도자이다. 특히 오부치 총리와 함께한 '21세기의 새로운 한·일 파트너십 공동선언'(1998년)과 일본 참의원·중의원 합동연설은 지금도 일본 정치인들 사이에 회자되고 있다.

나는 새로운 의미의 친일 정치인이 되고 싶다. 과거 군국주의 일본제국의 잔재를 청산한 민주주의 국가 일본과 친해지고 싶다는 의미다. 구舊친일이 민족을 배반한 반인륜적 범죄행위에 동참, 동조하는 행위였다면, 신新친일은 인권과 민주주의를 억압하던 군국주의 체제를 해체하고 새롭게 평화헌법 아래 만들어진 민주주의 국가 일본과 우호적인 관계를 유지하는 것이다.

한국전쟁의 산물로 1951년 미일안전보장조약(구조약)이 체결되었다가, 1960년 6월 23일 개정 발효된 '미일안보조약'[1]과 1954년에 '한미동맹'[2]이 체결되었다. 일본 전범 처리도 왜곡되어 대부분이 사면되었다. 물론 한국전쟁도 그 원인 중 하나지만, 일본의 전범 처리 왜곡현상은 냉전의 시작과 1949년 중국의 공산화 때부터 본격화되었으며, 그전에 태평양전쟁 말기 일본의 항복 조건 협상 과정에서부터 그런 현상이 나타났다. 그때 이미 일왕에 면죄부를 주고 천황제를 유지하게 하는 등 전후 미국의 일본 점령통치에 유리한 쪽으로 전범 처리의 기본방침이 정해졌기 때문이었다.

맥아더 사령부(GHQ, Genera Headquarters)[3]의 활동도 역주행을 했다. 극동전범재판도 축소 왜곡되었다. 히로히토 일왕의 실질적인 전쟁 책임은 부정할 수 없다. 최소한 퇴위라도 시키고 아키히토 왕세자가 승계하도록 했어야 한다. 그런데 천황제도 폐지하지 않았으며 일왕에게 전쟁 책임도 묻지 않았다. 우리 할아버지 할머니들의 식민지 교육의 상징이었

---

[1] 구조약의 불평등 내용을 수정하여, 일본이 제3국에 기지를 대여할 경우 미국의 동의가 필요하다는 조항을 없애고 일본 국내의 소요에 대한 미군이 개입 가능성을 차단하였다. 또 핵위협에 대한 억지력이나 재래식 무기에 의한 대규모 침략에 대한 대처능력 등 일본의 독자 방위로는 부족한 부분을 미국이 지원하는 내용으로 바꾸었다. 이로써 일본은 안보를 미국에 맡기고 경제개발에 전념할 수 있게 되었다.

[2] 한미상호방위조약을 기초로 대한민국과 미국 사이에 체결된 동맹. 한미상호방위조약은 1953년 8월 8일 서울에서 가조인하였고, 10월 1일 워싱턴 D.C.에서 정식 조인되었으며, 양국 국회의 비준을 거쳐 1954년 11월 8일자로 발효되었다.

[3] 1945년 10월 2일부터 1952년 4월 28일 샌프란시스코 강화조약이 발효될 때까지 6년 반 동안 일본에 있었던 연합국 최고사령부

던 쇼와일왕, 신사참배의 대상이었던 그 쇼와 히로히토 일왕의 직위가 그대로 유지되어 1926년부터 1989년까지 집권한 것이다. 그리고 관동군 등 전쟁을 일으킨 군대는 황군이라고 하여 내각과 의회의 통제도 받지 않았다.

그러니 전후 일본이 제국주의 일본과 상징적으로 단절되기가 쉽지 않았다. 일왕의 책임을 묻지 않은 대신 평화헌법 제9조를 만들었다. 일본 보수세력은 일왕을 보호하는 대가로 헌법 9조를 수용하였다. 물론 진보적인 세력은 이와 상관없이 헌법 9조를 지지했다.

일본국 헌법 제9조
① 일본 국민은 정의와 질서를 기조로 하는 국제 평화를 성실히 희구하며, 국권의 발동인 전쟁과 무력에 의한 위협 또는 무력의 행사는 국제 분쟁을 해결하는 수단으로서는 영구히 이를 포기한다.
② 전항의 목적을 달성하기 위하여, 육·해·공군 및 그 외 전력은 이를 보유하지 아니한다. 국가의 교전권은 이를 인정하지 아니한다.
RENUNCIATION OF WAR Article 9
[1] Aspiring sincerely to an international peace based on justice and order, the Japanese people forever renounce war as a sovereign right of the nation and the threat or use of force as means of settling international disputes.
[2] In order to accomplish the aim of the preceding

paragraph, land, sea, and air forces, as well as other war potential, will never be maintained. The right of belligerency of the state will not be recognized.

1965년 미국의 강력한 압박으로 한일 국교정상화가 타결되었다. 군사 쿠데타 정권의 약점을 갖고 있으며 철학이 부족한 박정희 정권에 의해 졸속으로 체결된 한일협약은 여러 가지 문제점을 안고 있었다. 일본 측은 최근 강제동원 배상판결을 1965년 체제의 부정이라고 주장하고 있다. 청구권이 소멸되었는데 강제동원 배상판결을 한국 대법원이 인정한 것은 수용할 수 없다는 입장이다.

초선의원 때부터 잘 알고 지내던 아베 총리의 측근 야마모토 이치타 의원이 의원실을 방문했을 때, 우리는 악화된 한일문제해법을 논의했다. 우선 대한민국과 일본은 같은 민주국가로 3권이 분립된 나라임을 명확히 했다. 대법원 판결을 대통령이나 행정부가 좌지우지 못한다는 뜻이며 그렇게 해서도 안 된다. 아베 총리는 일본 최고법원과 대한민국 대법원의 판결을 존중해야 한다. 3권 분립이 된 민주국가 한국, 일본이 공유하는 사법독립의 가치이다.

대법원 판결은 처음으로 일본의 식민지배의 불법성을 명확히 한 것이다. 피해자들의 일반적 청구권은 1965년 한일협약으로 해결되었다고 하더라도 불법적인 식민지배에 대한 손해배상 청구권은 존재한다는 것이다. 일본 정부와 최고재판소도 개인 청구권의 존재를 인정하고 있다. 그러나 정치권의 눈치를 보는 일본최고재판소는 재판상이행청구를 할 수 없는 자연채무로 규정하였다. 따라서 비록 피해자가 재판상 청구는 하지 못하더라도 법률적 채무가 인정된 이상 일본전범기업들이 자발적으로 피해자에게 보상을 하는 것은 회사에 대한 배임행위가 되지 않는 정당한 행위가 되는 것이다.

따라서 일본 정부는 개인 기업에 대한 한국 사법부의 판결을 가지고 개인 기업과 사인 간의 문제에 개입하여, 양국 정부의 외교적 문제로 비화시킬 필요가 전혀 없다. 일본의 글로벌 기업들이 과거 자신들의 과오를 청산하고 피해자 보상을 하는 것은 기업 이미지 개선과 소비자 선호에 큰 영향을 미치는 효과가 있을 것이다.

1965년 한일기본협약에서 1910년 한일병합을 '이미 무효'라고 명시했다. 일본은 이를 합법적으로 유효했으나 1948년 대한민국 정부 수립 이후 무효가 되었다고 한다. 1948년 8월 15일을 건국절로 하자는 우리나라 일부 보수세력의 주장과 궤를 같이한다. 우리나라는 처음부터 원천무효로 해석해야 한다고 주장했다. 일본 식민지배를 합법적으로 볼 것이냐 불법적으로 볼 것이냐가 우리나라와 일본의 새로운 관계에서 기본 출발점이다. 이번 대법원판결은 1965년 협약으로 청구권은 소멸하였으나, 불법적 식민지배에 기초한 위자료청구권은 별도 존재한다고 판시함으로써 대한민국 대법원이 처음으로 일본 식민지배의 불법성을 규정한 의미 있는 판결이다.

일제 강제동원 피해자 4명이 일본 법원에서 패소한 이후 대한민국

법원에 소송한 결과 1, 2심은 일본 법원판결을 존중하여 청구를 기각하였는데 2012년 대한민국 대법원이 인용취지의 파기환송판결을 내렸다. 파기환송판결의 기속력에 따라 고등법원이 각 1억 원의 손해배상을 인용하는 판결을 하자 피고가 이에 불복 항소하여 다시 대법원으로 온 것을, 양승태 전 대법원장이 상고법원 도입을 위한 수단으로 이 사건을 박근혜 청와대와 거래를 한 것이 문제가 되었다. 다행히 촛불혁명으로 박근혜 전 대통령과 양승태 등이 구속되고 나서 2018년 10월 최종 대법원판결이 났다. 그렇다면 2012년부터 지금까지 7년이 되도록 정부 차원에서 선제적으로 이 문제 해결을 위한 예방적 외교를 소홀히 했다는 비판을 피하기 어렵다.

전후 일본에 대한 미국의 태도, 한일관계의 불씨를 심다

미국은 1905년 가쓰라-태프트 밀약으로 일본의 식민지배를 용인했다. 극동전범재판소에서 기소된 전쟁범죄자들의 공소사실에는 우리 민족에게 가한 범죄사실을 찾아보기 어렵다. 남경대학살, 만주침략, 태평양전쟁, 미군포로학대 등이 주요 범죄사실이다. 오히려 일제에 강제 징집당했던 우리 학도병들이 전쟁범죄자로 기소되어 억울한 죽음을 당한 경우도 있었다. 지금도 조선학도병들이 야스쿠니 신사에 합사되어 군국주의 귀신들과 함께 갇혀 있다.

이전에 일본 정부는 1993년 고노담화[4], 1995년 무라야마담화[5], 1998년 한일공동선언[6]을 비롯해 2002년 북일공동선언[7] 등에서 일본의 식민지배에 대한 반성과 문제인식을 발전시켰다. 2010년 간 나오토 총리는 담화에서 3·1 운동을 언급하며 한일병합이 한국사람들의 의사에 반하여 이루어졌음을 인정했다. 우리에게 중요한 것은 1910년 일제 식민지배 한일강제병합의 불법성과 무효를 확인하는 것이 새로운 한일관계의 출발점임을 명확히 할 필요가 있다.

미국은 한일 간 과거사 문제의 근원적 해결을 요구할 수 없는 입장이다. 그 이유는 미국이 일본 식민지배의 범죄적 사태와 이후 배상문제에 직접적인 책임이 있기 때문이다. 일본에게 과거사 문제의 해결을 요구하려면 자신들의 과오부터 인정해야 한다. 미국은 일본의 한반도 침략과 식민지배를 지지했을 뿐만 아니라 일본 패전 뒤의 샌프란시스코 강화조약에 한국을 배제한 채 일본의 요구를 받아들여 전쟁범죄 처벌과 침략과 식민지배의 불법성도 규명하지 않았고 일본의 배상문제도 피해갔다. 조약 초안에 한국에 반환돼야 할 영토로 명기됐던 독도가 본 조

---

[4] 현재 고노 다로 일본 방위상의 아버지인 고노 요헤이 내각 관방장관이 발표한 담화. '일본군 위안부'에 대한 일본군의 연관과 강제성을 인정하고 사과와 반성의 마음을 올린다고 밝혔다.

[5] 무라야마 총리는 이 담화에서 "식민지 지배와 침략으로 아시아 제국의 여러분에게 많은 손해와 고통을 줬다. 의심할 여지없는 역사적 사실을 겸허하게 받아들여 통절한 반성의 뜻을 표하며 진심으로 사죄한다"고 밝혔다.

[6] 김대중-오부치 공동선언이라고도 한다. 무라야마담화를 기초로 과거 식민지 지배에 대해 '통절한 반성과 마음에서의 사죄'를 문서화했다.

[7] 김정일 국방위원장과 고이즈미 준이치로 총리의 공동선언. 2항에서 "일본 측은 과거 식민지 지배로 인하여 조선 인민에게 다대한 손해와 고통을 준 역사적 사실을 겸허하게 받아들이며 통절한 반성과 마음속으로부터의 사죄의 뜻을 표명하였다"라고 발표함.

약문에서 빠져 '독도문제'가 생겨난 것도 미국의 그런 태도 때문이었다. 미국은 패전국 일본을 사실상의 동맹국으로, 일제 피해국인 남북한과 중국을 미일동맹의 종속체제 내지 적대세력으로 설정하는 전후전략 구상을 밀고 갔다.

2014년 내가 중국에 있을 때 척 헤이글 미 국방장관이 중국을 방문했다. 중국인민해방군의 한 여성 장군이 용감하게 댜오위다오(센카쿠열도)에 대한 미국 입장을 물었다. 미국은 "원칙적으로 중일 간에 소유권 문제는 개입하지 않는다. 단 중국군의 힘에 의한 현상 변경은 반대한다"라는 입장을 밝혔다. 즉 댜오위다오를 실효적으로 지배하고 있는 일본의 편을 들어준 것이다. 미일안보조약의 대상에 댜오위다오가 포함되었다고 지적했다. 그러자 그 여성 장군은 반문했다. "댜오위다오에 대한 일본의 실효적 지배를 인정한다면 독도에 대한 대한민국의 실효적 지배를 인정하는가?" 아주 날카로운 질문이다. 우리도 미국에 물어야 한다. "댜오위다오가 미일안보조약 대상에 포함된다면 독도는 한미상호방위조약 대상에 포함되는가?"

나는 방송대 일본학과를 졸업했고, 일본어를 열심히 공부하고 있으며 야마오카의 소설 《대망》을 읽었다. 30차례 이상 일본을 방문하면서 오키나와에서 홋카이도까지 일본 지역을 골고루 돌아보았다. 사이코 다카모리西鄕隆盛, 사카모토 료마의 묘도 다녀왔다. 이와쿠라 사절단의 행적을 공부하며 일본의 메이지유신을 주도한 세력들, 인물 하나하나를 공부하는 중이다. 일본은 전쟁에 패배한 뒤에 평화헌법과 민주주의를 채택했다. 일본은 이웃국가이고 우방국가이므로 상호협력해야 한다. 그러나 그 전제는 제국일본과 단절된 새로운 민주주의 국가 일본이어야 한다.

군국주의 일본 제국과의 연결을 강화하고 합리화하면서 역사를 왜곡하면 한일관계는 발전하기 어렵다. 갑오왜란(1894년 일본군의 침략), 갑진왜란(1904년 일본군의 침략), 제국주의 침략을 핑계로 독도를 시마네현으로 편입하자고 주장하는 나라와 군사협력 하기는 어렵다.

나는 아키히토 일왕의 평화주의 사상을 존경한다. 나루히토 일왕의 즉위에 축하를 보내며 새로운 레이와令和시대가 열리기를 바란다. 문자 그대로 '레이Beautiful 와harmony'의 세상이 이루어지기를 기대한다.

02

일본과 한국이
손잡고 해야 할 일

일본, 한반도에서 냉전의 유물을 걷어내는 데 진정성을 보여야

진정한 '레이와시대'가 되려면 일본은 한반도 식민지배와 분단의 원인 제공이라는 역사적 책무를 해결하는 데 힘을 보태야 한다. 물론 일본인들의 납치문제에 대한 정서를 이해한다. 백주대낮에 무고한 시민을 납치한 북한의 행위는 결코 용납할 수 없다. 당연히 일본인 납치문제에 공감해야 하지만, 지금 일본 우파들은 자국민 납치문제만 전 세계에 부각시키기에 급급하다. 일본 국회의원들이나 지식인들에게 일본인 납치문제의 아픔과 분노에 공감하면서 같은 논리로 조선이 강제동원 피해자와 사실상 납치된 위안부 문제에 공감을 가질 것을 촉구해야 한다. 노무현 대통령이 지적하였듯이 사실상 납치행위인 일본군 위안부 강제동원, 노동자 강제동원 문제를 같은 차원에서 반성하고 고민해야 한다.

2002년 고이즈미 총리의 평양방문은 의미 있는 시도였다. 당시 북일 관계를 조율한 다나카 히토시 대양주 국장과 만난 적이 있다. 한미일 3각이 협력해 남북일 3각 평화협력을 이루어내야 한다. 이는 일본의 지도력을 보여주는 일이다. 일본은 탈아입구脫亞入歐로 아시아 인근 형제국을 따돌리고 한중일 세 나라 중 가장 먼저 근대화에 성공했다. 입신양명한 친구가 친구들을 도와주지 않고 다른 친구들을 멸시하고 핍박했다.

　일본은 뒤늦게 대동아공영권을 제시하면서 영미 세력으로부터 아시아민족해방의 기치를 들었지만, 그것을 근거로 태평양전쟁을 일으켰다. 대동아공영권은 일본 군국주의의 지배범위 확대가 아니라, 안중근 의사가 '동양평화론'에서 지적했듯이 아시아 공동체로 발전해가야 한다. 현재와 같이 미일동맹을 기초로 중국과 북한과 대립각을 세우고, 한국과 관계를 과거 식민지시대의 연장으로 바라보아서는 안 된다. 남북분단을 이용하여 남북화해협력을 방해하는 세력이 되어서는 안 된다. 납치문제에 집착하여 북미회담을 방해해서도 안 된다. 북미관계가 정상화되면 납치문제는 진상이 밝혀지고 해결될 것이다.

　아베 총리는 임기 중에 헌법개헌을 꿈꾼다. 전쟁을 할 수 있는 보통국가를 꿈꾼다. 군비지출을 늘리고 있다. 중국위협을 들면서 항공모함도 제조할 기세이다. F-35B 수직이착륙기까지 도입했다. 로카쇼무라 핵발전소[8]에서는 언제든지 핵무기를 만들 플루토늄을 추출할 수 있다. 러일전쟁에 대비하여 국가예산의 절반을 투입하여 미카사 등 전함 구

---

[8] 사용 후 핵연료 재처리시설. 연간 최대 8톤의 플루토늄을 생산할 수 있음.

입에 총력을 기울이던 군국주의 일본의 모습이 연상된다.

제국주의 시대는 끝났다. 전쟁이 아니라 자유무역을 통하여 국가의 이익을 증대하는 시대다. 사이버 공간은 무한대이고 우주 공간도 열려 있다. 지구 경제는 이제 하나로 통합되었고, 경제 영토도 확장되었다. 일본은 안보리 상임이사국이 되기를 원한다. 일본은 북미회담성공, 남북일 평화협력, 북일관계 정상화에 주도권을 가지고 한반도의 마지막 냉전의 유물을 걷어내는 데 지도력을 보여야만 안보리 상임이사국을 바라볼 수 있을 것이다.

구동존이의 자세로 한일 문제를 풀어가자

한국과 일본은 서로 제3의 경제파트너이다. 긴밀하게 공급사슬과 가치사슬이 연결되어 있다. 그런데 일본이 한일 간의 생산밸류체인을 파괴시킬 수 있는 화이트리스트 배제 조치를 단행하였다. 한국과 일본은 국제 자유무역 질서 속에서 성장 발전하였다. 자유무역을 옹호하는 공통된 입장이다.

중국이 댜오위다오 문제 등으로 희토류 수출을 제한하는 조치를 취하였을 때 얼마나 일본이 반발하였던가. 일본이 대한민국 사법부의 강제동원 피해배상청구 인용판결을 이유로 대한민국에 경제보복 조치를 취한 것은 심각한 자기모순이다. 일본 경제의 부메랑이 될 것이다. 한국과 일본은 상호협력하여 발전해 나가야 할 분업파트너이다. 이 신뢰를 깨는 것은 아베 정권의 패착이 될 것이다.

2018년 통계에 따르면 한국인 754만 명이 일본을 방문하고 일본국민 295만 명이 우리나라를 방문하였다. 양국 상호방문 천만시대가 된 것이다. 각 지방자치단체들 간에 자매결연을 맺고 상호교류가 활발하다. 나는 인천시장 시절 요코하마, 기타큐슈, 고베와 자매결연을 맺고 서로 공무원을 교환·파견근무 하는 등 활발한 교류를 하였다.

일본은 세계 3위의 경제대국이다. 특히 부품·소재산업은 세계 최고이다. 태평양전쟁이 발발했을 때 항공모함 10여 척을 건조 운영하였고 제로센 비행기[9]는 미국 비행기 성능을 능가하였다.

탈아입구에 기초한 미일동맹을 안중근 의사의 동양평화론에 맞추어 한중일 3각 협력 강화, 한중일 FTA를 강화할 필요가 있다. 현재 한중일 정상회의 사무국이 서울에 있다. 인천시장 시절 송도경제자유구역으로 이것을 옮기려고 시도했는데 현재는 개점휴업 상태이다.

2019년 6월 29일에 열린 G20 오사카회의에서 중일관계가 부드러워졌다. 아베 신조 총리가 시진핑 주석을 벚꽃이 피는 4월에 국빈초대를 하였고 시진핑 주석은 긍정적인 화답을 하였다. 다행히 2020년 초 시진핑의 한국방문이 합의되었다. 시진핑 방한을 계기로 한한령이 폐지되고 요우커들의 집단관광도 허용될 전망이다. 아베 신조는 인도 모디 총리 고향에까지 적극적인 지원구애 외교를 펼쳤다. 푸틴 대통령에게도

---

9 일본 해군의 주력 전투기로, 조종석과 연료탱크에 방탄을 하지 않아 무게를 줄였고, 그 결과 기동력이 뛰어나고 항속거리가 길었다. 태평양전쟁 후반에는 자살공격인 가미카제에 동원되었다.

적극적이다. 겉으로는 일대일로를 반대하는 척하지만 실제로는 더 적극적으로 협력하고 있다. 오히려 한국이 실질적인 협력을 잘 진척시키지 못하고 있다.

일본에는 수많은 시민단체와 양심적인 지식인들이 있다. 이들과도 적극적으로 소통하고 협력해야 한다. 지금도 수많은 일본인이 안중근 의사의 동양평화론에 존경과 지지를 보낸다. 도시샤(同志社)대학 출신의 윤동주 시인을 사랑하는 모임도 있다. 일본 역사교과서 왜곡과 관련하여 일본 시민단체 대표들을 만나 감동한 적도 있다. 오키나와 시민단체들은 매년 5월 광주 기념행사에 참여한다. 일본 국민과 소통을 강화해야 한다. 그래서 2019년 일본의 한국에 대한 경제보복 조치에 대해 노일본(No Japan!) 슬로건에서 노아베(No Abe!)로 바꾼 것은 적절했다고 생각한다.

일본의 경제보복 조치로 한국에서는 부품·소재·장비 산업을 살려 만성적인 대일적자 구조를 변환시키기 위한 국민적 공감대가 형성되었다. 대기업과 정부 당국의 반성과 실질적인 정책이 이어진다면 중소기업의 창발성을 뒷받침해 나가는 전화위복의 기회가 될 수 있다. 그러나 한일 양국을 위해 일본의 경제보복 조치는 철회되어야 마땅하다.

일본과 한국이 손잡고 해야 할 일들이 너무 많다. 일본, 한국 모두 에너지자원을 비롯하여 대부분의 원자재를 해외에 의존하고 있다. 안전한 통항질서와 해로를 확보해야 한다. 자유로운 국제무역질서를 같이 발전해 나가야 할 입장이다. 지구온난화·기후변화 문제와 지진·쓰나미 등 자연재해 대책을 비롯하여 급속한 노령화사회와 저출산사회를 공동으로 경험하면서 지혜와 경험을 나누어야 한다.

디테일에 강한 일본과 추진력과 돌파력이 강한 한국이 결합하면 세계적인 경쟁력을 만들어낼 수 있다. 새로운 친일·친한시대를 만들어나가야 한다. 구동존이(求同存異, 서로 다른 점은 인정하면서 공동의 이익을 추구한다)의 자세로 함께할 과제들을 풀어나가야 한다.

송영길의 지구본 외교
둥근 것이 강한 것을 이긴다!

CHAPTER
07

북한: 북핵문제 해결을 통한 신한반도 경제구상

01

대한민국의 국시는 평화통일

대화와 협상, 실행을 통해 신뢰를 쌓는 것부터

우리나라에는 주한미군 2만 8,500여 명이 상주하고 있다. 평택 험프리 미군기지는 444만 평으로 해외 미군기지 중 최대 규모이다. 미국의 핵우산으로 대한민국은 보호 받고 있다. 세계에서 가장 강력한 경제군사대국과 군사동맹 관계이다. 우리나라는 매년 400억 달러에 달하는 국방비를 지출하고 있으며 중국, 러시아와 전략적 동반자 관계를 맺고 있다. 그럼에도 불구하고 날이면 날마다 국가안보 강화를 이야기한다.

반면 북한에는 중국군이나 러시아군이 존재하지 않는다. 북중 간의 군사동맹 관계도 한미동맹 관계처럼 강력하지 않다. 중국이나 러시아가 북에 핵우산을 제공하지도 않는다. 게다가 북한의 경제규모는 한국의 40분의 1에 불과하며 세계 역사상 가장 강력한 경제제재를 받고 있다.

특히 정제유는 1년에 50만 배럴만 수입이 허용된다. 대한민국 정제유 소비량이 1일 250만 배럴이다. 아무리 경제규모가 작다고 하지만 대한민국 1일 정제유 사용량의 5분의 1로 2,400만 북한 주민에게 1년 동안 사용하라고 한다면 해도 너무한 것이다.

한미군사훈련을 하면 자신들도 그와 같은 규모로 훈련을 해야 하는데 비행기나 탱크를 움직일 수 있는 기름이 없고 돈이 없다. 재래식 병력으로 도저히 감당할 수 없으니 비대칭전력에 의존할 수밖에 없다. 미사일, 잠수함, 핵무기 개발은 우리로선 용납하기 어렵지만 북한 입장에서는 국가안보를 지키기 위한 합리적인 행위이다.

입장을 바꾸어 우리나라의 경우를 생각해보자. 1972년 닉슨의 중국 방문 이후 주한미군 감축이 본격화되었다. 카터 대통령이 주한미군 철수카드로 압박을 하자 박정희 정권은 자주국방을 강조하며 미군 철수에 대비하여 핵무기 개발을 시도하였다. 이러한 역사를 생각해보면 북한정권의 현재 행동을 이해할 수 있다.

따라서 북핵문제는 북의 체제에 대한 안전보장문제 해결과 병행해야 해결할 수 있다. 북미 간의 신뢰를 구축하고 남북 간에 신뢰를 쌓아야 한다. 신뢰는 대화 협상의 전제조건이 아니라 대화와 협상의 결과이다. 어떠한 우방도 민족보다 우선할 수 없다는 김영삼 대통령의 취임사를 되돌아본다. 대한민국 헌법에는 민족의 평화적 통일을 국시로 명시하고 대통령과 국회의원에게 이를 실현할 것을 취임선서에 명시하여 의무화했다.

"당신은 왜 정치를 하는가?" 하는 질문을 받을 때마다 나는 주저 없이 민족의 화해협력과 통일을 이야기한다. 민족의 화해협력과 통일은 내가 정치를 하는 이유이며 나를 움직이게 하는 사명이자 동력이다. 문재인 후보 총괄선대본부장을 맡아 열심히 문재인 후보 당선을 위해 뛰었던 동력도 이것이다. 문재인 대통령이라면 대한민국 헌법에 명시된 조국의 평화적 통일을 향해 매진하리라 생각했다.

기대했던 대로 문재인 대통령은 취임한 이래 일관되게 한반도 전쟁 불가, 평화번영 원칙을 견지하고 추진했다. 2018년 평창 동계올림픽을 평화올림픽으로 만들고, 이를 계기로 역사적인 6·12 북미정상회담을 만들어냈다. 북한은 남북대화와 통미봉남의 정책을 번갈아 사용했지만 이번 경우는 남북관계 발전이 북미관계를 추동시켰다. 마침내 세 번에 걸친 남북정상회담으로 판문점선언과 평양선언까지 만들어냈다.

그러나 이후 미국과의 관계, 대북제재의 틀에 갇혀 돌파를 해내지 못했다. 남북 간의 자주적인 합의에 기초한 실천이 너무 더뎠고 지지부진했다. 개성공단 기업인 방북조차 허가를 내주지 못하였다. 이제 북은 남을 향한 실망으로 통미봉남의 입장으로 선회하고 있다. 다시는 마주 앉지 않을 사람처럼 극단적인 비난과 모욕적 언사를 퍼부어대고 있다. 안타까운 일이다. 합의 내용을 구체적으로 심화시켜 반드시 서로 지키고 확인하면서 신뢰를 높여야 한다.

우리는 남북문제에 대해 적극적인 주체, 당사자로서 나서야 한다. 전시작전권을 회복하여 정전체제를 평화체제로 바꾸어서 우리의 군사주권을 확보해야 한다. 남북 간의 철도연결 사업이 유엔사령관의 동의가 없다고 차단되고 있는 현실을 개선해야 한다.

지금 필요한 것은 남북한의 평화적인 교류와 경제 번영

2018년 6·12 싱가포르 북미정상회담 이후 2019년 2·28 하노이회담이 이어졌지만 구체적인 합의를 도출하지 못했다. 2019년 6월 30일 트럼프 대통령의 판문점 회동으로 새로운 대화의 물꼬가 터졌다. 구체적인 실무협의를 진행하기로 합의했지만 시작되지 않고 있다. 이런 와중에서 북은 계속해서 단거리 미사일과 신형 방사포를 발사하면서 북미 간에 줄다리기를 하고 남북 간에 군사적 긴장이 고조되었다.

트럼프 대통령이 재선에 활용할 목적으로 성과를 내기 위해 목표를 변경할지도 모른다는 견해가 대두되었다. 즉 ICBM 문제를 해결하고 핵동결과 경제제재 해제를 교환하고 사실상 북을 핵보유국으로 인정하려는 것이 아닌가 하는 의구심이다. 핵폐기를 위해서는 핵동결의 절차를 거쳐야 한다. 동결에 앞서 핵시설의 신고와 파악이 중요하다. 문제는 동시적으로 단계적 행동원칙을 수용해야 한다는 점이다. 미 국무부의 대북정책 특별대표 스티븐 비건의 스탠퍼드 연설과 북미정상회담을 통해 그러한 유연성이 강조되었다.

2005년 9·19 비핵합의 때의 행동 대 행동 원칙으로 돌아갈 수밖에 없다. 당시는 미 재무부의 BDA 자금 동결이라는 돌발변수로 9·19 비핵합의가 제대로 작동하지 못하였다. 한반도에서 전쟁은 미국에는 국가의 전략적 선택일 수 있지만 우리는 생존의 문제이다. 절대 허용될 수 없는 일이다. 문재인 대통령이 2017년 12월 베이징을 방문하여 시진핑 주석과 한반도 전쟁불가원칙을 선언한 것을 두고 〈조선일보〉를 비롯한 보수언론들은 '중국과 함께 미국에게 군사옵션을 포기하라고 강요하는 조공외교'라고 비판하였다. 한반도의 전쟁을 옵션의 하나로 유지하려는 사고는 매우 위험한 발상이 아닐 수 없다.

북한의 변화와 발전은 북한 주민 스스로 결정하도록 도와주어야 한다. 절대 군사옵션이나 경제제재만으로 변화할 수 없다. 오히려 군사 독재체제를 강화시키는 명분을 제공할 뿐이다.

박근혜 정부의 통일대박론은 북한붕괴론을 전제로 했다. 평소에 아무런 남북 간의 신뢰와 경제협력 없이 갑자기 북한체제가 무너져서 통일이 된다고 상정한 것이다. 북한이 갑자기 붕괴하여 통일이 된다면 그것은 대한민국 경제에 커다란 재앙이 될 것이다. 2,400만 북한사회가 대한민국 사회와 바로 통합된다면 대한민국 재정은 파탄 날 것이며, 감당할 수 없는 사회적 분열과 갈등이 발생할 것이다.

남북한 사이에 지금 필요한 것은 통일이 아니라 평화적인 교류를 이어가며 남북한이 경제적으로 번영하는 것이다. 북이 경제적으로 발전하여 대한민국 경제수준의 70~80% 성장했을 때 자연스러운 통합의 공감대가 만들어질 것이다. 현재 북한은 박정희 개발독재시대처럼 12% 이상 고도 압축성장을 해야 할 시기이다. 대한민국 경제 역시 북한의

'북北루오션'이 절대적으로 필요하다. 재래시장에서 파는 수산물, 건어물에서부터 모래, 석탄 등과 각종 임가공물에 이르기까지 북한과 협력하여야 할 일이 한두 가지가 아니다.

현재 북에 대한 제재는 사실상 남한경제에 대한 제재나 마찬가지다. 개성공단과 금강산 관광, 철도 연결을 복원해야 한다. 북미 간의 협상 틀 속에서 적극적으로 북한과 미국과 국제사회를 설득하여 2020년 초반에는 개성공단과 금강산 관광을 복원시켜야 한다. 이를 위해서는 김정은 위원장이 유엔총회연설을 해야 한다고 주장한 바 있다.

카스트로 쿠바 대통령의 유엔연설이 기억난다. 김정은 위원장은 유엔에 나와 비핵화 노선을 확실히 밝히고 유엔의 대북제재 문제를 호소하고, 국제적 외교무대에서 소통하면서 자신들의 입장을 알릴 수 있다. 반기문 유엔사무총장 재임 시절 북한군을 유엔평화유지군으로 활용하는 방안에 대해서 적극검토를 요청한 적도 있다. 발상의 전환이 필요하다. 시간이 촉박하다. 민주당으로서도 어려워진 경제 여건 속에서 2020년 총선 전에 북미관계의 돌파구를 찾지 않으면 총선 승리와 이를 통한 지속적인 대북정책의 정치적 동력을 충전하기가 쉽지 않을 것이다.

02

남북한 경제협력과
문화스포츠 교류의 중요성

우리 경제의 새로운 활로는 남북경제협력에 있다

우리나라 경제성장에 브레이크가 걸렸다. 잠재성장률은 2%대로 추락하고 5~6년 이런 추세가 되면 1%대로 하락할 것으로 추정된다. 잠재성장률은 인플레이션, 즉 물가상승을 일으키지 않고 노동과 자본을 최대로 투입하여 얻을 수 있는 최고치 성장률을 의미한다.

중소기업이 공장을 해외로 이전하면서 제조업 공동화 현상도 심각하다. 수천 개의 중소기업들이 중국, 베트남, 인도네시아, 캄보디아, 멕시코 등 해외로 이전했다. 중소기업을 다시 국내로 불러올 수 있는 유일한 길은 남북경제협력이다. 북의 경쟁력 있는 노동력과 저렴한 공장부지와 남의 자본 기술력이 결합하면 대한민국 경제의 새로운 활로가 열릴 것이다.

2012년 개성공단 물품전시회에서

2003년 6월 개성공단 개발 착공식이 있었다. 착공식에 참석하여 발파하는 모습을 보면서 얼마나 감격스러웠는지 모른다. 2004년 12월 개성공단 첫 제품인 통일냄비가 생산되었다. 주방기구 생산회사였다. 나는 부시 행정부 때 워싱턴 D.C.를 방문하여 수많은 전문가를 만나 개성공단의 의미를 설명하였다. 당시 NSC(National Security Council, 미국 국가안전보장회의)를 방문해 빅터 차[Victor Cha][1] 아시아 담당국장을 만나 통일냄비를 전달하면서 노무현 정부의 남북협력정책을 지원해줄 것을 간절히 부탁하였다. 북한 노동자의 땀과 남한의 기술력이 만나 만들어진 최초의 제품이라는 점을 강조하였다. 빅터 차는 여전히 남북문제에서 매파 입장을 고수하고 있다.

[1] 조지타운 대학교 정치학과 교수이며, 미국 전략국제문제연구소 한국 석좌이다. 2004년 12월부터 2007년 5월까지 미국 국가안전보장회의 아시아 담당 국장을 지냈다.

그 후 마이클 조너선 그린 Michael Jonathan Green[2]을 조선호텔에서 만나 개성공단의 의미와 중요성을 설명하였다. 마이클 그린은 일본의 지원을 받은 저팬 키즈 Japan Kids 로 알려져 있다. 마이클 그린은 개성공단 확대 발전에 부정적인 입장이었다. 개성공단은 오로지 애피타이저 Appetizer 로 한정되어야 하며 메인 디시 Main Dish 로 발전해서는 안 된다고 말했다. 북한에게 핵문제 해결 없이 개성공단을 통해 남북경협이 확대될 수 있을 것이라는 기대를 품게 해서는 안 된다는 것이 그의 주장이었다. 나는 이러한 미국의 내심이 2016년 2월 10일 박근혜 정권이 일방적으로 개성공단 가동 전면 중단 결정을 내리는 배경이었으리라 생각한다.

당시 김종인 민주당 비대위원장은 국가안보와 한미동맹 등의 이유를 들어 박근혜 정권의 개성공단 폐쇄 결정을 존중한다는 입장을 취했다. 당시 나는 현역의원이 아닌 원외위원장 신분이었지만 개성공단 폐쇄를 강력히 비판하는 입장을 표명하고 이를 일관되게 비판하여왔다. 심지어 김무성 당시 한나라당 대표는 박근혜 정권이 한 일 중에 가장 잘한 일이 개성공단을 폐쇄한 것이라고 말했다. 박근혜 정권은 개성공단 폐쇄의 이유로 우리부터 제재를 강화하지 않고 어떻게 국제사회 제재 동참을 요청할 수 있느냐고 반문하는 국제사회의 압력을 거론하였다. 이때 개성공단 기업인들이 내게 와서 울분을 터트리며 호소했던 기억이 아직도 생생하다.

개성공단은 대한민국 경제협력의 미래 청사진의 상징이다. 실질적인

---

[2] 미국 전략국제문제연구소 아시아 담당 선임 부소장을 맡고 있는 정치학자. 대표적인 지일파 학자로 손꼽힌다.

통일이 이루어지는 과정이다. 개성공단 안에 소방서가 있는데, 소방대원들은 북쪽 청년들이지만 장비와 제복은 남에서 제공하였다. 제복은 우리 소방대원들과 동일한 주황색 제복이다. 그 제복을 입고 경례를 하는 늠름한 청년들을 보고 감동을 느꼈다. 빈사상태에 빠진 개성공단을 다시 살려내야 한다.

노무현 정권 당시 한미 FTA 협상이 개시되었다. 한미 FTA 개시에는 김현종 통상교섭본부장의 역할이 컸다. 그의 당당함과 자신감, 협상 실력 덕분에 한미 FTA가 미국이 체결한 어떤 FTA보다 평등하고 대등한 입장에서 이루어졌다는 평가를 받았다. 물론 노무현 대통령의 뒷받침이 있었기 때문에 가능한 일이었다. 그러나 당시 노무현 정부를 지지했던 주된 그룹인 시민단체와 노동단체, 농민단체들이 한미 FTA 반대투쟁에 앞장섰다.

당내에서도 반대가 많았다. 한중 FTA나 한EU FTA를 먼저 추진해야 한다는 시민단체들의 주장도 있었다. 그러나 김현종 본부장의 보고에 따르면 중국과 EU가 우리를 상대해주지 않았다고 한다. 한미 FTA를 체결하고 나니 그다음부터 중국과 EU가 적극 나섰다는 것이다. 한미관계는 다른 나라를 끌어들이는 레버리지가 되었다.

나는 한미 FTA 특위 위원장을 맡아 노무현 정부의 한미 FTA 협상 추진을 강력히 지지하고 뒷받침하였다. TV 토론에 수십 차례 나가 노회찬, 심상정 의원, 이해영 교수 등과 찬반토론을 벌였다.

미국 측 협상대표 웬디 커틀러와 만날 때마다 강조했다. 보수정권이 이를 추진하면 노동자, 농민, 학생, 시민단체들의 반발과 야당의 반발이 결합되어 한미 FTA 추진이 불가능해진다. 노무현 정권이기 때문에 이들의 반발을 무마하고 설득해가면서 추진할 수 있다. 그런데 그렇게 하려면 개성공단의 원산지 인정 규정이 절대적으로 필요하다고 강조했다.

임종석 의원과 함께 남산 그랜드 하얏트 호텔에서 웬디 커틀러를 만나 미팅을 하면서 다시 한번 이 점을 강조했다. 시민단체들은 한미 FTA를 중국과 북한을 포위하는 경제 봉쇄전략이라고 주장하는 시각이 있다. 이를 부정하려면 개성공단 원산지 인정 규정이 필요하다. 남북의 경제협력을 지원하는 한미 FTA, 개성공단제품이 한국제품으로 인정되어 미국시장에 관세장벽 없이 진출할 수 있을 때 한국 진보세력을 설득할 수 있다고 누누이 강조하여 공감을 얻어냈다.

또한 개성공단이 북한사회를 어떻게 변화 발전시킬 수 있는지 생생하게 설명하면서 개성공단 방문을 권유하기도 하였다. 그래서 그마나 한미 FTA 협정에 개성공단 원산지 인정을 할 수 있는 역외 가공에 대한 근거조항이 들어간 것이다. 감개무량한 일이다. 이로써 한중 FTA에도 개성공단 원산지 인정 규정을 삽입할 수 있었다.

이명박 정권 때 개성공단에 맥도날드를 입점시키려 했으나 우리 정부 측의 소극적 태도로 성사되지 못하였다. 맥도날드가 있는 나라와 미국은 전쟁을 한 적이 없다는 심리적 메시지를 통해 북의 안보위협을 해소하고 북을 핵포기로 유도하는 데 의미가 있다고 보았기 때문이다. 2018년 미국을 방문했을 때 트럼프 대통령의 측근인 윌버 로스 상무장관을 만날 기회가 있었다. 나는 여의도에 트럼프 빌딩이 있듯이 대동강 변에 트럼프 빌딩을 만들고 맥도날드를 입점시키자는 제안을 했다. 트럼프 대통령에게 꼭 전달해달라고 부탁하자 윌버 로스 장관은 흥미로운 제안이라며 웃으며 그렇게 하겠다고 대답했다.

인천, 개성, 해주의 경제벨트 구상과 인천 아시안게임

개성공단과 반대 경우로 우리가 부지를 제공하고 북한 노동자들을 남측에 있는 공단에 출퇴근시키는 방안을 검토하였다. 북한은 이미 수만 명의 노동인력을 러시아, 중국, 중동 등에 파견하여 외화벌이를 하고 있었다. 머나먼 외국으로 갈 필요 없이 바로 남쪽으로 출퇴근할 수 있다면 상당히 괜찮은 일이다.

나는 인천시장 시절 교동도에 평화산업단지를 세우겠다는 구상을 발표하였다. 교동도에서 북으로 다리를 놓으면 2~3km에 불과할 정도로 가깝다. 교동도는 섬이기 때문에 북측 노동자들을 관리하기에도 편리한 면이 있다. 나중에 교동도에 묘목장을 설치하여 북의 산림녹화 사업을 추진하는 전진기지로 활용하는 방안도 제시하였다.

이 구상은 개성, 해주, 인천을 하나로 연결하자는 것이었다. 강화도에서 다리를 놓아 개성과 해주를 연결할 수 있다. 인천이 홍콩의 역할을 하고 개성이 중국 선전 특구의 역할, 해주가 광저우 같은 역할을 하도록 해보자는 것이다. 중국의 개혁개방의 불꽃은 광둥성에서부터 시작되었다. 홍콩, 선전, 광저우가 주강 3각 지역 경제벨트를 이루어서 중국 현대화의 동력이 되었다. 마찬가지로 인천, 개성, 해주의 3각 경제벨트가 한반도 경제 부흥의 동력이 되리라는 확신이 있었다.

이 구상은 인천시장 때 공약으로 제시했고, 2012년 대선과 2016년 대선 때 문재인 후보를 만나 이를 대선공약에 포함시켰다. 백령도를 제2의 제주도로 만드는 방안도 제안했다. 백령도를 비자 면제 지역으로 만들고 중국, 북한사람들이 비자 없이 자유롭게 드나드는 국제휴양도시로 만들어보자는 구상이었다. 중국의 불법어로를 막기 위해서도 백령도에 파시를 만들고 수산물 종합시장을 만들어 관세 없이 싸게 구입해가도록 유도하는 방안도 제시하였다. 웨이하이시 용안항에서 백령도까지 직항 페리호를 만들기 위해 노력을 하였다. 웨이하이시도 방문하고 용안항도 방문하였다. 중국 선사까지 확보하고 취항할 배까지 준비하였다. 한중 해운장관 회담에서 이에 대한 합의까지 이루어졌다.

박근혜 대통령이 중국을 방문했을 때 시진핑 주석과 리커창 총리와 회담을 하고 이 조항을 집어넣어줄 것을 김영석 해양수석비서관에게 간절히 부탁하였다. 그런데 리커창 회담과 시진핑 회담 때 이 조항이 빠져버렸다. 당시 왕이 외교부장이 남북 간의 군사적 긴장이 강화되고 있는 상황에서 중국 관광객의 안전상의 이유로 난색을 표한 것으로 알려졌다. 박근혜 대통령과 시진핑 주석의 사이가 가장 좋을 때였다. 이런 기회를 상호간 국가발전의 중요한 합의를 이루어내는 계기로 활용했어야 했는데 그러지 못해서 아쉬움이 컸다.

또한 인천시장 시절 인천 유나이트 구단주로 남북 스포츠 협력을 위해 중국 단둥에 축구화공장을 설립하였다. 한국에서 기술자를 데리고 가 평양에서 북한 노동자들을 훈련시켜 작업을 하였다. 4·25 대북제재 조치를 우회하여 북중러 3각 협력 방식으로 단둥에서 축구화 공장을 설립한 것은 매우 상징적인 의미가 있었다. 나중에 임동원 전 장관을 모시고 직접 현장을 방문하기도 하였다. 이명박·박근혜 정권하에서 남북관계가 얼어붙어 차단되고 있을 때 단둥축구화공장 설립은 새로운 가능성을 모색하는 상징적인 의미가 있는 프로젝트였다.

또, 남북체육교류협회를 만들어 남북 스포츠 교류에 헌신적인 노력을 해온 김경성 씨를 남북 스포츠 교류 특보로 임명하여 인천시의 남북화해 협력사업을 추진하였다. 학생운동 후배 신동호(현 문재인 대통령 연설비서관)를 인천시 남북관계 특보로 위촉하여 인천시의 남북협력 정책을 추진하였다. 2014년 아시안게임을 성공적으로 개최하려면 남북 스포츠

인천 아시안게임 주경기장 준공식에서 국내외 귀빈들과 함께

협력이 필요했다.

인천 아시안게임 개막식은 공교롭게도 2005년 9·19 비핵화 합의가 있었던 날로부터 9주년이 되는 날이었다. 이 상징적인 날에 세계의 주목을 끄는 방법을 생각하였다. 런던올림픽 개막식 때 참석을 했는데 엘리자베스 여왕과 오바마 대통령의 퍼스트레이디 미셸 오바마가 오는 것을 보고 발상을 하였다. 중국의 퍼스트레이디 펑리위안과 북의 퍼스트레이디 리설주 여사를 초청하는 기획이었다. 아웅산 수지 여사도 초청해 수락을 받았고 두바이 공주를 친선대사로 임명하였다.

요르단의 압둘라 왕은 1962년생으로 2004년 방한했을 때 만났다. 당시 압둘라 왕이 대한민국의 젊은 정치인 대표와 만나고 싶다는 제안을 해서 여러 대화를 나누면서 친분을 맺었다. 그 후 인천시장에 당선되어 서로 축하와 감사편지를 교환하고 아시안게임에 요르단 선수참가와 지원을 위해 요르단을 방문하였다. 알사바 아시안게임 조직위원장과 함께 요르단 왕궁을 방문해 압둘라 왕과 반가운 해후를 하였다.

압둘라 왕과 라니아 왕비를 아시안게임 개막식에 초대하여 승낙을 받았다. 전지현 등의 한류 스타들을 초청, 시리아 난민과 북한 어린이 돕기 자선 패션쇼를 송도국제도시에서 열기로 하고 기업 후원도 확보하였다. CNN에서는 이런 이벤트가 성사되면 생중계하겠다는 이야기까지 들었다.

그러나 내 구상은 전부 수포로 돌아갔다. 2014년 지방선거에서 1.8%의 근소한 차로 낙선했기 때문이다. 무엇보다 세월호 참사 직전 안전관리 주무 책임장관이었던 안행부 장관 출신에게 패배한 것이 너무나 죄스러웠다. 박근혜 비서실장 출신이라는 이유로 친박세력과 청와대가 총집결한 선거였는데 너무 안이하게 생각했다. 어버이연합까지 몰려와 세월호 참사의 책임을 적반하장으로 인천시장인 내게 돌렸다. 세월호 출항 인허가 화물 등 모든 감독권한은 해수부와 해양경찰에게 있고 인천시장에게는 아무런 권한이 없었는데도 말이다.

2014년 9월 19일, 아시안게임 개막식 날, 나는 베이징의 한 맥주집에서 한국에서 위문 온 친구들과 맥주를 한잔했다. 비가 잘 오지 않는 베이징에 그날따라 내 마음을 대변하는 듯 주룩주룩 비가 내렸다.

인천 아시안게임에서는 북한팀의 성적이 좋았다. 10월 폐막식 때 북한 권력 서열 2, 3, 4위인 황병서 북한국 총정치국장, 최룡해 노동당비서, 김양건 통전부장이 김정일 전용기를 타고 내려와 참석하였다. 당시 보수언론은 이를 두고 김대중·노무현 햇볕정책과 달리 박근혜 정권의 원칙 있는 대북정책의 승리로 홍보하였다. 알아서 북측이 굴복하고 내려왔다는 취지이다.

결국 북측 대표들은 청와대를 방문하지 않고 아시안게임 폐막식만 보고 돌아갔다. 아무런 남북관계 진전의 계기로 활용하지 못하였다 평창 동계올림픽을 새로운 남북관계, 북미관계 돌파구로 활용했던 문재인 정권 때와 너무 비교되는 사건이었다. 그때 내가 인천시장으로 있었다면 이렇게 무의미하게 아시안게임이 종료되지 않았을 텐데 하는 생각에 회한이 컸다.

03

분단의 시대를 넘어
평화와 협력의 시대로

분단의 시대를 극복하려 애쓰는 삶

나는 1991년생 딸과 1995년생 아들이 있다. 아이들이 모두 내 지역구인 인천 계양구에서 태어나 지역구에서 초·중·고등학교를 나왔다. 내가 정치를 하기 때문에 돈이 없기도 하거니와 이 지역교육을 향상시켜야 할 국회의원으로서 내 자녀들만 유학 보낸다는 것은 직업적 양심상 허락할 수가 없었다. 대신 딸 아들과 개별적인 대화를 많이 해서 생각을 넓혀주려고 노력하였다. 아들과는 저녁 무렵 지역구인 계양구 샛강변(서부간선수로를 이렇게 부른다)을 걸으면서 주제를 정하고 영어로 토론과 논쟁하는 것을 즐겼다.

아이들이 항상 내게 질문을 한다. 학교에서 친구들이 국회의원, 정치인들에게 욕을 많이 하는데 왜 정치를 하느냐고 물어본다. 그때마다 아이들에게 아빠에게는 꿈이 있다고 대답했다. 그 꿈은 우리 민족의 평화통일이다. 너희가 군대에 가서 동족과 국토를 가르는 휴전선에서 근무하는 것이 아니라 압록강과 두만강 강변에서 근무하는 시대를 만들기 위해서 정치를 한다고 대답하곤 하였다.

대학시절 강만길 교수의 《분단시대의 역사인식》을 읽고 감동하였다. 인간은 사회적 존재이다. 내가 일제시대에 태어났다면 학문, 종교, 예술, 상업, 농업 등 어느 분야에서 활동하더라도 일본 제국주의를 타도하고 민족의 독립을 위해 복무하는 삶이어야 한다고 생각한다. 그것이 그 시대를 살아가는 인간의 올바른 삶의 존재양식이라고 확신하였다. 마찬가지로 지금은 분단의 시대이다. 어떠한 삶을 살아가더라도 분단시대를 극복하려 애쓰는 삶이 올바른 삶의 존재양식이라고 확신하였다. 나는 한반도 휴전선을 바라보면 내 심장 속에 파편이 박혀 있는 것처럼 답답함을 느끼곤 하였다.

나를 학생운동과 노동운동에 헌신하게 한 동력 중 하나는 예수님의 말씀이었다. "네가 눈에 보이는 형제를 사랑하지 않으면서 어떻게 보이지 않는 하느님을 사랑한다고 하느냐?" "너희가 내 앞에 와 기도하기 전에 형제와 화해하고 와라"는 등의 말씀이다. 동포를 사랑하고 포용하지 않으면서 어떻게 하느님을 사랑한다고 말하는가? 가슴에 박힌 문장이 되었다. 북한 동포들에게 쌀을 주지 말라고 소리치고 북한폭격을 주장하는 일부 극단적인 보수기독교인들을 볼 때마다 분노가 치밀어오른다. 진정한 기독교인이라면 북을 포용하고 도와주는 일에 앞장서야 한다. 그런 의미에서 학도병으로 한국전쟁에 참전했으며, 보수적인 기독교인으로서 항상 기도하면서 중국동포를 위해 연변과기대를 만들고 또 평양과기대를 설립한 김진경 총장을 존경한다.

2014년 칭화대학 방문학자로 있던 시절, 광둥성 상공회의소 초청으로 광저우에 가서 〈한중 FTA 체결이 한중 관계에 미치는 영향〉이라는 주제로 특강을 하였다. 강사료로 1만 달러라는 큰돈을 받았다. 나는 이 돈을 김진경 총장에게 장학금으로 희사하면서 연변과기대 등에 동포 장학금으로 써달라고 했다. 김진경 총장은 "지금까지 수많은 정치인을 만나 정치인들에게 후원을 해보았지만 정치인에게 돈을 받아본 적은 처음이다. 그것도 낙선한 정치인에게 받아서 더욱 의미가 있다"고 감격하며 감사장을 전해주었다.

나는 분단된 한반도에 태어난 것을 고맙게 생각한다. 냉전시대의 마지막 잔재를 해결해야 할 역사적 사명을 가지고 태어났다고 스스로 생각했다. 나는 주사파는 아니지만 민족주의자이다. 대학시절 김구 선생의 《백범일지》를 읽으며 감동했고, 구한말 일제강점기 초까지 의병투쟁의 역사책을 연세대 중앙도서관에서 자정이 되도록 읽다가 백양로를 걸으면서 얼마나 눈물을 흘렸는지 모른다. 〈청산리 대첩〉 영화를 볼 때면 총을 들고 영화 속으로 뛰어들어 광복군에 참전하고 싶은 충동을 느끼곤 하였다.

일제라는 가장 강력한 적을 앞에 두고 우리 민족 독립운동이 분열된 것에 대한 아픔이 크다. 좌우분열도 안타까운데 우익내부에서도 많은 분열이 있었다. 결국 내부의 분열로 냉전시대의 거대한 분열의 흐름을 이겨낼 중심이 무너진 것이다. 한번 무너진 분단의 역사를 복원하기가 이렇게 힘들다.

1961년 박정희가 5·16 쿠데타를 일으킨 다음에 5·16혁명 포고문 1호로 반공을 국시로 선포했다. 그의 정치적 아들인 전두환 정권하에서 1986년 11월 대구출신 신민당 유성환 의원이 우리나라 국시는 반공이 아니라 평화통일이어야 한다고 했다가 국가보안법 제7조 위반으로 구속되는 어이없는 사건이 발생했다. 그로부터 불과 1년 뒤 1987년 6월 항쟁 성공으로 최초의 여야합의로 개정된 9차 개정헌법에 통일이 대한민국의 국시임을 천명하였다. 감격스러운 일이다.

나는 인천시장 시절 죽산 조봉암의 재평가와 명예회복을 위하여 노력해왔다. 죽산 조봉암은 한국전쟁 직후 멸공통일이 이승만 정권의 국시일 때 평화통일론을 최초로 주장하였다. 초대 농림부 장관으로 농지개혁을 성공시켜 한국전쟁 시 남로당의 기반을 와해시켜 한반도 공산화를 막은 분이기도 하다. 초대 제헌의원으로 당선되어 헌법제정 기초위원으로 참여하여 제헌헌법에 근로자의 단결, 단체교섭과 단체행동을 법률에서 보호하는 이익균점권과 같은 진보적 조항을 집어넣은 분이기도 하다.

나를 정치로 처음 이끈 분은 내 고향 전남 고흥의 월파 서민호 선생이다. 그다음이 내 지역구 선배인 죽산 조봉암 선생이다. 그리고 정치에 입문시켜준 분들은 김대중 대통령과 노무현 대통령, 문재인 대통령이다. 이 분들의 공통점은 남북화해협력, 민족의 통일을 위해 헌신해왔던 분들이라는 점이다. 나는 이분들의 정치적 유산을 계승·발전시켜 마침내 분단을 극복하는 시대를 만들어보겠다는 비전을 품고 실천해왔다. 그래서 20대 국회 하반기에 들어와 상임위원회를 외교통일위원회로 옮겼다. 외교와 통일문제에서 대한민국의 생존전략을 구체적으로 실천해보기 위해서이다.

북한은 어떤 변화를 선택할 것인가

'하부구조(토대)가 변화하면 상부구조도 변화된다.' 자유시장경제는 필연적으로 자유를 창조한다. 시장경제 도입이라는 경제 변화가 정치 민주주의라는 정치 변화를 유도할 것이라는 가설이다. 그래서 미국은 중국과 러시아의 시장경제 도입을 장려하고 중국과 러시아의 WTO 가입을 지지한 바 있다. 집단농장체제인 인민공사가 폐지되고 경작권이 농민들에게 불하되고 토지의 지상권이 사실상 소유권처럼 국민에게 분배되어 매매 이전의 자유가 만들어졌다. 한국보다 더 자본주의적인 시장경제질서가 도입되었다. 그런데 이러한 경제 변화가 정치 변화로 연결되지 않았다.

그러나 중국경제의 급속한 성장과 미국을 위협하는 첨단산업 발전의 모습과 반대로 중국의 집단적 지도체제와 주석의 5년 중임제가 사실상 붕괴되고 시진핑 주석의 임기무제한의 1인지배체제가 강화되고 언론·

문화·사상에 대한 통제가 강화되면서 중국에 대한 평가가 달라졌다. 중국 역시 첨단기술의 발전과 센서기능, AI 안면인식기술 등으로 조지 오웰의《1984년》소설 속 빅 브라더처럼 사회를 완벽하게 통제하고 장악할 수 있다는 자신감을 강화시킨 것으로 평가되고 있다.

이에 미국은 중국을 군사 경제안보의 심각한 도전자로 규정하고 이에 대한 전방위적 압력을 가하고 있다. 마치 1980년 일본의 무서운 경제성장을 막기 위해 1985년 뉴욕 플라자 호텔에서 G5 재무장관이 모여 환율조정합의를 통해 엔고현상을 유발함으로써 거품경제를 발생시켜 일본 경제를 무너뜨렸을 때와 유사한 상황이 전개되고 있다.

과연 중국이 이러한 미국의 전방위적 압력을 이겨낼 수 있을 것인가? 나는 버텨낼 것이라고 판단한다. 중국은 완벽하게 중국공산당이 전 사회를 지배·통제하고 있는 사회이다. 아직도 민영화하지 않은 부분이 많다. 국가가 전 국토를 이론적으로 소유하고 있다. 국가가 쓸 수 있는 레버리지를 아직 많이 가지고 있는 사회이다.

그렇다면 중국의 장기적인 중국공산당 일당 독재체제가 지속가능할 것인가? 중국이 가장 두려워하는 시나리오는 고르바초프의 등장으로 소비에트연방공화국이 해체된 것과 같은 길을 걷는 것이다. 그래서 혁명 1세대인 시중쉰의 혈통을 잇는 태자당 출신의 시진핑 주석의 체제가 강화된 것인지도 모른다. 대만의 독립과 홍콩문제, 위구르인들 100만여 명을 강제 직업훈련을 통해 정치사상 교육을 하는 것도 이러한 우려를 해소하기 위한 선제적 조치로 보인다. 공산당 체제는 상당 기간 지속되겠지만 당 내부의 선출직 확대 등 개혁은 불가피하게 전개될 것으로 생각한다.

중국은 최근 동부해안선 중심의 선도적 경제발전 거점과 선을 연결하고 장강을 통해 서부대개발과 농촌개발을 통해 전면적으로 개혁개방의 성과를 내고 있다. 더불어 미세먼지 통제와 강력한 에너지 전환정책도 추진하고 있다. 이런 중국공산당의 경제개혁이 성공적으로 추진되고 1인당 국민소득 1만 달러에서 2만 달러 사이를 지나면서 민주화 비용을 치를 수밖에 없는 상황이 올 것이라고 판단된다.

세계는 중국이 질서 있는 개혁을 통해 당내 민주주의를 확대하고 종국에는 개방된 민주적 체제로 발전할 수 있도록 격려하고 도와주어야 한다고 생각한다. 공산당 체제를 타도하고 서구식 민주주의를 이식하겠다는 전략은 실현 가능성이 희박할 뿐만 아니라 중국 전체를 혼란으로 빠지게 하면 세계 전체의 정치경제에 타격을 줄 것으로 예상된다.

그렇다면 북한이 중국이나 베트남 식으로 변화·발전해갈 수 있을 것인가? 중국과 베트남은 공산당의 일당독재라는 정치체제를 유지하면서 개혁개방으로 시장경제질서 도입에 성공했다. 북한이 이러한 길로 나아갈 수 있을 것인가? 북한이 시장경제를 도입하면서도 자신들의 정권을 유지·강화시켜 나갈 자신감을 가질 수 있을 것인가? 북한과 중국, 베트남의 차이는 무엇인가?

일단 베트남은 하나의 나라로 통일되었고, 중국은 대만과 분열되어 있으나 경제력이나 정치·군사적으로 중국이 압도하고 있기 때문에 커다란 변수가 되지 않는다. 그러나 북한은 자신보다 40배나 더 큰 규모의 GDP를 가진 대한민국이라는 존재가 버티고 있다. 대한민국은 북한 주민들에 대한 강력한 흡인력을 가지고 있다. 이미 3만 3,000명이 목숨을 걸고 북을 탈출하여 남한 땅에 살고 있다. 베를린 장벽처럼 휴전선이 개방되면 북한사회가 와해될지 모른다는 두려움이 있다. 거기에 덧붙여 북한의 재래식 군사력을 압도하는 한미연합 군사력이 존재한다. 북이 자신 있게 개혁개방을 채택하기 어려운 상황이다.

또 하나의 문제점은 북한은 중국이나 베트남과 달리 1인 수령의 지배체제하에 있다는 점이다. 수령의 무오류성, 권력의 절대성 등 비탄력적 체제가 과연 시장경제 체제를 수용할 수 있을 것인가? 김정은은 스스로 자기를 낮추고, 인민을 중심에 놓고 기대에 부응하지 못한 점에 대한 사죄를 인민 앞에 공표한 것은 과거 수령제에서 볼 수 없었던 변화의 가능성이기도 하다.

2014년 베이징 칭화대에서 연구학자로 근무하면서 서울에서 지인들이 찾아오면 북한식당을 자주 찾곤 하였다. 당시 북에서 온 식당 여성 종업원들의 나이는 1991년생부터 1995년생까지 있었는데, 내 딸과 아들 또래이다. 대부분 외모나 행태가 대한민국의 젊은이들과 유사하며 재기발랄하고 현대적이다. 지금의 대한민국 586세대인 내가 1991년생인 딸과 1995년생인 아들에게 최루탄 맞고 학생운동 하던 시절 이야기하면 꼰대 같다고 이야기한다. 북도 마찬가지이다. 지금의 젊은이들에게 고난의 대행군 시절의 굶어죽는 고통을 견뎌내라고 강요할 수 없는 것이다. 특히 김정은은 1984년생으로 젊은이들의 정서와 인기에 대단히 민감하다. 그들의 요구에 예민하게 반응한다. 이런 분위기 속에서 북한은 변화를 선택할 수밖에 없다.

김정일 정권 말기부터 농업 부분의 개혁이 시작되었고 각 공장별, 직장별 자율경영과 독립채산제가 허용되었다. 집단농장이 사실상 해체되고 있다. 분조도급제, 포전담당제를 통해 3~5명 단위로 작업 단위가 세분화되어 사실상 가정도급제가 되었다. 텃밭의 농작물 재배나 가축 사육의 범위가 넓어졌다. 이로 인한 잉여생산물이 장마당경제를 뒷받침하고 있다.

칭화대에서 1년 동안 양안관계를 연구할 당시 북을 왕래하면서 연구하는 베이징대, 칭화대, 연변대, 상하이 푸단 대학 등의 교수들을 수시로 만나서 북한의 상황을 들어보았다. 수많은 탈북자를 만나 인터뷰를 하고 문재인 정부 들어와 평양과 나진-하산 지역을 방문하면서 확인한 정보를 종합해보면 확실히 북한은 변화하고 있다.

국가에서 승인한 공식시장을 종합시장이라고 하는데 이것이 약 500개를 넘어섰고 공식적으로 인정하고 있지는 않지만 사실상 묵인 허용하고 있는 장마당이 2,500개 정도라고 한다. 이를 통해 생필품이 사고 팔리고 있다. 경영자율권과 독립채산제를 하고 있는 기업체 간에도 원자재, 중간재, 완제품 등을 상호 교환 거래하고 있다고 한다. 이집트의 오라스콤회사와 합작하여 만든 고려통신이 운영하는 이동통신 손전화(핸드폰)가 2008년 1,600대에서 2019년 현재 600만 대로 10여 년 만에 수천 배가 성장할 정도로 기하급수적으로 보급률이 증대되었다.

김정은은 어린 시절 스위스에 유학하면서 서양의 생활수준과 문화활동을 체험하였다. 김정은이 2012년에 집권한 이래 단 한 번도 시장경제활동을 통제하거나 탄압한 적이 없다. 달러, 유로화, 위안화, 루블화가 조선화폐로 환전하지 않고 사실상 유통되도록 묵인하였다. 돈주들의 출처를 묻지 않았다. 탈북자들이 중국인 브로커를 통하여 수수료를 30% 정도 공제하고 전달되는 송금활동을 사실상 묵인하고 있다. 이런 상태가 계속되면 남쪽에서 성공한 탈북인이 자신의 고향에 투자하여 사업을 하는 것도 사실상 허용하는 단계로 발전할 것이다.

04

한반도의 평화를 지키기 위한
우리의 외교 전략

대한민국의 뿌리는 상해 임시정부에서부터

　북은 핵·경제 병진노선을 포기하고 새로운 북미 관계에 기초한 경제개발 집중노선을 표방하였다. 한미일을 비롯한 국제사회는 북한이 핵무기를 포기할 경우 체제 보장을 통하여 북한의 미래가 리비아나 이라크가 아니라 베트남처럼 될 수 있다는 희망을 제시하여야 한다. 그런 면에서 리비아 모델을 강조한 존 볼턴을 트럼프 대통령이 해임한 것은 적절한 조치였다고 생각한다. 애초에 기용을 하지 않았으면 하노이 회담에서 의미 있는 합의를 할 수 있지 않았을까 하는 아쉬움이 남는다.

　북미 간의 협상이 결렬될 경우 김정은 위원장이 제시한 제3의 길이 무엇일까? 핵실험 재개와 ICBM 발사가 될 것인가? 그 길로 가기는 쉽지 않을 것이다. 철저한 고립의 길로 갈 것이기 때문이다. 최소한 중러

협력이라도 유지하려면 추가적인 핵도발은 어렵다. 제3의 길은 인공위성발사 방향으로 발전할 가능성이 커 보인다. ICBM이라는 비난을 피하는 동시에 사실상 그와 같은 능력을 과시하면서 미국을 협상 테이블로 끌어낼 수 있기 때문이다.

동시에 유엔을 상대로 한 정치외교 공세를 강화할 것으로 예상된다. IAEA 영변핵시설 사찰허용과 돌이킬 수 없도록 폐기한다는 하노이 제안을 좀 더 구체화해 국제사회와 유엔에 직접 호소하는 방식이다. 뉴욕 유엔총회에 김정은 위원장이 직접 참석하여 카스트로처럼 북의 입장을 국제사회에 밝히면서 제재해제를 압박하는 전술도 예상해볼 수 있다.

나는 지금의 한반도 상황이 러일전쟁 전야와 유사한 점이 있다고 본다. 영일동맹과 이를 지지하는 미국이 하나의 세력을 이루어, 러시아와 이를 지지하는 프랑스 등의 대륙세력과 대결하려는 측면이 있기 때문이다. 당시와 지금의 차이점은 대한제국의 경제·군사력이 열악했지만, 지금은 세계 10위의 경제력과 7위의 군사력을 가진 강력한 대한민국으로 발전했다. 그러나 당시는 통일된 국가였던 반면, 지금은 민족이 둘로 분단되어 민족의 자주적인 역량을 하나로 모을 수 없다는 약점이 있다. 이 약점을 어떻게 강점으로 전환할 수 있을 것인가?

한반도에서 어떠한 전쟁도 불가하다는 우리의 입장은 확고하다. 남북한은 평화적인 교류협력을 강화해 나가야 한다. 남북 간의 경제협력을 강화하여 북측 경제활동의 50% 이상이 남북경제협력에 의존한다면 남북 간의 전쟁위협은 대폭 감소할 것이다. 남북 간의 경제협력을

CVID^{Complete, Verifiable and Irreversible Development}로 진행해야 하며, 북핵 폐기는 이러한 활동과 병행해서 진행되어야 한다. 자동차의 클러치와 액셀러레이터 교차원리와 같이. 또한 북한의 체제교체에 절대 개입해서는 안 된다. 북한사회의 변화발전은 북한인민들의 자주적인 선택 사항이다.

자신감을 가져야 한다. 우리 국민과 민족의 위대한 역량을 과소평가해서는 안 된다. 이를 위해서는 먼저 헌법을 기반으로 사회의 중심을 잡고 좌우로 분열된 국론을 통합해야 한다. 문재인 후보 대통령선거 총괄선대본부장으로서 2017년 대선의 슬로건을 "나라를 나라답게"로 만들었다. 최근에 나는 "대한민국의 뿌리를 찾아서"라는 제목으로 순회특강을 하고 있다. 그중 육군사관학교에 가서 특강을 한 것이 기억에 남는다. 육군사관학교 역사상 민주당 국회의원이 육사생도를 상대로 한 특강은 처음이라고 한다. 나는 육군사관학교의 뿌리를 대한제국의 무관학교, 일제하 신흥무관학교에서부터 찾아야 함을 강조하였다.

그러기 위해서는 대한민국의 확고한 정체성을 확립해야 한다. 대한민국이 3·1 운동으로 성립된 것이 아니라 1948년 8월 15일 남한 단독정부 수립으로 건국되었다는 주장은 일제하 임시정부 수립과 민족해방투쟁의 역사를 부정하는 일이다. 또한 한일강제병합을 합법적인 합병이라고 주장하는 식민사관을 인정해주는 일인 동시에, 수많은 반민족 친일행위자의 반국가적 행위에 면죄부를 주는 일이기도 하다. 우리는 대한민국의 뿌리가 임시정부에 있음을 확고히 하고 민족의 화해협력을 당당하고 과감하게 진행해 나가야 한다.

남북관계와 북미관계 개선을 위한 전략

제11차 한미 방위비분담협상이 난항을 겪고 있다. 미국의 무리한 요구 때문이다. 트럼프 미국 대통령은 증액의 이유는 제시하지 못한 채, 현재 1조 원 대인 방위비분담금을 50억 달러, 6조 원 수준으로 인상할 것을 요구하고 있다.

우리 측은 인건비·군사건설·군수지원 3가지 항목으로 구성된 SMA (Special Measures Agreement, 한미 방위비 분담금 특별협정) 틀에서 논의하자는 논리를 견지했다. 3가지 항목 이외의 비용이 SMA 틀에 들어가면 1회용으로 그치는 것이 아니라 매년 지급해야 할 부담이 되기 때문에 수용할 수 없다는 입장이다. 미국 측도 논리상 반박하기 궁색한 상황이다.

그럼에도 미국 측은 '미군을 철수할 수도 있다'는 식의 블러핑(거짓협박)이나 협상이 늦어지면 주한미군에 근무하는 1만 2천 명의 한국인 근로자들이 '무급휴직' 해야 한다면서 우리 협상팀을 압박한다. 이에 굴복해서는 안 된다.

한반도에서 미군 철수는 미국 스스로 베이징에서 가장 근거리에 있는 핵심 전략기지를 포기하는 일이다. 미국 입장에서 세계전략상 치명적인 일이다. 절대 포기할 수 없는 기지이다. 그럼에도 불구하고 트럼프 대통령이 미군 감축이나 철수를 요구한다면 절대 매달려서는 안 된다. 가겠다는 것을 굳이 잡을 필요가 없다. 미군의 상시 주둔 없는 한미동맹도 얼마든지 가능하다는 배짱이 있을 때 협상력을 가질 수 있다.

미국이 핵우산 제공을 포기하거나 한미동맹의 파기를 주장한다면 우리는 독자적인 핵개발과 자주국방을 추구하지 않을 수 없다. 이에 따라 일본도 핵개발을 하게 된다면 중국에도 위협이 되겠지만 미국에게도 위협적인 일이다. 원래 NPT 체제는 2차 세계대전 전범국가인 독일과 일본의 핵무장을 막기 위해 만들어진 조약이다. 일본의 핵무장은 일본의 미국에 대한 종속에서 탈피하는 계기가 될 것이다. 주일 미군의 철수도 불가피해질 것이다.

게다가 만약 핵을 가진 한중일이 3각 협력을 한다면 미국의 핵 우위 독점체제가 파탄 나는 결과를 초래할 것이다. 이것은 미국의 고립과 쇠락으로 이어질 수 있다. 이런 연쇄 도미노현상이 초래될 것이 명확한데 트럼프의 불장난에 미리 고개를 숙이고 굴복할 필요가 없다. 미국의 부당한 요구에 끌려가는 동맹은 동맹이 아니라 종속에 불과하다.

북미 간의 국교 정상화는 가능하다고 생각한다. 10년 동안 미국과 전쟁을 치렀던 베트남이 1975년 미군과 종전 이후 20년 후인 1995년 국교 정상화를 하였다. 25년이 지난 지금은 사실상 군사경제 동맹국가로 발전해가고 있다. 대한민국도 미군과 함께 베트남전에 참전하였다. 그러나 우리도 1993년 국교수립 이후 현재 한국과 베트남의 교역 규모는 700억 달러를 넘어 곧 1,000억 달러에 도달할 전망이다. 이런 속도로 발전한다면 한미 간의 교역량을 초과하여 중국에 이어 제2대 교역국으로 발전해 나갈 기세이다.

북한도 미국과 대한민국에 제2의 베트남이 될 수 있다. 중국이라는 신흥대국이 성장해가고 있기 때문이다. 북미 간에 국교 정상화가 되어 북이 친미국가가 된다면 미국은 중국을 견제하는 새로운 카드를 갖게 되는 것이다. 미국이 북한과 친구가 되지 말라는 법이 없다. 북은 이슬람 국가가 아니다. 문명사적인 대립이나 종교적인 대립이 있는 것도 아니다.

2018년 워싱턴 D.C.를 방문했을 때 뉴트 깅리치 전 미국 하원의장을 만났다. 시간을 아끼기 위해 통역 없이 1시간 30분 동안 북한 문제에 대해 집중적인 토론을 했다. 나는 북한이 유교적 사회주의 국가이며, 알라신에게 가기 위하여 지하드를 통해 자살폭탄테러를 하는 이슬람 극단주의세력과는 차원이 다르다는 점을 강조했다. 북한 사람들은 철저히 현실주의적이며 현세에서 부유하고 행복한 나라를 만들고자 하는 꿈을 갖고 있다. 물론 김정은 수령체제의 보존발전을 보장받는다는 전제가 깔려있다.

김일성·김정일 시대에 김일성은 거의 신과 같은 존재였으며 주체사상은 종교적 수준의 통합력을 발휘하였다. 그러나 많은 탈북자의 의견과 김정은의 제반 발언과 행동을 보면 이제 주체사상은 종교적 이데올로기의 지위를 갖지 못한다. 더 이상 북한주민들이 김정은 위원장을 현인신으로 보거나 주체사상을 종교적 이데올로기로 생각하지 않는다는 것이 중론이다.

주요 걸림돌인 북한의 인권문제도 북미 간의 국교 정상화를 통해 경제발전이 이루어지면 생존권적 기본권이 많이 향상될 것이다. 또한 자유권적, 사법권적 기본권도 향상시킬 수 있는 수단이 확보되는 것이다.

북한은 중소분쟁 과정에서 등거리 외교를 하면서 실리를 꾀한 적이 있다. 마찬가지로 미중분쟁 과정에서 북은 실리를 확보하기 위해 노력할 것이다. 그러나 북한의 국가안보 불안 해소와 경제발전을 위한 경제제재 해제 그리고 세계금융질서 편입 및 북한 제품의 세계 시장 수출개방은 미국만 해줄 수 있는 선물이다. 중국의 역할은 한계가 있다. 김정은 위원장은 이점을 명확히 인식하고 있으리라 생각한다.

지난번 왕이 외교부장이 북한을 방문하였는데 김정은 위원장을 만나지 못하고 돌아왔다. 오사카 G20 회의 직전 시진핑 주석이 평양을 방문하여 정상회담을 했지만 공동성명은 물론이고 공동보도문도 발표하지 않았다. 북미관계 정상화를 위하여 김정은 위원장이 중국과 관계에 일정한 거리를 유지하고 있음을 유추해볼 수 있다. 북도 원교근친의 전략을 구사할 수밖에 없다. 국경을 맞대고 언제든지 북한 영토를 병합할 수 있는 중국과 러시아를 견제하기 위해서는 미국과 관계를 맺어야 하는 것이다.

우리 대한민국은 이러한 객관적 구조를 활용하여 남북관계 개선과 북미관계 개선을 추구하는 데 외교적 총력을 기울여 나가야 한다. 이것이 내가 북한문제를 바라보는 핵심 전략이다.

송영길의 지구본 외교
둥근 것이 강한 것을 이긴다!

08

외교로 바라본
한반도 근현대사 100년

01

식민지배와 전쟁, 분단으로 얼룩진 슬픈 근현대사

일본과 조선의 운명을 가른 철포 도입

우리나라의 근현대사는 슬픈 역사이다. 치욕의 역사로 인식된다. 나라를 잃어버렸던 망국의 아픔이 크다. 일제식민치하의 친일 배반의 역사가 너무 아프다. 좌우분열도 마음 아픈데 좌익, 우익 내부의 더 심한 분열이 공부할 의욕을 떨어뜨리기도 한다. 해방 이후 분단과 상호 간의 숙청과 학살, 전쟁으로 이어진 역사는 더욱 그러하다.

나이가 들수록 그날의 일들이 외면할 수 없는 지금의 현실로 투영된다. 지난 역사가 아님을 깨닫게 된다. 지금도 끊임없이 재해석되고 재현되며 불편한 진실을 대면하게 된다. 지난날을 부끄럽게 살아온 세력들은 자신들의 죄가 드러날까 봐 근현대사를 잘 가르치지 않는다. 해방 후 70년이 넘도록 전국 대학교 심지어 사관학교조차 '독립운동사'를 독립과목으로 지정하지 않았으며, 제대로 가르치지도 않는다.

우리는 아직까지 전쟁이 끝나지 않은 휴전상태로 남북이 분단되어 있다. 아직까지 평화협정을 체결하지 못하고 있다. 분단은 우리의 모든 정치, 경제, 사회, 문화를 뒤틀리게 만들고 있는 기본 토대이다. 수많은 편견과 프레임 속에서 끊임없이 진실을 추구해야 한다. 특정한 견해와 시각에 사로잡히거나 가정과 조작된 증거에 기초한 자기확증적 신념체계의 벽에 갇혀서는 안 된다.

청세음聽世音이 아니라 관세음觀世音의 자세가 필요하다. '아침에 도를 들으면 저녁에 죽어도 좋다朝聞道 夕死可矣'는 깨달음이 필요하다. 진리를 독점하려 해서는 안 된다. 진리와 지식을 마당에 풀어놓아야 한다. 가두면 안 된다. 자유로운 토론의 장에서 집단적 지성과 이성을 만들어 나가야 한다. 불안과 공포를 외부의 적에 돌려 집단 따돌림, 집단학살하는 인류의 역사를 성찰해야 한다.

일본에서 만들어진 〈새로운 역사 교과서를 만드는 모임〉[1]의 핵심 니시오 간지[2]의 책과 글을 읽어보았다. 임진왜란을 일으킨 토요토미 히데

---

1 1997년 1월 일본의 전후 역사를 우익적 관점에서 새로 써야 한다는 주장을 내세우면서 결성한 단체. 기존의 역사관을 자학사관으로 규정하고 일본의 침략전쟁과 식민지 지배를 정당화하는 극우적인 역사인식을 반영하는 교과서를 만들었다. 일제에 의한 강제점령과 침략전쟁의 역사를 가진 한국과 중국 등의 거센 반발을 받았다. 국회의원, 기업인, 대학교수, 언론인 등 극우적 성향을 가진 세력들의 후원을 받고 있다. 한국에서는 '새역모', 일본에서는 '만드는 모임'이라는 약칭으로 불린다.
2 새역모의 초대 회장. 그는 2005년 11월 마이니치 신문에 보낸 기고문에서 '일본식민지배는 100만 명이 넘는 일진회가 합방을 요청하는 정치적 운동을 전개했던 결과'라고 함

요시의 꿈, 요시다 쇼인[3]의 꿈, 사이고 다카모리[4]의 꿈이 읽힌다.

그들의 논리는 이러하다. 한반도는 일본열도를 향해 뻗어있는 비수와 같은 존재로 대륙세력이 일본침략을 하는 통로이다. 원나라 때 몽고·고려군이 연합하여 일본을 두 차례 침략한 것을 두고두고 인용한다. 문제는 조선이 자기 앞가림을 하여 주권국가로 존재하면 좋은데 항상 대륙세력에 종속되어 대륙의 군대에 자기 영토를 일본침략의 기지로 제공할 수 있다는 것이다. 따라서 일본의 안전보장을 위해서는 조선을 선제공격하여 친일정부를 수립하지 않으면 일본의 국가안보가 위협받는다는 논리다. 주권선과 이익선[5]이라는 논리도 여기서 출발한다.

이들의 논리를 인정할 수는 없지만 우리 스스로 돌이켜 반성해볼 점이 많다. 왜 스스로 주권을 지키지 못하고 항상 속국을 자처할 수밖에 없었는가? 1543년 조총이 일본에 처음 전래된 시기에 조선에서는 주세붕이 최초로 백운동 서원을 세웠다. 임진왜란 2년 전에 대마도 도주 소 요시토시가 조총 2자루를 조선 조정에 전달했는데, 비가 오면 총을 쏠 수 없고 사정거리도 시원치 않다고 폄하하여 훈련도감 창고에 처박아 버렸던 선조정권이었다. 수만 냥의 돈을 주고 포르투갈 상인에게 철포

---

3 1830~1859, 조선을 식민지로 삼아야 한다는 정한론의 원조. 메이지 유신과 조선침략의 주역을 키워낸 인물. 막부 타도의 선봉 다카스기 신사쿠, 초대 총리 이토 히로부미, 일본 육군의 아버지 야마가타 아리토모, 조선 초대 총독 데라우치 마사타케, 한일병합 당시 총리 가쓰라 다로 등이 그의 제자들이다. 아베 현 총리가 롤모델로 삼고 있는 인물이기도 하다.

4 1828~1877, 사쓰마 출신의 무사로 사쓰마-조슈 동맹을 맺고 에도 막부를 타도하고 메이지 유신을 성공으로 이끈 유신삼걸 중 한 사람이다. 정한론을 주장하였으나 받아들여지지 않자 귀향하였다가 정부와의 갈등이 격화되어 세이난 전쟁을 일으켰고 자결로 끝났다.

5 야마가타 아리토모山縣有朋가 1888년 오스트리아 빈에서 만난 빈대학 로렌츠 폰슈타인 교수와 대화 속에서 얻은 개념

2자루를 구입하고 자기 딸을 포르투갈 상인과 결혼시켜 총기제조법을 연구하여 개량해간 일본과 천지 차이의 반응이었다.

2014년 인천시장 임기를 마치고 칭화대에 방문학자로 가기 전에 일본에 들러 한 달 동안 체류하였다. 사카모토 료마의 고향인 시코꾸 도사겐(지금의 고치겐)을 비롯하여 교토, 가고시마, 야마구치 등을 돌아보다가, 조총이 전래된 다네가시마種子島까지 가보았다. 다네가시마를 돌아보면서 철포기념관에 들러 1543년 일본과 조선의 운명을 갈랐던 철포 도입의 역사를 살펴볼 수 있었다. 철포는 일본어로 '뎃뽀'이다. 철포 없이 전쟁터에 나가는 사람을 '무뎃뽀'라고 한다. 조선은 그야말로 무뎃뽀로 철포로 무장한 왜군들과 맞선 것이다. 그러나 총통, 대포로 무장한 이순신의 조선수군이 있었기에 국체를 보전할 수 있었다.

지금 다네가시마는 우주발사기지가 되었다. 함경도 녹둔도 군관 육군으로 출발했던 이순신 장군이 처음 수군 종4품 만호로 임명된 곳이 내 고향인 전남 고흥 발포만이다. 1580년 이순신 장군은 발포만호로 부임하여 수군 생활을 시작했다. 지금 고흥도 일본의 다네가시마처럼 우주발사기지가 되었다. 재미있는 우연이 아닌가.

에도 막부의 몰락과 일본제국시대의 개막

1840년 아편전쟁에서 중국이 영국에 패배한 사건은 동북아 세 나라 정부와 국민에게 큰 충격을 안겨주었다. 아편전쟁의 패배에 중국인보다 더 많이 놀라고 변화의 필요성을 절감한 나라는 일본이었다. 일본은 네덜란드 상인, 청나라 상인들과 교류하면서 전쟁에 관한 상세한 정보를 입수했다.

일본 막부 지도부는 그리스도교를 탄압하고 서양세력들을 통제하면서도, 종교와 무관하게 상업 목적에 충실한 네덜란드와 교역을 받아들였다. 세계 최초의 주식회사인 동인도회사를 만든 나라답게 네덜란드는 종교 포교를 떠나 무역에 집중했다. 일본 막부는 나가사끼항에 조그만 인공 섬 데지마를 만들어 이곳에서 네덜란드에 한정해 교역을 허용했다.

일본인들은 네덜란드를 화란和蘭으로 번역했고 화란의 학문인 난학蘭學이 유행했다. 네덜란드를 통해 서양의 학문과 정보가 일본에 들어오면서 일본인들은 서양의 개념과 용어를 한자로 번역했다. 후쿠자와 유키치[6]가 말한 문명, 나쓰메 소세키[7]가 번역한 낭만, 혁명 등을 비롯하여 수많은 기계공학, 목재, 건축 등의 용어도 모두 일본인들이 번역한 것을 지금도 한국, 중국이 따라 쓰고 있다.

1854년 페리제독의 흑함대로 인해 일본이 강제로 개항하면서 일본 내부에서 노선투쟁이 발생하였다. 막부 유지 세력과 왕정복고 세력의

---

6 1835~1901, 에도·메이지 시대의 계몽사상가. 일본근대화 사상의 주요 이론가. 《학문의 권장》, 《문명론의 개략》 등의 베스트셀러로 큰 영향을 끼침. 탈아론의 선구자

7 1867~1916, 일본의 작가·평론가·영문학자. 도쿄대학 영문학과를 마치고 영국에 유학하여 영문학을 전공하였다. 초기에는 풍자적인 글로 출발하여 나중에 자연주의에 도달했다. 강한 정의관으로 인간이 이기심을 초극할 수 있는가라는 문제의식을 천착하였다.

대결이 그것이다. 1866년 토사 번의 하급무사 사카모토 료마[8]의 중재로 사쓰마 번의 무사인 사이고 다카모리와 오쿠보 도시미치[9]가 조슈 번의 급진파 공경인 이와쿠라 도모미[10]와 결탁하여 삿초동맹을 체결하였다. 이들을 중심으로 도쿠가와 막부를 토벌하기 위한 '토막討幕운동'이 전개되었다.

이후 사카모토 료마가 구상한 '선중팔책船中八策, 신정부 강령'을 바탕으로 1867년 토사 번과 사쓰마 번이 삿토맹약을 결의, 막부의 통치권을 일왕에게 반환하고자 하는 '대정봉환大政奉還'이 추진되었다. 이에 따라 토사 번에서는 그해 10월에도 막부의 15대 쇼군인 도쿠가와 요시노부(1837~1913)에게 대정봉환 건의안을 제출했다. 그러면서 사쓰미 번과 조슈 번에서는 막부의 무력타도를 은밀히 계획하고 전쟁을 준비하고 있었다.

1867년 10월 14일 도쿠가와 요시노부는 당시 수도였던 교토의 니조성에서 대정봉환을 공언하며 상소를 올렸고 10월 15일 일왕 조정에서 이를 수락함으로써 막부에서 봉환한 정권이 메이지 일왕에게 이양되었다. 하지만 한 달 뒤 사카모토 료마는 막부세력이 보낸 자객에게 암

---

8 1836~1867, 서로 대립관계에 있던 사쓰마 번과 조슈 번의 동맹을 성사시켜 에도 막부가 일왕에게 국가통치권을 돌려준 대정봉환의 구상을 성사시킨 메이지 유신의 발판을 마련한 주도 인물. 일본에서 오다 노부나가 다음으로 대중의 사랑을 받음

9 1830~1878, 사쓰마 번의 무사 출신으로 메이지 유신을 이끌었다. 기도 다카요시, 사이고 다카모리와 함께 유신삼걸로 불린다. 1866년 새 유신 정권이 수립된 뒤에 과감한 제도 개혁을 단행하였다. 정한론을 주장한 사이고 다카모리 일파가 하야한 뒤는 메이지 유신 정부의 핵심 인물로서 지조地稅 제도 개혁, 식산진흥책 등을 추진하여 부국강병의 기틀을 쌓았다. 세이난 전쟁 진압 후인 1878년 도쿄의 기오이자카에서 시마다 이치로 일당에게 암살당했다.

10 1825~1883, 메이지 유신을 성공시키고 외무대신을 맡아서 대미관계를 담당했음. 이와쿠라 사절단을 이끌고 1년 10개월 동안 구미를 순방함. 이후 정한론을 중지하고 내치우선의 정책을 실시했다.

살당했다. 결국 1867년 12월 9일 사쓰마 번의 사이고 다카모리와 오쿠보 도시미치, 조슈 번의 기도 다카요시와 이와쿠라 도모미를 필두로 한 토막파가 도쿠가와 막부를 완전히 붕괴시키기 위해 쿠데타를 일으켰고, 1866년 1월 3일 메이지 일왕의 왕정복고를 통해 '메이지 유신'에 성공하였다.

이로써 에도 막부시대는 종식되고 봉건제였던 막번 체제가 폐지되면서, 중앙집권국가인 근대 일본제국시대가 개막했다.

02

일본 식민지배의 서막

갑오농민전쟁과 일제침략의 시작

1882년 신식군대보다 매우 나쁜 처우에 분개한 조선의 구식군대가 청나라의 지원을 받아 임오군란을 일으켰다. 군란의 발발로 대원군이 잠시 집권하였으나 민비의 요청을 받은 청나라의 개입으로 대원군은 청나라로 압송되었다. 일본은 조선 정부에 제물포조약을 통해 주모자 처벌과 손해배상을 받았으며, 이후 청과 일본의 조선 개입이 본격화되었다.

임오군란 이후 청국은 조선을 속국화하고 내정간섭을 심화하였다. 이에 1884년 김옥균 등 개화파들이 조선의 완전 자주독립과 근대화를 목표로 갑신정변을 일으켰다. 개화파들은 내각을 접수하고 혁신 정강 14개 조를 통해 개혁 청사진을 공포하였으나 청의 군사개입으로 3일

만에 실패로 돌아갔다. 이번에는 일본의 후원을 받은 개화파가 일으킨 정변이었다. 청일 양국 간에 무승부였다.

이를 계기로 청나라와 일본은 텐진조약[11]으로 양국 군대 철수합의를 했고, 출병할 때는 상호 통지하기로 약속하였다. 1885년부터 1894년 갑오농민전쟁 발발까지 10년은 청일 양국 군대의 간섭을 받지 않고 조선이 자주적으로 뭔가를 해볼 수 있는 소중한 시기였다. 그러나 조선정부는 이 시기를 놓쳐버렸고, 갑오농민전쟁을 진압하기 위해 청나라에 파병을 요청함으로써 청일전쟁의 불씨를 만들었다.

갑오농민전쟁은 동학교도를 중심으로 농민들이 탐관오리인 고부군수 조병갑의 학정을 규탄하는 민란에서 시작되었다. 조선 정부는 민원을 수렴하고 탐관오리를 숙청하고 동학농민군의 폐정 개혁요구를 수렴, 타협했어야 했다. 그러나 자국 백성을 진압해달라고 청나라에 파병을 요청했고, 청나라는 텐진조약에 따라 일본에 파병을 통보했다. 일본은 청보다 훨씬 많은 부대를 보내 경복궁을 점령하고 동학농민군을 학살했다. 사실상 갑오왜란을 일으킨 것이다. 조선침략이었다.

우금치 마루는 일본군 개틀링 기관총에 추풍낙엽처럼 쓰러진 동학농민군으로 시산혈해를 이루었다. 농민군들은 죽창을 들고 앉으면 죽산, 일어서면 하얀 머리띠로 백산을 이루었다. "시천주 조화정侍天主 造化定, 영세불망 만사지永世不忘 萬事知"라는 주문을 외치며 개활지에서 진군하는 농

---

11 1885년 청일 간에 체결되었으며, 조선에서 상호 철군하고 향후 조선에 군대를 파병할 시 서로 알릴 것 등을 약속했다. 이 조항이 나중에 청일전쟁이 일어나는 빌미가 되었다.

민군을 노루 떼 사냥하듯 개틀링 기관총으로 쏘아대는 일본군들의 모습을 떠올리니 분노가 차오른다. 우금치 마루에 흐르는 피에 젖은 눈물이 아른거린다.

청일전쟁의 승리로 1895년 4월 17일 시모노세키 조약을 체결했다. 일본은 2억 냥의 배상금 청구, 대만과 요동반도의 할양 및 조선에 대한 청의 지배권을 배제시켰다. 그러나 러시아는 대련항 확보를 위하여 독일, 프랑스를 끌어들여 3국 간섭으로 요동반도를 다시 빼앗았다. 분노한 일본은 국제외교, 동맹의 중요성을 뼈저리게 느끼고 대러 전쟁 준비에 박차를 가한다.

3국 간섭으로 러시아의 힘을 확인한 고종과 민비는 친러 정책을 폈고, 일본은 1885년 10월 7일 을미왜변을 일으켜 민비를 시해한다. 고종은 자신의 목숨도 위협을 느껴 러시아 공관으로 거처를 옮기는 소위 아관망명[12]을 단행했고, 러시아의 힘으로 일본을 견제하면서 열린 공간을 활용하여 대한제국을 세운다. 우리 민족 5,000년 역사에 처음으로 제국과 황제라 칭하게 된 의미 있는 사건이었다. 과연 1897년 창립된 대한제국이 자기 근대화에 성공할 수 있었을까? 주변 열강이 이를 용인할 것인가 기로에 서는 순간이었다.

〈명성황후〉 오페라를 3번 보았지만, 볼 때마다 전율을 느낀다. 종종 '나 가거든'이라는 명성황후의 테마를 조수미와 박정현의 노래로 들으며 홍계훈 훈련대장을 생각한다. 명성황후를 지키다 순국한 홍계훈 대

---

[12] 고종은 1896년 2월 11일부터 1897년 2월 25일까지 1년여 동안 러시아 공관에 거처했다.

장 등을 추모하여 고종황제 명으로 그들의 충성을 기념하기 위해 장충단을 만들었다. 지금도 장충단공원을 갈 때마다 장충단에 들려 묵념을 하곤 한다.

1차 세계대전의 전주곡 러일전쟁

1812년 나폴레옹과의 전쟁에서 승리한 러시아는 흑해 크림반도, 조지아, 아제르바이잔, 아르메니아 그리고 아프가니스탄을 향해 남하를 시작한다. 1885년 4월 아프간 북부 판데를 점령했는데 이는 영국의 거문도 점령사건과 연결된다. 러시아에 대한 영국의 우려와 일본의 대러 전쟁 준비는 이해가 맞아 떨어져 1902년 1차 영일동맹이 성립된다.

니콜라이 2세는 황태자 시절 1891년 프랑스의 차관을 기초로 시베리아 횡단철도 건설에 착수한다. 영국 해군의 해상봉쇄를 뚫고 아시아로 진출하는 길이 시베리아 횡단철도였다. 일본은 러시아와 병력 재정 규모에서 비교가 되지 않을 정도로 열세였다. 단 하나 지리상의 이점이 있었다. 서부 러시아의 해군과 육군의 보급품이 극동지역에 도달하기까지 시간이 걸렸다는 점이다. 시베리아 횡단철도는 바이칼 호수 부근에서 험준한 지형 때문에 완공이 지지부진했고 더구나 복선이 아니라 단선이었다. 1937년이 되어야 복선철도가 완성된다.

3국 간섭으로 요동반도를 러시아에 빼앗긴 일본은 전쟁에 이기고 외교에 졌다고 탄식하였다. 2차 세계대전 직전까지 일본의 정재계와 군부를 움직였던 일본의 파워 엘리트들 대부분이 3국 간섭이 자신의 어린 시절 인생에 많은 영향을 미쳤다고 말한다. 베르사유 체제[13]로 독일에 가혹한 배상금과 영토 할양 등을 한 것에 대한 분노와 유사하다고 하는데 과연 그럴까? 일본은 자국의 영토가 아니라 강도 짓을 해서 빼앗은 장물을 다른 강도에게 일부 빼앗겼다고 분노한 것이니 적반하장이 아닐까.

러일전쟁 당시 고종황제는 1904년 1월 23일 러일 사이에서 중립을 선언했지만 5월 31일 작성된 대한시설 강령[14]에 의해 대한제국은 사실상 일본군과 연합하여 러시아를 대항하는 형국이 되었다. 러시아가 좀 더 적극적으로 고종의 요구에 응답하여 대한제국 2만 군대의 병력 훈련과 무장을 강화해 군사동맹을 맺고 일본에 대항했다면 결과는 달라졌을 것이다.

노기 마레스케라는 일본군 장군이 있다. 여순항이 내려다보이는 203고지 탈환작전에 참호와 요새에 박혀 맥심 기관총을 쏘아대는 러시아 수비군 앞에 '구시대적인 돌격작전'만 강행하다 대부분 사단 병력을 상실한 무능한 장군이었다. 만주군 총사령관 오야마 이와오는 참모장 고다마 겐타로를 보냈다. 고다마 겐타로가 지휘권을 받은 지 4일 만인 1904년 12월 5일 203고지를 점령했다. 203고지에서는 여순항이 환하게 내려다보였다. 일본군은 즉시 280밀리 유탄포 부대에 좌표를 통보

---

13 1919년 6월 제1차 세계대전의 전승국과 패전국 사이에 체결된 강화조약
14 1904년 5월 31일 일본제국이 대한제국으로부터 획득한 이권을 더욱 강화하기 위해 일본 정부가 작성한 문서

하였고 280밀리 포탄이 여순항에 숨어있는 러시아 극동함대에 떨어지기 시작했다. 여순항이 함락되었다. 발틱 함대가 여순항으로 합류하기 위해 오던 중이었다.

여순항 함락으로 러시아군은 블라디보스토크항으로 행선지를 옮기다가 대한해협의 쓰시마에서 도고 헤이하찌로가 이끄는 연합함대에 패하면서 러일전쟁은 막을 내리게 된다. 노기 마레스케 장군이 일본으로 귀국할 때 수많은 전사자의 유가족들이 노기 장군에 항의하기 위해 모였다고 한다. 그러나 처음 일장기에 싸여 내려온 시체는 노기 장군의 장남 노기 가쓰스케 중위, 두 번째 시체는 차남 노기 야스스케 소위였다. 항의하러 나온 군중은 할 말을 잃은 채 노기 장군 만세를 외쳤다고 전해진다. 자신도 군대에 가지 않고, 아들도 보내지 않으면서 대북 전쟁 불사를 외치는 우리나라 보수 지도부와는 사뭇 다른 모습이다.

노기 장군은 메이지 일왕으로부터 가쿠슈인 원장을 맡아 히로히토 왕세자를 가르치는 스승이었다. 1912년 메이지 일왕이 사망하자 부인과 함께 자결을 하여 일본 극우세력들로부터 군신으로 추앙받았다. 남산 리라초등학교 위쪽에 노기 마레스키 신사 터가 남아있다. 조선의 청년들이 일제 강제동원으로 태평양 전쟁터로 갈 때 노기 신사에 참배하고 나갔다고 하니 기가 막힐 일이 아닐 수 없다.

러일전쟁 승리의 배후에는 독일 태생의 유대계 미국인 제이콥 헨리 시프 금융자본가의 역할이 컸다. 그는 러시아의 반유대주의 포그롬(박해) 때문에 제정러시아 타도를 결심하고, 당시 누구도 러일전쟁에서 일본의 승리를 예측하지 않아 일본 국채인수가 어려웠을 때 2억 달러 융자를 통해 일본 전비조달에 결정적 역할을 했다. 이 공로로 메이지 일왕으로부터 훈1등 욱일대수장을 외국인으로서는 처음 수여받았다고 한다.

러시아 주일대사관 무관이었던 아카시 모토지로明石元二郎는 400억 엔에 달하는 공작금을 가지고 영국 정보원들과 협력하여 러시아 여순 요새 지도를 획득하고 레닌, 가폰 신부 등 혁명가들을 만나 자금을 제공하였다. 볼셰비키 혁명의 리더인 레닌이 '국제 금융자본가와 일본 제국주의자들'에게 돈을 받아 전쟁 중인 자국의 정부 붕괴를 위해 싸웠다고 하니 아이러니한 일이다. 레닌은 '중국 뤼순의 항복은 차르체제 항복의 서막이었다'라고 말했다.

러시아와 일본은 한국에서 충돌하여 일본의 승리로 일본은 아시아 국가에서 처음으로 서양 제국주의 세력 클럽에 가입할 수 있는 자격을 얻게 되었다. 탈아입구의 실현이었다. 러시아는 1812년 나폴레옹 전쟁의 승리와 1945년 대 나치 전쟁에서 승리한 것을 가장 자랑스럽게 생각한다. 그래서 나폴레옹 전쟁을 애국전쟁, 대히틀러 투쟁을 대조국투쟁이라고 이야기한다. 반면에 러일전쟁의 패배를 가장 치욕스럽게 여긴다.

이 패배를 설욕한 것은 1939년 5월 11일부터 9월 16일까지 몽골에서 발생한 노몬한 전투(러시아는 할힌골 전투라 부름)이다. 게오르기 쥬코프가 이끄는 러시아 정예군과 관동군이 벌인 대규모 전투로, 강제규 감독의 영화 〈마이웨이〉에 이 전쟁장면이 등장한다. 장동건과 오다기리 조의 연기가 볼만하다. 영화에서처럼 전근대적인 "돌격 앞으로!" 식의 무사도 정신에 기초한 일본군의 진격작전이 소련군의 우세한 기갑, 공군력에 철저하게 유린된다. 일본의 유명한 소설가 무라카미 하루키는 "노몬한은 일본의 비근대적인 전쟁관과 세계관이 소비에트라는 새로운 전쟁, 세계관에 철저히 유린당하는 체험이다"라고 서술했다.

이 전쟁으로 소련은 러일전쟁 패배의 설욕을 씻어냈고 이 전쟁 이후 소일 불가침조약이 체결되었다. 일본은 북방진출을 단념하고 미국의 식민지인 필리핀과 영국과 프랑스의 식민지인 인도차이나 반도를 공략함으로써 태평양전쟁의 길로 들어서게 된다.

03

2차 세계대전의 종전과
대한민국의 탄생

포츠담 선언과 일본의 항복

한국의 독립이 최초로 국제사회에서 명시된 것은 카이로 선언[15]이다. 수많은 식민지 중에 유일하게 한국의 독립이 명시되었다. "한국민이 노예 상태에 있다는 데 유념하여, 앞으로 적절한 절차를 거쳐 한국에 자유와 독립을 줄 것을 결의한다"는 특별 조항이 들어가 있다. 고등학교 역사시간에 그냥 외우기만 했던 이 한 문장이 얼마나 중요한 문장이었는지 나이가 들어갈수록 절실하게 깨닫는다.

인도, 미얀마 등 태평양 지역에 많은 식민지를 가지고 있고 2차 세계대전 후에도 이 식민지를 해방시켜줄 의사가 없었던 영국은 카이로 선언에 한국의 독립조항을 넣는 것에 반대했다. 미국의 프랭클린 루스벨

---

[15] 1943년 11월 27일. 루스벨트, 처칠, 장제스가 채택한 대일전의 기본 목적에 관한 공동발표문

트도 소극적이었다. 그런데 어떻게 가능했을까?

윤봉길 의사의 1932년 홍커우공원 의거 성공을 계기로 장제스 총통은 김구 주석과 회담을 하는 등 임시정부와 광복군을 지원하였다. 대일본전에 정보 수집, 포로 심문, 선무공작 등에 일본어와 중국어를 능숙하게 구사하는 광복군의 도움이 긴요했기 때문이다. 1943년 7월 김구 주석과 조소앙 외무부장, 김규식 선전부장, 광복군 총사령관 이청천과 의열단 출신 광복군 부사령관 약산 김원봉 등이 장제스 총통과 면담을 해 카이로 회담에서 한국 독립을 합의해줄 것을 강력히 요청했다.

미국은 일본의 항전의지를 꺾기 위해 도쿄 등 일본 본토 공습작전을 세운다. 그런데 미 본토에서 일본 본토까지 항속거리가 되는 항공기가 없었다. 항공모함에 싣고 가야 하는데 활주로가 짧아서 이륙은 가능했지만 착륙이 불가능했다. 일본 폭격 후 곤명 등 남중국으로 돌아와야 하는데 비행기는 버려도 조종사는 소중했다. 낙하하는 조종사를 구출하여 미국으로 다시 보내 출격하도록 해주는 역할을 중국 남부를 장악하고 있는 중국국민당 군대가 담당했다.

장제스 총통은 루스벨트를 설득했고, 루스벨트는 장제스의 요구를 무시할 수 없었다. 영국과 소련의 반대가 심했지만 결국 장제스의 주장이 관철되었다. 카이로 회담 다음 날인 1943년 11월 28일 이란의 수도 테헤란에서 루스벨트, 처칠, 스탈린이 만났고 여기서 스탈린이 카이로 선언에 동의했다. 루스벨트는 소련의 대일전 참전을 촉구했다. 그러나 루스벨트가 얄타 회담을 마치고 1945년 4월 사망한 이후 트루먼이 미

대통령이 되어 포츠담 회담을 하게 된다.

포츠담 선언을 보면 히로히토 일왕과 그 주변세력은 전범으로 처벌받을 수밖에 없고, 천황제의 존속자체가 불확실했던 상황이라고 할 수 있다. 일왕을 살아있는 신으로 떠받드는 황도파를 비롯한 군국주의 세력들은 일격평화론[16], 1억 옥쇄를 주장하면서 포츠담 선언을 거부한다. 그런데 포츠담 선언은 회의에 참석했던 스탈린이 배제되고 미국, 영국, 중화민국 3자의 서명으로 이루어진 성명이다. 포츠담 선언 당시 트루먼은 이미 맨해튼 계획에 따른 원폭실험 성공을 알고 있었다. 일본의 4개 도시에 원폭투하를 검토하는 중이었다. 원폭을 개발하여 실험에 성공한 이상 소련 참전의 필요성이 현저하게 약화되었다.

1941년부터 1945년까지 일본과 소련의 관계는 기묘한 중립의 관계였다. 일본이 1941년 12월 7일 진주만 공격을 시작하자 미국 루스벨트 대통령과 헐 국무장관은 미국주재 소련대사 리트비노프에게 소련의 대일본 전쟁 참여를 요청했다. 스탈린은 소일 중립 조약과 대독일전 집중을 이유로 거절하였다. 그러나 사실 소련은 극동진출을 준비하고 있었다. 태평양으로 나가기 위하여 한반도보다 쿠릴열도와 홋카이도가 더 중요했다. 흑해에서 지중해로 나가기 위해 보스프러스 해협이 필요했듯이 태평양으로 나가기 위해 소야 해협과 쓰가루 해협 통행확보가 중요했던 것이다.

---

16 상대에게 치명적인 공격을 날리고 유리한 배경 속에서 전쟁을 마무리한다는 개념

태평양전쟁 종전과 38선 분할점령의 비극

1945년 4월 1일 미군은 오키나와에 상륙했다. 이때 미군 사망자는 1만 2,520명이고 일본군은 9만 명이었다. 일본군과 같이 옥쇄할 것을 강요받은 주민 10만 명이 희생되었다. 잔인하고 비인도적인 일본 제국주의의 만행이었다. 광신도들의 집단 자살극을 보는 듯했다. 미군들은 기가 질렸다. 미군의 희생이 너무 컸다. 규슈를 점령하려면 20만 이상의 미군이 희생해야 한다는 결론이 나왔다.

스탈린은 일본이 항복하기 전에 대일본 선전포고를 해야 했다. 미국은 원폭실험 성공 사실을 스탈린에게 숨겼다. 스탈린은 초조했을 것이다. 스탈린은 일본의 조기 항복을 막기 위해 종전교섭을 중재할 수 있다는 태도를 취해 일본을 혼란하게 만들면서 비밀리에 군 병력을 극동으로 이동하여 조기 개전을 위한 준비를 했다. 포츠담 선언에서 스탈린 서명이 본의 아니게 빠진 것이 일본외교의 혼란을 초래하여 결국 스탈린에게는 전화위복이 된 면이 있다. 소련 참전이 확실했다면 일본의 조기 항복이 가능했을 것이다.

포츠담 선언문의 행간을 보면 원폭투하를 암시하는 문구들이 나온다. 포츠담 선언은 아예 원폭개발 사실을 공개하고 무조건 항복하지 않으면 투하하겠다는 것이 아니라 원폭투하를 합리화하기 위한 알리바이용 성격이 있다고 본다. 새롭게 구입한 무기를 써보고 싶은 심정 그리고 핵무기 위력을 보임으로써 전후질서에 유일한 핵무기 보유국으로서 미국의 영향력을 확대하려는 의지가 있었을 것이다.

1945년 8월 6일 히로시마에 원폭이 투하되었다. 조선인 2만 명을 포함하여 히로시마 인구 35만 중 시민 11만 명과 군인 2만 명이 즉사했고, 1945년 말까지 14만 명이 사망했다. 엄청난 재앙이었다. 일본 제국주의의 범죄행위를 규탄하는 한국인으로서 원폭투하는 미국의 중대한 전쟁범죄행위라고 생각한다. 원자폭탄을 실제로 민간인들이 거주하는 도시에 폭격한다는 것은 있을 수 없는 일이고 앞으로도 절대 용납할 수 없는 일이다.

마침내 1945년 9월 미주리호에서 일본이 항복한다. 전쟁 최고책임자 히로히토가 서명하지 않고 시게미쓰 마모루 일본 외무대신이 일본을 대표해서 항복문서에 서명하였다. 미주리호는 지금 하와이에 관광용으로 전시되어 있다. 하와이 방문 시 미주리호에 올라가 그날의 장면을 회상해보았다. 당시 시게미쓰 마모루는 오른발에 의족을 끼고 지팡이를 짚고 있었다. 그 이유는 시게미쓰 마모루가 주중국 일본 영사 시절, 1932년 4월 29일 홍커우공원에서 시라카와 일본군 사령관과 함께 윤봉길 의사의 폭탄에 맞아 오른쪽 다리가 날아갔기 때문이다. 윤봉길의 의로운 피가 일본을 대표하여 항복하는 시게미쓰 마모루의 의족과 지팡이에 상징적으로 담겨있는 것이다.

아쉬운 점이 있다면 일본의 항복 시기였다. 일본은 포츠담 선언을 즉각 수용하거나 아니면 히로시마 원폭결과를 보고 바로 항복결단을 했어야 한다. 그러면 소련이 일본에 대한 선전포고를 할 기회가 없었을 것이며, 소련군의 한반도 진주 명분이 없었을 것이다. 일본군이 소련군이 아닌 미군에 항복했다면 분단의 비극을 막을 수도 있었을 것이다. 일본 군국주의자들은 소련의 중재 노력과 중립을 전제하면서 일격평화론, 일억 옥쇄론, 최후 항전론을 미신처럼 믿고 상황 판단을 제대로 하지 못했다. 히로시마 원폭 투하 이후 일본이 항복 시점을 놓치자 스탈린은 바실렙스키 극동군 총사령관에게 공격 개시를 48시간 앞당겨 8월 9일 0시에 설정하라고 명령하고 바이칼 방면, 제1극동 방면, 제2극동 방면, 태평양함대에 동시 진격명령을 내려 150만 군대가 만주로 한반도로 사할린 쿠릴열도로 쏟아져 내려왔다. 바로 그날 나가사키에 2차 원자폭탄이 투하되었다.

결국 소련참전은 일본 항복의 결정적인 계기가 되었다. 왜 그랬을까? 일본권력자들은 원자폭탄보다 소련을 더 무서워했다. 소련은 독일처럼 일본을 분할점령할 계획을 세웠다. 소련이 점령했다면 천황제는 존속되기 어려웠을 것이다. 가혹한 전범재판이 이루어지고 히로히토는 전범으로 법정에 섰을 것이다. 원자폭탄으로 히로시마와 나가사키 백성들이 대량 학살되는 것보다 천황의 보호가 더 중요했던 것이다.

나가사키에 원폭이 투하된 다음 날인 8월 10일 오전 2시 30분 어전회의에서 히로히토 일왕은 "대국적으로 메이지 일왕의 3국 간섭 결단의 예를 본받아 참기 어려운 것을 참으며 인민을 파국에서 구하고 세계 인류의 행복을 도모하기 위해 이렇게 결심한 것이다"라는 취지의 방송을 하였다. 항복선언이 아니라 종전선언을 한 것이다. 전쟁책임자가 아니라 전쟁을 중단시킨 평화수호자로 이미지 변신을 시도했다고 볼 수 있다.

전승국 중 중국과 오스트레일리아는 히로히토 일왕을 법정에 세우고 항복 뒤 통치권을 박탈해야 하며 일왕이 항복문서에 서명해야 한다고 주장했다. 당시 미국 여론 33%가 일왕의 처형, 17%가 전범으로 재판에 회부하여야 하고, 9%가 유형, 3%만 일왕은 조종당한 자에 불과하므로 전쟁책임이 없다고 했다. 전쟁 직후 미국인들의 분노를 읽을 수 있다.

맥아더는 일본 항복 이후 일반명령 1호로 1945년 9월 2일 38선 이북과 이남의 일본군들은 대한민국 임시정부 광복군이 아닌 소련군과 미군에 항복하고 그 전까지 질서를 유지하라고 하였다. 그 결과 4년 동안 태평양전쟁에서 단독으로 싸워온 미국보다 이틀 정도밖에 싸우지 않은 소련군은 너무 많은 소득을 얻게 되었다. 사할린 쿠릴열도 점령과 만주 이권 확보 그리고 한반도 38선 이북의 점령이었다. 아직 한반도 진주가 준비되지 않은 미 육군대령 2명이 펜타곤에서 지도를 살펴보며 편리한 경계선으로 정리한 것이 한 맺힌 38선이 되어 지금까지 우리의 숨통을 누르고 있다. 도쿄가 분할점령되어 장벽이 세워져야 하는데 한반도가 희생양이 된 것이다.

원래 소련은 홋카이도와 도쿄를 분할점령하려고 했는데, 미국은 일본 본토를 온전히 미국이 지배하기 위해 만주에 대한 이권과 쿠릴열도 양보, 한반도 분할점령을 허용한 것이다. 나는 미국이 자국의 세계전략 또는 아·태지역 전략을 구현하는 입장에서 일본이 지니는 지정학적 위치나 전략적 중요성은 한국의 그것보다 훨씬 중요하다고 보았다. 양자 모두에 동맹의 조약에 있어서 어느 일방의 통고에 의해 동맹이 파기될 수 있는 치명적 약점을 지니고 있다. 따라서 미국의 신고립주의 정책에 따라 미국의 일방적 결정에 의해 동맹이 파기되거나 급격히 약화될 수 있는 가능성은 있지만, 적어도 미국의 전략적 이익을 고려한다면 부득이한 경우 한국은 버리더라도 일본은 절대 버릴 수 없는 나라라고 이해한 것이다.

역사적으로 보더라도 일본과 우리는 상당히 다른 길을 걸어왔다. 일본은 기본적으로 해양 국가이기 때문에 일찍부터 전 세계를 누비며 군사 활동을 벌여왔다. 서양 문물을 빨리 받아들이면서 군사력을 키우던 와중에 일본은 1905년 미국과 가쓰라-태프트 밀약을 체결하였다. 이를 통해 필리핀은 미국이, 조선은 일본이 통치한다고 상호 승인한다. 그때 이미 미국과 일본은 동등한 자격으로 태평양을 나눠 가진 것이고, 결국 이 밀약이 을사늑약으로까지 이어지는 국제정치 환경을 만들었다.

20세기 초부터 일본은 미국과 어깨를 겨루는 국가였고 1940년대 초반에는 미국과 전쟁까지 치렀다. 그리고 70년 만에 양국은 다시 나눠 가지는 게임을 시작한다. 1905년부터 계산해보면 110년 만에 미국과 일본이 태평양을 나눠 가지려는 장난질을 또 다시 시작한 셈이다. 미국은 한때 자국과 어깨를 겨루기도 했고, 적대 관계이기도 했던 일본을 기회만 있으면 자기편으로 만들겠다는 생각이다.

대한민국 정부 탄생과 한국전쟁

2차 세계대전 중에 런던에는 폴란드를 비롯하여 벨기에, 룩셈부르크, 네덜란드, 노르웨이, 그리스, 체코슬로바키아, 유고슬라비아 등 8개의 망명정부와 드골이 이끄는 자유프랑스가 있었다. 영국의회는 외교특권법을 통과시켜 8개 망명정부를 승인하고 외교특권을 부여하였다. 대한민국 임시정부는 미영중소를 비롯하여 어느 나라의 승인도 받지 못했다. 미영 등이 한국의 즉각적 독립이 아니라 국제공동관리, 신탁통치를 염두에 두고 있었기 때문이다.

가장 우호적이었던 장제스의 중국이 특별한 조치를 통해 광복군 창설을 허용하는 등 주권적 활동을 허용했지만, 미영소 등과 보조를 맞추기 위해 임시정부 승인을 하지 못했다. 자유선거로 대표를 선출하지 않은 정부라는 것이다. 그러나 이것은 일제의 탄압 속에서 전국이 하나가 되었던 3·1만세운동의 통합적 공감대로서 만들어진 임시정부를 부정하는 논리가 되기 어렵다.

히틀러와 일본 제국주의자와 맞서 싸웠던 미·영·소련의 반파시스트 연합전선은 독일과 일본 패망 이후 급속하게 분열되었다. 유럽에서는 폴란드 런던 망명정부 처리문제로 금이 가기 시작했으며 베를린 장벽 건설을 필두로 철의 장막이 들어섰다. 아시아에서는 한반도에 38선이라는 베를린 장벽이 들어섰다. 중국에서는 국공내전이 본격화되었다.

한국전쟁은 국공내전의 연장인 면이 있다. 냉전시대 구조를 가장 잘 이해하고 있는 사람은 이승만과 김일성이었다. 김구 선생은 "38선을 베고 쓰러질지언정 내 일신상의 안일을 위하여 단독정부 수립에 협력하지 않겠다"라고 했지만 이미 소련군을 배경으로 하는 북조선인민위원회가 사실상 권력을 장악하고 국가를 수립할 준비를 마친 상태였다. 분단의 책임을 대한민국에 넘기기 위해 대한민국 정부는 1948년 8월 15일 설립되고 조선민주주의 인민공화국은 1948년 9월 9일 수립된다.

5·10 선거를 통한 단독정부 수립은 제주 4·3과 여순사건으로 연결된다. 냉전의 비극이다. 김구 주석 등 임시정부 계열은 5·10 선거에 불참했다. 김대중 대통령은 김구 주석을 존경하지만 5·10 선거와 대한민국 정부 수립에 참여했어야 한다고 주장했다. 나도 그 의견에 동의한다.

비록 김구 주석과 임시정부 계열은 참여하지 않았지만 선출된 제헌의원들은 제헌헌법에 '대한민국이 임시정부 법통을 계승함'을 명시하였다. 제헌의회 의장 이승만이 주도한 제헌헌법 전문에는 3·1 운동으로 건국된 대한민국을 이제 '창건'이 아니라 '재건'했음을 분명히 하고 있다. 따라서 대한민국 건국일을 1948년 8월 15일로 하자는 일부 세력의 논리는 제헌헌법과 상충된다. 임시정부를 부정하고, 일제의 식민통치 체제를 합리화하는 논리이다.

친일민족반역자들은 일제시대에 나라가 없어야 편하다. 1919년 이미 대한민국이 만들어졌으면 자신들의 행위는 반국가 역적행위가 되기 때문이다. 대한민국의 존재가 없어야 친일세력들은 '그때는 국가가 일본이었으니 어쩔 수 없었다. 일본에 충성했듯이 이제 1948년 대한민국이 만들어졌으니 대한민국에 충성한다'라는 논리를 주장할 수 있는 것이다. 국가의 3대 요소는 영토, 주권, 국민인데 영토와 주권을 뺏겼는데 어떻게 국가가 성립하냐고 반문한다. 이 논리는 고종황제의 의사에 반해 이완용 등 을사오적이 사인한 한일강제병합의 합법성을 옹호하는 논리이다.

강도가 내 집을 강탈했다고 내 집의 합법적 소유권이 강도에게 이전되는 것은 아니다. 1919년 임시정부 수립 당시에는 조선공산당도 없었고 좌익세력도 체계화되지 않았다. 삼천리 강산 2,000만 동포가 태극기로 하나가 되었다. 대한민국이 임시정부의 법통계승을 확고히 해야 통일시대를 주도할 수 있다. 문재인 대통령이 약산 김원봉을 현충일 추도사에서 언급한 것은 1940년 좌우합작으로 창건된 광복군의 상징적 의미를 강조한 것으로 이해해야 할 것이다.

한국전쟁은 소련과 중국의 동의와 협력이 없이는 불가능한 일이었다. 국공내전의 승리는 김일성을 자극했을 것이다. 한국전쟁은 미국, 일본, 중국, 소련 모두에게 이익을 안겨주었다고 볼 수 있다. 2차 세계대전 이후 최대 규모의 전투이다. 반파시스트 연합전선 분열의 상징이다. 냉전의 상징적인 첫 출발이다. 일본 입장에서는 요시다 시게루 총리의 말처럼 "하느님, 감사합니다"라는 상황이 되었다. 전후 피폐했던 일본경제가 활기를 띄기 시작했다. 1차 세계대전 때 엄청난 전쟁 물자를 공급하며 강대국으로 떠오르던 미국과 같은 상황이었다. 미국 역시 2차 세계대전 때 엄청나게 비대해진 군수산업을 다시 살려내는 계기가 되었다.

중국공산당이 세운 중화인민공화국은 1949년 10월 건국 이후 1년도 채 안 되어 전쟁에 휘말려 들었다. 항미 원조라는 슬로건으로 전쟁에 참여한 중국은 소련의 군수지원으로 형편없던 인민해방군의 무장을 강화하고 공군과 해군을 만들 수 있었다. 마오쩌둥의 지도력을 확립하여 공산당의 지도력을 강화시켰다. 또한 미국과의 전쟁에서 무승부를 기록하여 인민해방군의 위상을 높이는 등 이득이 많았다.

소련은 한국전쟁에 미군을 붙잡아 놓으면서 동구권에 소련위성국가들을 수립하는 데 집중할 수 있도록 한국전쟁이 더 지속되기를 바랐다. 김일성은 신속한 휴전을 원했지만 1951년 1·4 후퇴 이후로 38선 근방에서 전쟁이 교착된 이후, 소련이 시간을 끌면서 2년 동안 휴전협상을 하는 동안 수많은 사람들이 죽어나갔다. 그리고 도요토미 히데요시가 죽고 나서 임진왜란이 끝난 것처럼 스탈린이 사망한 뒤에 휴전협정이 타결되었다. 주변 4대 강국은 이득을 보는 상황에서 우리 민족만 엄청난 상처를 입게 된 것이다.

한반도를 둘러싼 4대 강국은 언제든지 자국의 전략적 이익에 따라 한반도 남북문제를 언제든지 바둑에서 말하는 '팻감'으로 활용할 수 있다. 한반도의 전쟁조차 자국의 산업과 전략적 이익에 따라 바라볼 수 있다는 것이다. 한반도가 4대 강국의 이익에 희생되는 팻감으로 전락하지 않기 위해서 우리는 무엇을 해야 할 것인가? 해양세력이나 대륙세력 한쪽에 붙어서 생존을 구하는 방식으로는 한계가 있다. 민족의 자주 역량을 강화해야 한다. 반도세력 중심론이라는 새로운 철학과 세계관을 세울 필요가 있다. 헤겔이 말한 '인정투쟁'을 해야 한다. 우리가 어느 한 쪽에 종속되는 순간 반도의 지정학적 이점이 사라진다. 따라서 '반도세력론'을 정립할 필요성이 있다.

반도의 역할을 면밀하고 전략적으로 모색하여 대륙과 해양을 포괄하며 천년의 번영을 이룬 이탈리아 반도가 될 것인가? 아니면 민족 간 분열과 독일, 오스트리아, 터키, 영국, 러시아 등 각축에 분열되어 대립하다 1차 세계대전을 촉발한 유럽의 화약고 발칸반도의 길을 갈 것인가? 한반도의 운명은 우리 손에 달려있다. 문재인 대통령이 더 확고하게 한반도 전쟁불가론과 한반도 평화경제론을 주창해야 할 절실한 시점이다.

09

역대 대통령의
외교 되짚어 보기

01

김대중의 외교:
한국 외교의 황금기

외교의 위상을 높이고 대북정책을 주도하다

김대중 대통령은 우리 역대 대통령 중 한반도를 둘러싼 4대 강국 지도자와 의회 정치인들로부터 모두 존경을 받는 유일한 대통령이었다고 볼 수 있다. 김대중 대통령의 세계사 및 우리 민족의 역사에 대한 엄청난 독서와 깊은 성찰은 국제정세를 바라보는 안목과 내공의 바탕이 되었고, 한국 외교의 기조가 그 위에 세워졌다.

김대중 대통령이 백범 김구 선생에 대해서 평을 한 적이 있다. 이 분석을 참고하면 격동기의 국제정치를 보는 그의 관점을 엿볼 수 있다.

"김구 선생을 감히 평한다면 길이 빛날 독립투사였으며 절세의 애국자였지만, 정치인으로서는 아쉬운 점이 있다고 생각한다. '좌우합작' 논의가 있을 때 선생은 그 속으로 뛰어들었어야 했다. 분단을 막아야 한다면 처음부터 적극적으로 행동에 나서야 했다. 그리고 신탁통치를 무조건 반대만 할 것이 아니라 시한부 신탁통치를 받아들여 3년이나 5년 후에 독립을 모색했어야 했다. 때를 놓쳐 남쪽만의 단독정부를 수립한다고 결정되었다면 총선에 참여했어야 옳다고 본다."

김구 주석은 1948년 5월 남한 단독정부 수립을 앞두고 "3·8선을 베고 쓰러져 죽을지언정 일신상의 안일을 위하여 단독정부 수립에 참여하지 않겠다"라고 선언하면서 방북하여 김일성과 회담을 통해 남북분단을 막아보려고 노력하였다.[1] 그러나 이미 북한에서 실질적인 권력을 장악한 김일성의 양보를 끌어내어 남북합작을 한다는 것은 이미 불가능한 일이었다. 김대중 대통령은 이 점을 비판했고, 나도 이 판단에 전적으로 동의한다.

김대중 대통령은 일찍이 1971년 대통령 선거에 출마했을 때 '4대국 안전보장론'을 공약으로 제시하였다. 미일중소의 4대 강대국이 한반도에서 전쟁을 억제하고 남북 양국의 안전을 보장하자는 논리였다. 또 '3단계 평화통일론'을 제시하였다. 평화공존과 평화교류를 거쳐 평화통일로 가자는 3단계 논리였다. '4대국 안전보장론'은 2003년 북한 핵무기를 다룬 '6자회담'의 기원으로 볼 수 있고, '3단계 평화통일론'은 2000년 6·15 남북공동선언 2항, "남과 북은 나라의 통일을 위한 남측

---

[1] 1948년 5월 10일 남한 단독정부 수립을 위한 총선거가 예정되었다. 김구와 김규식 등 일행은 남북 간의 협상을 통해 단독정부 출범을 막아보고자 방북하였다. 총선 직전인 4월 19일부터 4월 30일까지 평양에서 전조선 정당사회단체 대표자 연석회의와 남북조선 제정당사회단체 지도자협의회 등에 참석하여 마지막 협상의 노력을 벌였다.

의 연합제 안과 북측의 낮은 단계의 연방제 안이 서로 공통성이 있다고 인정하고 앞으로 이 방향에서 통일을 지향시켜 나가기로 했다"로 구체화되었다. 남북한 유엔 동시 가입 제안도 1991년 현실화되었다. 시대를 앞서가는 제안이었다.

4·19 혁명으로 수립된 민주당 신파 장면 정부하에서 민주당 대변인이 된 김대중은 민주당 정권하에서 민주당 구파(신민당)와 혁신계 등의 좌우 양측의 공격을 막아내고 민주당의 중심을 지켜내기 위하여 고군분투하였다. 혁신계는 '국제적 보장하의 영세중립화 통일' '선통일 후중립화' '남북군대 무장해제와 외국군 철수' 등 무책임하고 과격한 통일정책을 주장하면서 민심과 멀어졌다. 장면 정부의 한미 경제협정을 매국으로 매도하는 분위기에 김대중 대변인은 온몸으로 부딪히며 맞섰으며, 동시에 보수우익들과도 싸웠다.

1965년 한일 국교정상화는 미국의 강력한 요구로 이루어졌다. 박정희 정권 역시 경제개발 종자돈(시드머니)이 필요한 입장이었다. 당시 윤보선 야당총재는 한일회담에 무조건 반대 입장이었다. '한일 국교정상화는 매국이며, 매국에 정면으로 반대하는 것이 대안이다'라는 것이 일반적인 분위기였다. 그런데 여기서 정치인 김대중의 진가가 드러난다.

당시 김대중 의원은 한일 국교정상화는 불가피하고 필요하다는 입장이었다. 무조건 매국행위로 부정할 것이 아니라 찬성을 전제로 협정 문안을 깊이 감독 심사하여 독도문제, 어업권문제, 한일합방과 식민통치 불법규정문제, 위안부, 강제동원 관련사항을 다루자는 조건부 찬성론이었다. 이 때문에 김대중 의원은 사쿠라 정치인으로 매도되는 괴로운 상황에 처했다. 그러나 김대중 의원은 포퓰리즘, 국민정서에 휘둘리지 않고 한일 국교정상화 불가피론을 견지하였다. 용기 있는 행동이다. 현재 만연한 포퓰리즘 정치 분위기에서 김대중의 철학과 노선을 다시 한번 음미해보아야 할 때라고 생각한다.

야당 시절에도 국제관계, 외교관계 및 남북관계에 깊은 식견을 보였던 김대중 총재는 대통령에 당선되자 그간 쌓아온 내공의 힘을 발휘하였다. 미국 클린턴 대통령과 중국의 장쩌민 주석, 일본의 오부치 총리, 러시아의 옐친, 푸틴 두 대통령과 개인적인 친분은 물론 신뢰를 돈독히 쌓아 4개국 정상으로부터 존경을 받는 최초의 대한민국 대통령의 면모를 보여주었다. 그 뿐만 아니라 필리핀 아키노 대통령, 남아공 넬슨 만델라 대통령, 말레이시아 마하티르 총리, 싱가포르 리콴유 총리, 독일의 폰 바이체커 대통령과 브란트 총리, 한스 디트리히 겐셔 외무장관 등 광범위한 국제적인 인맥을 쌓으며 대한민국 외교의 위상을 높였다.

트럼프의 허락과 동의 없이는 남북관계를 한 발자국도 진전시키기 어려운 여건 속에서 문재인 정부는 고군분투하고 있다. 북으로부터 갖은 모욕적인 비판을 들으면서도 감정적인 반응을 하지 않고 일관되게 한반도 평화, 한반도 신경제지도 구상을 견지하고 있는 문재인 정부의 짐이 무거워 보인다. 한미 간에 문제가 발생되면 힘을 모아 대통령과 정부가 자주적인 교섭력을 갖도록 도와주어야 한다. 미국보다 더 먼저 미국의 입장을 대변하여 자국의 정부를 질타하는 보수언론과 야당의 공격은 국익에 도움이 되지 않는다. 정부도 4·27 선언과 9·19 평양선언과 상충되는 5·24 조치를 폐기하고 적극적인 남북관계 돌파를 위한 자주적인 노력이 필요하다.

나는 한일의원연맹 소속으로 일본을 자주 방문할 기회가 있었다. 일본 참의원 본회의장에 들리면 1998년 김대중 대통령의 참의원, 중의원 합동연설에 대해 이야기하는 일본 국회의원들을 많이 만난다. 그들은 연설을 듣고 감동했다고 말했다. 당시 일본 참의원, 중의원 730명 중 527명이 참석했다고 한다. 오부치 총리와 부인, 각료 부인들이 모두 참석하였고 NHK도 생중계하였다. 사회당의 도이 다카고 여사는 김대중 대통령의 연설 중에 "기적은 기적적으로 이루어지지 않는다"는 말에 감동받았다고 한다. 김대중 대통령의 기적 같은 정치인생 역시 기적적으로 이루어진 것이 아니라 피나는 투쟁과 삶과 죽음의 고비를 넘어 노력한 결과로 만들어진 것이다.

김대중 대통령은 오부치 총리와 '21세기 한일 파트너십' 공동선언을 발표하였다. 오부치 총리는 "일본이 과거 한때 식민지 지배로 인하여 한국 국민에게 다대한 손해와 고통을 안겨주었다는 역사적 사실을 겸허하게 받아들이면서 이에 대하여 통절한 반성과 마음으로부터 사죄를 하였다"라고 발표하였다. 대단히 의미 있는 선언이다. 오부치 총리의 딸 오부치 유코 중의원과 술을 한잔하면서 오부치 총리의 역사적인 담화를 칭찬한 일이 생각난다.

김대중 대통령은 중국의 장쩌민 주석과 서로 중국의 역사문화에 관

1999년 5월 청와대에서 김대중 대통령(새정치국민회의총재 겸직)으로부터 6·3보궐선거 공천장을 받는 모습

해 소통하고 공감하여 노래를 같이 부를 정도로 마음이 상통하였다. 장쩌민 주석이 일본에 방문하면서 대한민국 상공을 지날 때 기내 메세지로 김대중 대통령에게 인사말을 보낼 정도로 친근감을 표시하였다. 주룽지 총리와 만나 중국 원자력발전소 건설에 우리 기업의 참여를 약속받기도 하였다.

또한 김대중 대통령의 국제 외교적 지도 역량은 동티모르 문제 처리에서도 빛을 발휘하였다. 1999년 9월 11일 뉴질랜드 APEC 정상회담 시 김대중 대통령 주도하에 동티모르 사태 해결을 위한 성명을 준비하였다. 장쩌민 주석, 오부치 총리, 클린턴 대통령을 설득하여 한미일 3국 정상은 동티모르 독립을 위해 유엔과 인도네시아 정부가 적극 나서야 한다는 성명을 발표하였다. 덕분에 인도네시아 정부가 동티모르 민병대의 주민탄압을 통제하여 10만 명이 더 희생될 수 있는 참혹한 사태를 막을 수 있었다. 놀라운 외교 역량을 보여준 것이다.

그런데 대한민국 국군의 동티모르 평화유지군 파병을 결정할 때 자유한국당의 전신인 한나라당이 반대하였다. 당시 나는 초선의원으로 본회의장 표결에 참석하였다. 한나라당 비례대표였던 이미경 현 KOICA 이사장이 찬성표를 던졌는데, 한나라당은 이미경 의원을 제명하였다. 황당한 일이 아닐 수 없었다. 베트남전과 이라크전에 부대를 파견하자는 제안에 적극적으로 찬성하던 당이, 진정 필요한 동티모르 평화유지군 파병에 반대하다니 꼭 청개구리를 보는 느낌이었다.

역사적인 남북정상회담의 문을 열다

2000년 역사적인 남북정상회담의 감격은 지금도 잊을 수 없다. 나는 1987년 양김 분열 때 너무 실망하여 한때 김대중이란 정치인을 만나지 않으려고 했다. 그러나 1994년 북핵 위기 때 한반도 전쟁을 막기 위해 카터 방북을 통한 일괄타결론을 제시하는 김대중 선생을 보고 감동한 바 있다. 대한민국 진보의 역사가 김대중 불가론을 외치던 강단좌파들의 주장과 달리 김대중을 거쳐 뚫고 나가지 않으면 안 된다는 확신을 갖게 만든 사건이었다.

결국 김대중은 대통령이 되어 햇볕정책을 통해 남북정상회담을 실현시켰다. 김대중 대통령 방북 시 금수산 김일성 주석 시신에 대한 참배문제와 성명서 날인 주체를 김영남 위원장으로 할 것인가 김정일 국방위원장으로 할 것인가 하는 문제가 있었다. 이에 김대중 대통령은 내공으로 설득시켜 금수산 참배는 이번에는 하지 않는 것으로 하고 김정일 국방위원장 서명을 받아내는 데 성공하였다. 남북정상회담에서 김대중 대통령은 김정일 위원장에게 배타적 자주가 아닌 열린 자주의 길로 나아가야 한다고 강조하였다.

"남북이 한반도 주변 4강과 좋은 관계를 맺어야 한반도 평화와 통일에 도움이 됩니다. 북측이 계속 미국과 적대 관계를 유지하는 한 한반도 평화는 기대하기 어렵습니다. 북이 살길은 안보와 경제회생이 아닙니까? 그것을 해결해줄 수 있는 나라가 바로 미국입니다."

나는 김정일 위원장이 이 말을 정확히 이해했다고 생각한다. 김대중 회고록에 의하면 당시 김정일 위원장은 이렇게 말했다고 한다.

"1992년 초 미국 공화당 정부 시기에 김용순 비서를 미국 특사로 보내 '남과 북이 싸움하지 않기로 약속했다'고 말했습니다. 그러면서 '미군이 계속 남아서 남과 북이 전쟁을 하지 않도록 막아주는 역할을 해달라'고 요청했습니다. 역사적으로 주변강국들이 한반도의 지정학적 위치의 전략적 가치를 탐내어 수많은 침략을 자행한 사례를 들면서 '동북아시아의 역학관계로 보아 조선반도의 평화를 유지하면서 미군이 와 있는 것이 좋다'고 말했습니다. 제가 알기로는 김 대통령께서는 '통일이 되어도 미군이 있어야 한다'고 말씀하셨는데 그것은 제 생각과도 일치

합니다. 미군이 남조선에 주둔하는 것이 남조선 정부로서는 여러 가지로 부담이 많겠으나 결국 극복해야 할 문제가 아니겠습니까?"

2000년 말 앨 고어가 조지 부시 대통령에게 패배했다. 일반 국민투표는 이겼지만 선거인단선거에서 졌다. 이후 힐러리와 트럼프의 대결도 마찬가지였다.[2] 어처구니없는 플로리다 개표현황만 보더라도 대한민국보다 미국이 선거관리에 후진국임을 보여주었다. 부시는 당선되자마자 1994년 제네바 합의를 무력화시키고 북핵 위기를 이유로 글로벌 미사일 방어체제를 확립하면서 군산복합체의 이익을 대변하였다. 김대중 대통령에게는 시련의 순간이었다. 앨 고어가 당선되고 올브라이트 미 국무장관의 평양방문[3] 이후 클린턴 대통령 평양방문이 성사되었다면 한반도의 지형이 바뀌었을 것이다.

2001년의 9·11 테러사건은 상황을 더욱 악화시켰다. 부시의 악의 축 발언 이후 선제공격전략이 적용되었다. 국제질서가 요동치게 된 것이다. 김대중 대통령은 워싱턴 D.C.에서 부시와 회담하면서 이 사람$^{This\ man}$이라는 말을 듣는 등의 모욕을 당했다. 그러나 김대중 대통령은 딕 체니, 럼스펠드에 둘러싸인 부시 정부를 끈질기게 설득하여 부시 대통령의 한국 방문 시 도라산역을 방문하게 만들었다. 조지 부시의 한반도 선제타격 불사론을 잠재우고 북미대화의 장으로 나오게 만든 데는

---

2 2000년 대선에서 고어가 48.38%, 아들 부시는 47.87%의 득표율을 보였는데, 선거인단 수에서 부시가 4석이 더 많아 승리하였다. 2016년 미국 대선에서 힐러리는 48.2%, 트럼프는 46.1%를 얻었다. 그러나 선거인단 수에서 트럼프가 앞서 승리하였다.

3 2000년 10월 23일 올브라이트 미 국무장관이 평양을 방문하여 클린턴 대통령의 북한방문을 김정일과 협의하였다.

김대중 대통령을 이어받은 노무현 대통령의 원칙과 신념을 가진 외교가 뒷받침되었기에 가능한 일이었다. "May this railroad unite Korean families.(이 철길로 이산가족들이 재결합하기를)" 부시 대통령이 도라산역 방문 시 침목에 쓴 글이다.

다시 김대중 대통령 같은 외교 역량이 절실히 필요한 시점이다. 4대 강국의 정상과 의회 국민 모두로부터 공감대를 끌어내면서도 남북관계의 신뢰를 쌓아가는 것이 보통 어려운 일이 아니다. 김대중의 외교는 이것이 가능하다는 단초를 보여주었다. 동교동을 방문하여 김대중 전 대통령을 만나 뵈었을 때 내게 강조한 말을 다시 생각해본다. "4대 강국 어느 나라와도 척지지 않고 사이좋게 지내야 한다. 그래서 우리 민족의 운명을 스스로 결정할 수 있는 자주적인 공간을 만들어가야 한다."

02

노무현의 외교:
주체적인 한미동맹 외교

북핵문제 해결에 사활을 걸다

노무현 대통령이 2002년 말 당선되었다. 북을 악의 축이라고 규정하고 선제공격전략을 선택하고 북에 대한 외과수술식 타격 surgical strike 과 정권교체 regime change 를 추구하는 부시 행정부를 상대해야 했다. 부시 행정부는 2001년 9·11 테러 이후 반테러전쟁을 선언하고 아프간과 이라크 침략전쟁을 연이어 일으켰다. 김대중 대통령 시기보다 훨씬 악화된 국제환경에서 남북관계를 풀어 나가야 할 상황이었다.

1994년 제네바 합의는 2002년 말 공식적으로 폐기되었다. 이런 상황에서 만일 이회창 정권이 탄생하여 부시 행정부의 딕 체니 부통령, 럼스펠드 국방부 장관 등 네오콘neocons[4]과 손을 잡았다면 한반도에 전쟁이 발생할 개연성이 훨씬 컸으리라 생각된다. 럼스펠드는 2001년 국방부 장관에 취임하자마자 국방부에 미사일방위청을 만들었다. 글로벌 미사일 방어체제를 수립하기 위하여 제네바 합의는 폐기되어야 했다. 북한을 '악의 축'으로 위험을 확대시켜 동북아에서 미사일 방어체제를 수립할 명분이 필요하였다. 2002년 3월 미국 국방부가 작성한 핵태세보고서 NPR: Nuclear Posture Review 에는 북한이 핵무기 공격대상으로 명시되었다.

노무현 정권 초기에 대북송금 문제가 논란이 되었다. 미 의회조사국 래리 닉시 연구원이 대북송금 문제를 보고하였다. 2002년 산업은행 국정감사에서 엄낙용 전 총재가 엄호성 의원의 질문에 사실을 인정하면서 파문이 커졌다. 나는 국회 기재위원으로서 산업은행 국정감사를 하면서 그 현장에 있었다. 대북송금은 현대아산의 북한에 대한 개발권과 계약사항에 관련된 자금이었는데, 산업은행을 이용한 송금방법 상의 외환관리법 위반 문제가 발생하였다. 이는 특수한 대북관계에서 불가피한 면이 있었기에 고도의 통치행위라고 판단하는 것이 타당했다.

그러나 참여정부 역시 어려움이 많았다. 당과 정부 인사들은 엄청난 야당의 공세와 노무현 정부가 통제를 포기한 검찰에 의해 전방위적 수사가 이루어지기보다 특검을 통한 한정된 분야의 수사가 불가피하다는

---

[4] neo-conservatives의 약칭. 원래 1960-70년대 미국의 민주당 좌파에 속했으나 이후 미국 우월주의와 종교적 신념을 강조하는 극단적 보수주의로 전향하여 공화당에 참여함. 1980년대 레이건-부시 행정부 시절에 정권에 참여하였다가 2003년 부시 행정부의 출범과 함께 외교안보 부문을 장악하였다. 이들은 미국의 패권을 유지하기 위해서는 군사력을 과감하게 사용해야 한다는 신념으로 이라크 전쟁과 반테러 전쟁을 수행하였다. 핵심인물은 딕 체니 부통령, 럼스펠드 국방부 장관, 월포위츠 국방부 부장관 그리고 리비 부통령 비서실장 등이다. 특히 유태인이 많다.

판단을 내렸다. 나는 강력하게 대북송금특검을 반대하였지만 여러 가지 복잡한 과정과 당청 간 의사소통의 부족으로 대북송금특검법이 통과되었다. 이와 관련하여 초기 대북정책에서 어려움이 많이 발생했었다.

1994년 제네바 합의에 따르면 영변 핵시설 폐쇄의 대가로 경수로 2기를 2003년까지 완성해주기로 했는데 진척되지 않았다. 김대중 정부 때 시작되어 2002년 첫 삽을 떴지만 2002년 말 제네바 합의 폐기선언으로 중단되었다. 2003년 1월 북한은 NPT 탈퇴선언을 했다. 북한과 미국 강경파들의 대립으로 파열음이 나던 상황을 관리하여 6자회담의 틀을 만들고, 제4차 6자회담이 열렸던 2005년 9월 19일 마침내 비핵화에 합의하는 공동성명을 이끌어냈다. 실로 대단한 성과라 할 수 있다.

9·19 공동성명은 기본적으로 북한 핵폐기 범위와 이에 상응하는 경수로 제공문제의 상관관계를 중심축으로 협상이 이루어졌다. NPT 협약 상의 핵에 대한 평화적 이용 권리를 보장해주지 않으면서 일방적으로 핵 억지와 통제를 하려는 것은 설득력이 없고 지속하기 어려운 일이다. 북측은 "경수로라는 첨단기술을 북한에 제공해주면 미국을 믿을 수 있다. 경수로는 미국의 북한에 대한 정치적이고 물리적인 담보이다"라는 주장을 일관되게 해왔다.

9·19 공동성명에서는 우리 측 송민순 대표의 중재로 합의문 2조 내용이 다음과 같은 문구로 절충되었다. "조선민주주의 인민공화국은 핵에너지의 평화적 이용에 관한 권리를 가지고 있다고 밝혔다. 여타 당사자국들은 이에 대한 존중을 표명하였고, 적절한 시기에 조선민주주의

인민공화국에 대한 경수로 제공문제에 대해 논의하는 데 동의하였다."
북은 완전한 핵폐기를 약속하였는데 경수로 제공을 약속한 것도 아니고 제공문제를 논의하는 데 '동의하였다'는 수준으로 봉합한 것이다. 그러나 비핵합의의 잉크도 마르기도 전인 그다음 날, 방코델타아시아 은행5에 개설된 2,500만 달러 상당의 북한 계좌를 압류해 이 역사적인 합의는 휘청거리게 된다.

9·19 공동성명은 노무현 대통령이 북핵문제 해결에 사활의 무게를 두고 송민순 6자회담 협상대표에게 힘을 실어주었기 때문에 가능한 일이었다. 북미와 남북이 합의할 수 있는 가장 진일보한 형태였다. 2011년 후진타오·오바마 회담에서 9·19 회담은 5차례나 언급되었다. 2016년 3월 유엔안보리결의 2270호도 9·19 공동성명의 이행을 촉구했다.

2005년 초 노무현 대통령이 신년연설에서 '동북아균형자론'을 제기하여 논란이 되었다. 철저한 냉전적 진영논리에 볼모로 잡혀 있는 한반도 상황에서 찬반논란이 극렬하게 벌어졌다. 나는 동북아균형자론에 대해 촉진자 또는 중개자 형태로 겸손하게 다가갈 필요가 있었다고 생각한다. 대한민국이 동북아의 균형자 역할을 하기에는 도광양회韜光養晦6, 화평굴기和平崛起7의 시간이 필요하다. 남북이 화해협력으로 통일될 때 동북아균형자론은 힘을 받게 될 것이다.

---

5 마카오에 소재한 은행. 1970년대부터 북한의 유일한 외환 결제창구 역할을 함
6 자신을 드러내지 않고 때를 기다리며 실력을 기른다는 의미. 중국의 덩샤오핑이 집권한 1980년 말에서 1990년대의 외교정책을 일컫는 용어
7 평화롭게 우뚝 선다는 의미. 2003년 후진타오 집권시기의 외교전략. 중국은 화목한 이웃, 안정된 이웃, 그리고 부유한 이웃이 되겠다는 3린三隣정책을 내세웠음

한국 외교의 한 획을 그은 노무현 대통령

보수주의자들은 입만 열면 노무현 대통령을 친북·용공·반미로 공격했다. 상투적인 공격이다. 김대중, 노무현, 문재인 정권에 이르기까지 국민이 선출한 대통령을 반미·용공·친북으로 딱지를 붙여 공격하는 것은 일상이 되었다. 급기야 제1 야당의 황교안 대표가 문재인 대통령을 김정은의 대변인이라고 공격하는 일까지 벌어졌다. 그러나 노무현 대통령 재임 시기 용산미군기지의 평택 이전협상이 잘 마무리되었고, 세계에서 영국 다음으로 대규모 이라크파병을 결정했고, 한미 FTA를 추진한 것도 노무현 정권이었다. 가장 논란이 될 문제들을 잘 처리한 정권이 노무현 정부이다.

지금도 한미 FTA를 반대하는 시민단체와 진보세력에 했던 노무현 대통령의 말이 생생하게 기억난다. "우리나라 진보세력이 통상개방문제를 정면으로 받아 안고 대응해 나가지 않으면 역사의 주류가 될 수 없다." 지금도 여전히 울림이 있는 말씀이라고 생각한다. FTA 중 가장 당당하게 협상한 것이 한미 FTA라고 생각한다. 김현종 본부장, 김종훈 협상 대표가 노무현 대통령의 뒷받침 아래 소신 있게 협상을 주도하였다. 노무현 정부가 아니었으면 한미 FTA를 추진하기 어려웠을 것이다. 결국 트럼프 대통령 등장 이후 한미 FTA 개정 요구를 통해 노무현 정부 때 시행된 한미 FTA가 한국 측에 유리했음을 입증 받았다.

북을 악의 축으로 생각하고 선제공격도 불사하겠다는 생각을 가지고 있는 부시 대통령과 맞서 노무현 대통령은 솔직하게 우리의 입장을 설명하고 설득하기 위해 온힘을 다하였다. 2007년 12월 28일 〈인터내셔널 헤럴드 트리뷴〉에 게재된 '아시아로부터의 편지'의 기사 내용에 따르면, "미국 유권자의 선택에 따라 세계의 모습이 결정되는 것이 보통이지만, 변방의 중간급 국가가 세계의 모습을 결정하는 데 놀라운 영향을 준 지도자가 노무현 대통령이다. 부시 행정부의 대결적 대북정책을 설득하여 외교의 길로 끌고 와 핵문제와 관계 정상화 협상을 이끌어낸 것은 대단한 일이다"라고 극찬한 바 있다.

또한 노무현 대통령은 반기문 유엔 사무총장을 만들기 위해 최선을 다했다. 부시 대통령을 설득하고 반기문 총장 당선에 도움이 되는 일이라면 누구든 만나고 정성을 다했다. 반기문 유엔 사무총장의 탄생은 한

2002년 12월 노무현 대통령 후보 국민참여운동본부 희망돼지 수거일 행사

국 외교에 획을 긋는 사건이었다. 인천시장 시절 뉴욕 유엔본부에 갔더니 본부경비들이 거수경례를 제대로 했다. 내가 누군지 아느냐고 물어보았더니 한국사람처럼 보이면 무조건 경례를 한다고 대답했다. 총장님을 만나러 온 손님으로 이해한 것이다. 이런 것이 보이지 않는 외교의 힘이다.

이준, 이상설 밀사가 1907년 헤이그 만국평화회의에 참석하러 갔다가 1905년 을사늑약으로 외교권을 박탈당했다는 이유로 입장도 하지 못했던 시절을 생각해본다. 본회의 입장도 하지 못했던 우리나라가 불과 100년 만에 유엔 사무총장을 배출한 것이다. 노무현 정부의 큰 성과이자 대한민국의 외교적 성과이다. 그러나 반 총장이 유엔 사무총장으로 재직하는 황금 같은 10년 동안 북한을 한 번도 방문하지 못했던 것은 아쉬운 일이 아닐 수 없다. 반 총장이 유엔총장으로서 북미 간의 핵 문제 해결에 결정적 역할을 성공시켰다면, 지난번 대통령 후보로 나섰을 때 평가가 그렇게 박하지 않았으리라 생각된다.

지금까지도 나는 노무현 대통령의 전시작전권 회수에 관한 명연설 동영상을 보곤 한다. 강연할 때 자료로도 활용한다. 매번 볼 때마다 가슴이 찡하다. 중국의 검색 엔진 바이두에서 대한민국 전시작전권을 검색해보면 '세계에서 유일하게 자국의 군사지휘권을 외국에 넘긴 나라'라는 설명이 나온다. 참으로 부끄러운 일이다.

김용우 육군참모총장과 전시작전권 문제를 주제로 대화를 나눈 적이 있다. 우리에게 전시작전권이 없기 때문에 전략·전술능력이 향상되고 축적되지 않는다고 한다. 전쟁 개시 여부 결정권한이 없는 군대가 무슨 힘을 발휘하겠는가? 사장과 종업원은 사고방식과 마음자세가 다르다.

　예를 들어 황해도에서 공기부양정을 타고 북한특수부대가 백령도를 점거했다고 가정해보자. 오산기지에서 발진한 공군기에 해안포 공격을 위한 지대공 미사일을 장착할 것인가? 북한 공군기 요격을 위한 공대공 미사일을 장착할 것인가? 2함대 사령부는 어떻게 해군지원을 할 것인가? 이런 문제를 누가 결정할 것인가? 2010년 연평도 폭격도발 시 발진한 우리 공군기들은 공대공 미사일을 장착하고 있었지만 해안포 공격을 할 수 없었다. 이명박 대통령, 김황식 총리, 원세훈 국정원장 등 모두 군대에 다녀오지 않은 사람들이 모여 이런 사실도 모르고 청와대 지하벙커에 앉아서 전시작전권도 없이 보복타격 여부를 논의하고 있었다고 한다.

　한국전쟁 시 대한민국을 구한 3대 전투가 춘천대첩, 낙동강전투, 인천상륙작전이다. 인천상륙작전은 정말 어려운 작전이었는데 결국 성공했다. 이런 군사령관의 작전능력은 어디서 길러지는가? 우리 군 스스로 작전권을 가져야 작전 능력이 길러지지 않겠는가? 이런 작전 능력을 배양하지 않고 온전한 사용권한도 없이 무기 구매만 많이 한다고 국방이 강화되지 않는다. 전략적 유연성 개념에 합의해 주한미군이 대북억지력 차원을 넘어 동북아 신속기동군으로 재편되고 있는 상황에서, 주한미군사령관에게 전시작전권을 위임한다는 것은 논리적 모순이다. 너무나 당연한 말이 지금까지 금기되었다. 마치 원나라 쌍성총관부의 지배를 받고 있던 고려 말의 상황을 연상케 하는 상황이었다. 공민왕의 고민이 노무현 대통령의 고민과 겹쳐지기도 한다.

노무현 대통령의 평양방문이 임기 말에 실현되었다. 휴전선을 걸어서 넘는 노무현 대통령의 모습에 가슴이 뭉클하였다. 10·4 정상선언이 발표되었고 서해평화협력지대 구상이 합의되었다. 인천 국회의원으로서 항상 강조해왔던 전략이었다. NLL^{북방한계선} 문제를 근본적으로 해결하지 못하더라도 평화적으로 관리할 필요가 있었다.

김장수 국방부 장관과 북측 김일철 인민무력부장이 서해평화협력지대를 논의하는 후속회담을 평양에서 열었다. 서해평화협력지대의 범위 설정을 둘러싸고 우리는 NLL을 중심으로 등거리·등면적으로 주장했고, 북측은 서해경비계선을 중심으로 범위를 설정하자고 주장해 대립하였다. 결국 의견이 합치가 안 되어 무산되었고 이후 이명박 정권 들어서면서 10·4 선언은 사실상 지켜지지 못했다. 그리고 2012년 대선 당시 정문헌 의원과 김무성 의원 등은 2007년 정상회담 회의록을 발췌·왜곡 유출하여 노무현 대통령이 NLL을 사실상 포기했다면서 비겁한 안보공세를 펴부었다. 부끄럽고 추악한 정치공세가 아닐 수 없었다.

2014년 인천시장 임기를 마치고 칭화대학에서 방문학자로 지낼 때 베이징에서 김장수 대사를 만날 기회가 있었다. 노무현 대통령 당시 국방부 장관으로 서해평화협력지대 실무 후속회담을 했던 김장수 전 의원을 박근혜 대통령이 주중대사로 임명했던 것이다. 나는 김장수 대사와 식사를 하면서 "대사님이 국방부 장관으로 서해평화협력지대 후속

회담을 하였을 때 NLL 포기 논란이 나온 적 있습니까?"라고 물었다. 김 대사는 당시 상황을 솔직하게 이야기해주었다.

"평양으로 가기 전 노대통령을 면담하고 물었습니다. 'NLL을 일부 양보해서라도 서해평화협력지대 구상을 타결해야 할까요?' 이에 대해 노대통령은 '국방부 장관 소신대로 하세요'라고 대답했습니다. 홀가분한 마음으로 평양을 방문해 NLL을 기점으로 등거리·등면적으로 평화어로구역을 지정하자고 주장했지요. 그러다가 의견 합치가 안 되어 결렬된 것입니다."

속사정을 듣고 황당했다. 그러면 이런 사실을 왜 미리 인터뷰해주지 않았는지 따져 물었지만, 당시 김장수 대사는 박근혜 캠프에 영입되어 활동 중이었으니 기대 난망이었다. 안타까운 일이었다.

이번 문재인, 김정은 3차 정상회담을 두고 또 논란이 벌어졌다. "송영무 국방부 장관과 노광철 인민무력상이 서명한 군사 분야 합의서가 사실상 NLL을 포기한 것이다"라고 김성태 자유한국당 원내대표가 발언했다. 당시 합의문을 보면 "서해 북방한계선 일대를 평화수역으로 만들어 우발적인 군사충돌을 방지하고 안전한 어로활동을 보장한다"라고 되어 있다. 오히려 북측이 NLL을 사실상 인정해준 합의문이었으니 김 대표의 주장은 악랄한 흑색선전이 아닐 수 없었다. NLL은 영토선이 아니며 말 그대로 북방한계선이다. 육지와 달리 고정되어 있지 않기에 경계가 확정되기 어렵고 유동적이다. 충돌 위험성이 크기 때문에 평화수역이 절대적으로 필요하다.

인천시장 시절 백령도와 대청도 등 서해 5도를 방문하면 어민들이 이구동성으로 내게 말했다. 남북이 힘을 합하여 중국 어선들의 불법어로를 막아달라는 것이다. 차라리 우리 측에서 북에 입어료를 내고 고기를 잡을 수 없냐고 하소연한다. 등거리·등면적의 보완책으로 고기 어획량의 한계를 서로 합의하여 어로구역을 탄력적으로 조정해볼 수 있을 것이다. 남북이 화해협력하려는 시도를 틈만 나면 색깔론이라는 안보장사로 정치적 이득을 보려고 하는 낡고 무능한 정치는 이제 그만두어야 한다.

노무현 정부가 아무리 의미 있는 일을 했어도 정권 재창출에 실패하면 결과적으로 실패로 규정되고 만다. 정권이 교체되어도 김대중, 노무현 정부가 이루어놓은 민주주의 성과는 후퇴하지 않을 것이라고 대다수 진보적 지식인들이 안이하게 생각했다. 보수정권 10년 동안 철저하게 후퇴하였다. 국정이 농단되고 국가기관이 사유화되었다. 촛불혁명으로 문재인 정부가 탄생하였기에 10·4 선언의 의미가 살아났고 노무현 대통령의 외교적 노력이 재조명 받고 있다. 2018년 평양에서 10·4 선언 기념식이 열려 참석했다. 북미 양측을 설득하면서 자주적인 민족의 공간을 만들기 위해 온몸으로 노력하였던 노무현의 꿈이 문재인 정부로 이어지고 있다.

노무현 대통령의 외교정책은 김대중 대통령의 '햇볕정책'을 계승하고, '평화·번영정책'으로 발전시켰다고 할 수 있다. 김대중 대통령이 시작했고 노무현 대통령이 뒤따랐고 문재인 대통령이 닫혀져 가던 평화의 창문을 다시 열었다. 이제 분단과 단절의 벽을 평화와 소통의 문으로 만들기 위한 국민의 도도한 물결이 필요하다.

03

이승만과 박정희의 외교

국제정세 전문가 이승만

대한민국 대통령 중 미국을 설득하고 국제정세를 주도했던 사람으로는 이승만 대통령과 김대중 대통령을 꼽을 수 있다. 이승만은 히틀러의 파시즘과 일본 군국주의에 맞서 일시적 연합을 했던 미소가 종전 이후에 불가피하게 분열될 것을 정확히 알고 이를 활용해 단독정부 수립론으로 5·10 선거로 대한민국 정부 수립을 주도하였다. 이승만은 소련과 공산주의를 믿지 않았다. 히틀러 패배 이후 동유럽에서 인민들의 자유로운 의사가 아닌 친소 공산독재정권들이 수립되는 것을 보면서 해방 이후 정국에 대한 고민을 한 것이다.

소련이 폴란드 인민의 압도적인 지지를 받는 폴란드 런던 망명정부를 부정하고 소련의 지지를 받는 루블린 친소정부 수립을 주도한 것은 전후질서의 난항을 예고하는 것이었다. 얄타 회담에서 루스벨트와 처칠은 사실상 폴란드 런던 망명정부의 정통성을 지키지 못하고 소련의 주도권을 승인해주고 말았다. 대독 전쟁에서 2,500만 이상의 최대 희생자를 내면서 전선을 주도해온 소련의 권리를 외면할 수 없었던 것이다. 사실상 폴란드에서 독일군을 몰아내고 영토를 군사적으로 점령한 소련의 기득권을 부정함으로써 연합국 간에 불화를 일으킬 수 없었기 때문에 폴란드가 희생된 것이다.

폴란드 임시정부는 대한민국 임시정부와 비교가 안 될 정도로 수만 명의 폴란드군을 조직하여 아프리카, 이탈리아 등에서 영국군과 함께 전쟁에 참가하였고, 폴란드 공군조종사들이 영국 공군조종사와 연합하여 영국 본토 항공전에서 연합군 조종사의 5% 비율로 12%의 독일군 항공기를 격추시킬 정도로 맹활약을 하였다. 또한 1944년에는 폴란드 망명정부의 결정에 따라 2만여 명의 폴란드 국내 군이 바르샤바 봉기를 일으키기도 하였다.

대한민국 임시정부는 단 하나의 나라에서도 승인을 받지 못하였다. 윤봉길 의사 의거 덕분에 중화민국 장제스 총통이 사실상 임시정부를 인정하고 후원을 했지만 국제법상 대한민국 임시정부를 승인해준 나라는 없었다. 이에 반해 폴란드 런던 망명정부는 영국과 미국은 물론 소련과도 외교 관계를 맺고 있었다. 그런데도 폴란드 망명정부는 얄타 회담에서 배제되었다. 결국 1990년 동구 사회주의권이 붕괴되고 레흐 바웬사 정부가 수립될 때까지 혹독한 시련의 세월을 견디어내야 했다.

이승만은 얄타 회담에서 미국이 '미군 일본 본토 상륙작전' 시 미군 피해를 최소화하기 위하여 일본과 중립조약을 체결했던 소련의 대일본전 참전을 촉구하였고, 그 대가로 한반도를 소련에 넘기지 않을까 우려하였다. 그래서 1945년 샌프란시스코 유엔창립총회 때 이승만은 "미국이 얄타 회담에서 한반도를 소련에 넘기기로 밀약했다"는 폭탄발언을 한 것이다. 발언의 사실 여부와 상관없이 당시 국제정세의 흐름을 정확하게 꿰뚫어보고 있었다고 할 수 있다.

이승만은 조지워싱턴대학을 졸업하고 하버드대 석사과정을 거쳐 프린스턴대학 박사학위를 받았다. 이승만 대통령이 1910년 미국 프린스턴대학에서 쓴 〈미국의 영향을 받은 중립 Neutrality as Influenced by the United States 〉이라는 글은 미국 관점에서 전시중립문제를 다룬 논문이다. 이승만에 대한 수많은 부정적 평가에도 불구하고 그가 당시 우리나라 수준에서 최고의 국제문제 전문가였다는 점은 부인할 수 없다.

박정희의 자주국방 외교

1972년 10월 유신이 있었다. 그때 나는 초등학교 4학년이었다. 신동우 화백의 그림이 선명한 기억으로 다가온다. 신헌법 번영의 길, 구헌법 파멸의 길이라는 만화 포스터. 유신헌법으로 가면 고속도로가 뻗어나가는 희망의 길이, 구헌법으로 가면 붉은 색으로 칠해진 곡괭이를 들고 강제노동하면서 가난에 지친 사람들의 모습이 그려졌다. 어린 마음에도 유신헌법이 반드시 통과되어야 하는구나 하는 생각을 했다. 그 10월 유신이 민주주의 사망을 알리는 총통제로 가는 전환점이라는 사실을 나중에 커서 알았다. 유신헌법을 옹호하던 갈봉근, 한태연 등이 원용한 독일의 칼 슈미트의 결단주의 헌법이론은 히틀러의 총통 독재를 가능하게 만든 헌법이론이었다는 사실도 알게 되었다.

박정희가 주도한 5·16 쿠데타는 어떻게 가능했을까? 4·19 이후 학생들의 데모와 혁신계의 등장, 사회혼란 등 여러 가지 이유를 들 수 있으나 핵심적인 것은 민주당 신구파의 분열이다. 5·16 쿠데타는 충분히 진압될 수 있는 정변이었으나 민주당 구파인 윤보선 대통령과 민주당 신파인 장면 총리의 분열 때문에 이를 막아내지 못한 것이다. 윤보선 대통령은 자신을 옹립하기 위한 친위 쿠데타로 오해하여 이를 방치한 것이다.

박정희는 남로당 가입 경력이 문제가 되어 대통령 선거에서 윤보선 후보의 색깔론 공세를 받았다. 한국전쟁 전후로 색깔론으로 국군에 의해 엄청난 민간학살을 경험한 호남을 필두로 한 많은 피해세력이 모두 박정희 후보를 지지하였다. 호남의 압도적 지지로 박정희는 윤보선을 이기고 대통령에 당선되었다. 그런 박정희가 정적 김대중을 탄압하기 위해 호남을 배제하고 지역감정을 불러일으켰으며, 아들처럼 키웠던 전두환, 노태우 등 대구경북 소장파 군인들에게 힘을 실어준 것이 12·12 쿠데타와 광주학살로 연결되는 아이러니를 낳게 된다. 은혜를 원수로 갚은 꼴이었다.

박정희 정권의 외교안보전략을 어떻게 평가할 것인가? 1960~70년 대 초반까지만 하더라도 북한의 경제발전이 남한을 압도하고 있는 상황이었다. 월맹과 베트콩의 맹활약으로 월남 정권이 계속 밀리고 있었다. 미국이 프랑스를 대신하여 베트남전에 개입하였지만 이것은 최악의 오판이었다. 2009년 7월 6일 맥나마라 사망 시 〈뉴욕 타임스〉 부고 제목은 '헛된 전쟁의 설계자 맥나마라, 93세 일기로 죽다'였다. 스스로도 1995년 회고록에서 베트남 참전은 대단히 잘못된 결정이었다고 자백했다.

케네디와 존슨에 의해 임명된 군사 천재 맥나마라 국방장관의 실패는 무엇을 의미하는가? 도미노 이론에 빠진 미국이 적의 의도를 오판하고 미국에 닥친 위험을 과장 해석하여 오류를 범한 것이다. 미국이 베트남전 참전의 빌미가 된 1965년 8월 4일 통킹만 매독스 미국 구축함에 대한 북베트남군 공격사건은 조작된 사건으로 밝혀졌다.

베트남전은 공산주의와 민주주의의 싸움이라기보다는 식민지 제국주의 세력과 민족자결을 염원하는 민족주의 세력과 싸움인 성격이 더 강했다. 한국전쟁은 이와 달리 민주주의와 공산주의 대결이라는 성격이 강하여 전개 양상이 베트남과 다르게 진행되었다. 베트남전 수렁에 빠진 미국이 결국 1973년 파리 평화협정을 통해 미군을 철수시키자, 자생력과 정당성이 취약했고 부패했던 남베트남 정부는 무너졌고 베트남 공산화통일이 완수되었다. 이런 현상은 박정희 정권에는 커다란 위협이었고, 박정희 정권 차원만이 아니라 대한민국 국가안보 차원에서도 위협적이었다.

　중소분쟁 과정에서 북한의 주체사상체제 확립, 닉슨의 중국 방문에 이어 미군의 베트남 철수와 베트남의 공산화 통일, 미국의 주한미군감축 등을 보면서 박정희 정권은 민족적 민주주의, 자주국방, 핵개발의 길로 가게 된다. 닉슨의 중국 방문과 닉슨 독트린에 이은 미군 철수는 남북 양측에 미중에 의존하지 않고 자주적인 길을 갈 수밖에 없다는 생각을 강화시켰다. 1971년 중화민국이 유엔에서 탈퇴하고 중화인민공화국이 유엔에 가입하고 안보리 상임이사국 지위를 승계한 것 역시 박정희 정권에게는 커다란 충격이었다. 김일성 정권에게도 우방인 중국이 적인 미국과 손을 잡는다는 것은 놀라운 일이었다.

　남북 모두 돌파구가 필요했다. 그래서 나온 것이 7·4 남북공동성명이다. 합의 내용은 자주, 평화, 민족대단결이었으며, 이는 지금도 여전히 유효한 남북관계 지침이 되고 있는 원칙이기도 하다. 그러나 7·4 남북공동성명 이후 남북 양측은 유신독재와 수령독재를 강화하는 방향으로 걸어갔다. 그러나 김대중 대통령이 아마추어 독재는 프로 독재를 이길 수 없고, 오로지 민주주의만이 프로 독재를 이길 수 있다고 주장했듯이, 북한을 흉내 낸 아마추어 독재는 프로 독재를 이길 수 없었다. 박정희 정권은 몰락하였다.

　최근 트럼프의 한미방위금 분담협정에서 50억 달러 요구와 지소미아 재개에 대한 압력 등을 통해 박정희 정권이 미중협력과 미군철수압박에 직면하여 느꼈을 고민을 상기해본다. 1969년 닉슨이 괌 독트린,

즉 아시아인의 방위는 아시아인이 책임지라는 원칙을 표명하면서 주한미군 1개 사단 2만 2,000명이 철수하였다. 이에 따라 박정희 정권은 1970년 연두기자회견에서 "북한이 단독으로 무력침공을 해왔을 경우 우리 대한민국 국군이 단독의 힘으로 충분히 이를 억제하고 분쇄할 수 있는 힘을 빨리 갖추어야 한다"라고 강조하면서 자주국방을 천명하였다. 그리고 비밀리에 핵개발을 추진하였다.

김일성 정권의 중소이념분쟁과 국경분쟁, 미중 간의 협력과 국교정상화에 이어 한소, 한중 국교정상화를 보면서 느꼈을 고립감이 어떠했을지, 자주국방, 핵개발을 강화시켰던 것을 박정희 정권과 비교해보면 충분히 이해할 수 있을 것이다.

04

노태우, 김영삼, 이명박, 박근혜의 외교

노태우 정부의 북방정책

1987년 6월 항쟁과 6·29 선언으로 대통령 직선제가 수용되면서 이를 주요 내용으로 한 9차 헌법 개정이 이루어졌고 개정헌법에 따라 대통령선거가 실시되었다. 나는 당시 인천에 있는 노동현장에 있었다. 광주 후배이자 연대 경영학과 후배이던 이한열 열사의 장례식 때 연세대에 올라와 우상호 당시 총학생회장을 도와 장례식을 마무리하였다. 양김 분열을 막고 후보 단일화를 만들기 위해 노력하였으나 결국 실패했고, 양김 분열과 관권선거로 노태우 정권이 탄생하였다.

대통령 선거에서는 졌지만 1노 3김의 4당체제하에서 여소야대 정국이 만들어졌다. 그리고 베를린 장벽의 붕괴와 함께 사회주의 동구권이 무너져 내렸다. 고르바초프의 글라스노스트와 페레스트로이카 정책과 소련식 사회주의 경제체제의 비효율성이 드러나면서 소비에트연방이 해체되었다. 이 와중에 노태우 정부는 북방정책을 추진하였다. 한반도에서 미군의 전술핵무기가 철거되고 한반도 비핵화 선언이 이루어졌다. 전시작전권회수도 이때부터 검토되기 시작하였다. 남북기본합의서가 채택되고 남북한 유엔 동시 가입이 이루어졌다. 소련을 필두로 한 체코, 헝가리 등 동유럽권과 국교가 수립되었고 1992년에는 한중 국교가 수립되었다.

노태우 정권 때 국가발전의 상당한 의미 있는 진전이 있었던 것이다. 노태우 대통령의 딸인 노소영 나비 대표와 대화를 나누면서 노태우 정권 시절의 국가발전을 위한 의미 있는 성과에 대해 평가한 적이 있다. 특히 오명 전 장관을 체신부 장관으로 발탁하여 체신부를 정보통신부로 바꾸고 반도체산업연구를 본격적으로 추진하였을 뿐만 아니라 TDX 전전자교환기를 개발하고 DACOM과 KT 등을 만들어 우리나라의 정보통신강국 토대를 만든 것은 대단한 업적이라고 할 수 있다. 강동석 장관 같은 분을 발탁하여 인천국제공항 건설을 성공적으로 착공한 것도 대단한 일이다. 성공한 정권이 되기 위해서는 명재상이 있어야 한다.

박철언 정무장관의 역할도 컸다. 토지공개념을 도입하고 북방외교로 우리나라 외교 영토 공간을 확장시키는 역할을 감당하였다. 노태우 대통령은 김종인, 문희갑, 박승 등을 발탁하여 개혁적인 정책을 펴나갔다. 12·12 쿠데타의 주역이었지만 여소야대 정국에서 5공 청문회를 열었고 전두환을 백담사로 보냈다. 무엇보다 1988년 서울올림픽을 성공적으로 개최하여 대한민국을 한 단계 발전시킨 것은 평가받을 업적이라고 생각한다. 200만 호 주택건설정책, KTX 고속철도 건설 착공, 이동통신 시대의 시작, 택지소유상한제와 토지초과세, 개발이익환수에 관한 법률 등 토지공개념 3법을 통과시킨 것 또한 큰 의미가 있는 조치였다고 본다.

김영삼 정권과 북핵 위기

김영삼 대통령은 취임사에서 "민족의 화해와 통일에 전심전력을 다 하겠습니다. 어느 동맹국도 민족보다 나을 수 없습니다. 어떤 이념이나 어떤 사상도 민족보다 더 큰 행복을 가져다주지 못합니다"라는 유명한 말을 남겼다. 이 화두는 많은 보수세력의 우려를 낳았지만 개혁진보세력에는 한 맺힌 남북 적대구조와 기술적으로 여전히 전쟁상태인 휴전상태를 변화시킬 수 있는 계기를 만들 수도 있다는 희망을 품게 했다.

그러나 1993년 북한의 NPT 탈퇴 이후 북핵 위기가 고조되자 김영삼 정부는 북미 간의 직접대화를 반대하고 국제 공조를 통한 압박과 제재를 주장하였다. 클린턴 행정부가 대북 선제타격을 검토하자 김영삼 대통령이 강력하게 반대한 것으로 알려져 있으나 이것은 논리적 일관성이 부족하다. 1994년 3월 판문점에서 열린 남북대화에서 나온 북측 박영수 대표의 '서울 불바다' 발언도 실은 우리 측에서 북이 수용할 수 없는 조건을 사전에 제시하여 촉발된 것이다. 언론에는 이런 사실이 거두

절미된 채 자극적인 불바다 발언만 보도되었다.

당시 이병태 국방장관은 국회 답변에서 북이 도발하면 이를 통일 기회로 삼겠다는 발언을 하였다. 이승만이 주장했던 북진통일론의 재현이었다. 한국의 민주화에 애정을 가진 레이니 주한 미국대사와 김대중 총재, 카터 전 미국 대통령 3인의 관계가 1994년 한반도 전쟁위기를 막는 중요한 역할을 하였다.

나는 당시 신림동 고시촌에서 사법고시 2차 시험 준비에 매진하고 있었다. 이런 상황을 보면서 청나라 때 캉유웨이康有爲가 과거시험을 포기하고 중국 개혁운동에 나섰던 것처럼, 한반도 전쟁을 막기 위해 고시공부를 때려치우고 광화문으로 달려가야 하는 것이 아닌가 하는 생각이 들었다. 다행히 김대중 선생이 제안한 카터 전 미대통령의 방북을 통한 일괄타결론이 수용되어 남북정상회담과 제네바 합의를 위한 협상이 시작되었다. 그러나 갑작스러운 김일성 주석의 사망과 뒤이은 조문외교 논란은 김영삼 정권의 한계와 철학의 빈곤을 다시 한번 보여주었다.

김영삼 정권은 북한에 조문사절을 보내 이미 합의된 남북정상회담 분위기를 이어가기는커녕 전군 비상령을 내리고 조문 필요성을 주장한 이부영 의원이 매도당하는 것을 방치하였다. 가장 반공 우익적인 문선명 통일교 총재가 박보희 부총재를 조문사절로 보내 결국 평양에 통일 자동차 공장을 만들어 대북 채널을 유지한 것을 반면교사로 삼아야 했다. 이로 인한 북측의 극심한 반발로 김영삼 정권 5년 내내 남북관계에 아무런 진전을 가져오지 못한 '잃어버린 5년'이 되었다. OECD 가입,

금융실명제 도입, 군부 내 하나회 척결 등 개혁성과가 있었으나 노동법 개악 파동에 이은 기아, 한보 사태 등을 관리하는 데 실패함으로써 IMF 금융위기를 초래하는 무능을 드러냈다. 김영삼 정부의 준비되지 않은 세계화 정책의 결과라고 할 수 있다.

이명박 정부의 비핵개방 3000

이명박 정권의 4대강 사업과 자원외교는 막대한 국가 예산과 자원을 낭비한 일이었다. 4대강 사업 22조 원에 더해 자원외교로 수십 조 원의 적자가 발생했다. 국가의 미래성장 동력을 낭비한 것이다. 긍정적인 면을 애써 찾는다면 아프리카의 가치를 재발견하고 적극 외교를 시도한 점이다. 당시 이상득 직계로서 '왕수석'으로 불리던 산자부 차관 박영준과 만나 대아프리카 외교의 중요성과 필요성을 듣고 공감한 적이 있다. 박영준 전 차관을 인천 새얼문화재단 조찬모임 강사로 초빙하기도 했다.

아랍에미리트UAE에 한국형 원전을 수출한 것은 분명 의미 있는 일이었다. 노무현 정부가 합의하였던 한미 FTA를 최종 비준한 일도 성과였다. 당시 인천시장 재직 중이었는데 노무현 정부 때 추진했던 한미 FTA를 광우병 파동이 발생했다고 해서 반대하는 것은 앞으로 집권당이 되기를 포기하는 것이라고 입장을 밝혔다. 그러자 열린우리당 소속 모 의원이 당론 위반으로 나를 제명하자는 말까지 나왔다. 광우병 파동 때는 미국산 쇠고기 자체를 반대한 것이 아니었다. 30개월 이상 되는 쇠고기에 대해 수입통제를 할 수 있도록 가축전염병 예방법개정안을 제시하여 국회정상화를 이룰 수 있었다.

이명박 정부의 대북정책은 소위 '비핵개방 3000'으로 요약된다. 비핵화를 하면 10년 안에 북한의 국민소득을 1인당 3,000달러까지 되도록 돕겠다는 것이다. 이것은 북한을 몰라도 너무 모르는 순진한 생각이다. 북한의 비핵화가 목표인데 그 목표를 이루는 과정의 정책대안을 제시하지 않고 무작정 비핵화가 되면 3,000달러 소득을 만들어주겠다는 것은 정책이라고 말하기 민망할 정도이다.

2012년 4월까지 전시작전통제권 전환 합의에 관해 노무현 정부의 포퓰리즘 정치의 폐해라고 비판하던 한나라당은 결국 전시작전권 전환을 연기하였다. 김태효 비서관과 현인택 통일부 장관 등 강경파들은 엄격한 상호주의에 입각한 행동 대 행동의 원칙을 강조하면서 김대중, 노무현 정부의 대북정책 전체를 부정하였다. 6·15 선언과 10·4 선언 계승을 거부한 것이다. 결국 천안함 사건으로 발생한 5·24 대북제재 조치는 이후 수년간 남북관계를 옥죄는 올가미가 되었다.

2008년 9월 이명박 대통령은 러시아 메드베데프 대통령과 정상회담에서 러시아와 가스관을 연결해 2015년부터 2045년까지 30년 동안 매년 천연가스(PNG) 750만 톤(우리나라 가스 소비량의 20%)을 도입하기로 합의하였다. 그리고 한반도종단철도와 시베리아횡단철도 연결도 합의하였다. 2011년 8월 러시아 울란우데에서 김정일 위원장과 메드베데프 대통령 간 북러정상회담이 열려 남북러 가스관 설치를 합의하고 남북러 3자 위원회 설치도 합의했다. 그러나 이명박 정권은 천안함 사건 이후 5·24 조치의 틀에 갇혀 천재일우의 기회를 무산시켜버렸다.

2007년 민주당이 정권을 재창출했다면 남북러 가스관 연결 사업을 현실화하고 철도, 전력, 통신, 도로 등도 함께 연결하는 사업을 해냈을 텐데 아쉬움이 정말 크다. 이명박 대통령이 4대강 사업에 투자한 22조 원과 자원외교를 한다고 남미와 아프리카에서 손해본 돈을 러시아 가스관 연결 사업에 투자했다면 지금의 국면은 많이 달라졌을 것이다.

박근혜의 유라시아 이니셔티브

나는 박근혜 정부가 잘되기를 기원했던 사람 중 한 명이었다. 대선패배는 너무나도 뼈아팠지만 대한민국의 발전을 위해서였다. 2013년 2월 푸틴 대통령의 초청으로 크렘린궁을 방문해 국가훈장을 수여받는 자리에서 푸틴 대통령으로부터 박근혜 당선자에게 '이명박-메드베데프 가스관 합의 후속 조치를 위한 실무단을 파견할 용의가 있다'라는 메시지를 전달해달라는 부탁을 받았다. 유일호 당선자 비서실장에게 당선자 독대 요청을 했으나 소식이 없었다. 박근혜 대통령은 유라시아 이니셔티브라는 화려한 정책을 제시하면서 구체적인 전략이 없었다. 그나마 합의했던 나진-하산 프로젝트마저 북한 핵실험을 이유로 중단되었다.

2002년 박근혜 당시 국회의원은 평양을 방문하여 김정일 위원장과의 면담해 부산 아시안게임에 관한 협력사항 등을 합의했다. 당시 방북 영상이 인터넷에도 공개되었는데 박근혜 의원이 평양에서 극진한 환대를 받은 것을 확인할 수 있다. 2007년에 출간된 박근혜의 자서전《절망은 나를 단련시키고 희망은 나를 움직인다》에서 밝힌 것처럼 그는 평양에서 만난 김정일 위원장을 비롯한 북측 인사들에게 긍정적인 인상을 준 것으로 보였다. 이런 경험 때문에 나는 박근혜 정부의 대북정책은 이명박 정부와 다를 것이라는 희망을 품기도 했다. 박근혜 정부는 '한반도 신뢰 프로세스'라는 이름을 대북정책에 붙였다. 지역 현안 때문에 청와대를 방문했을 때 당시 이정현 수석을 만나 신뢰 프로세스라는 이름을 잘 지었으며, 엄격한 상호주의가 아니라 포괄적인 협력으로 신뢰를 쌓아나가는 과정이 필요하다고 강조했다.

2차 세계대전 종전 70주년을 맞은 2015년, 러시아는 독일 항복 일인 5월 9일을 기념하여 붉은 광장에서 반파시스트 전쟁승리 70주년 기념식을 성대하게 치렀다. 러시아 측은 박근혜 대통령과 김정은 위원장을 모두 초청했다. 북측은 김영남 총리를 보냈는데 남측에서는 '친박' 윤상현 의원을 보냈다. 격이 안 맞았다. 그런데 중국이 주최하는 같은 성격의 행사인 9월 3일 천안문광장 항일전쟁승리 70주년 기념식에는 비동맹국가로는 유일하게 박근혜 대통령이 참석했다. 중국은 엄청나게 환영했지만 미국의 압력은 거셌다. 결국 미국의 압력으로 한일위안부 합의가 졸속으로 이뤄지고 사드 배치가 추진되면서 한중관계는 얼어붙었다. 온탕과 냉탕을 오간 것이다.

개성공단도 일방적으로 폐쇄함으로써 남북관계의 레버리지를 모두 잃어버렸다. 김대중, 노무현 정권 때 만들어놓은 금강산 관광은 이명박 정권이 폐쇄시키고 개성공단은 박근혜 정권이 폐쇄시킨 것이다. 장전항과 개성공단에 다시 북의 군부대가 배치된다면 한반도의 군사적 긴장과 안보위협은 커질 것이다.

대한민국 외교의 현재와 미래

나는 역대 대통령들의 외교전략을 살펴보면서 공과를 균형 있게 바라보고 긍정적인 면을 평가하고 계승해감으로써 대한민국의 정체성과 포용성을 넓혀나가야 한다고 생각한다. 현대사의 해석을 둘러싼 극단적인 대립과 인물평가를 지양하고 보수와 진보를 포용하는 긍정적 해석을 통해 대한민국을 통합하고 미래로 나아가야 한다고 생각한다.

나는 최근 트럼프의 미국 우선 정책, 국제자유무역보다는 보호무역, 방위비 압박, 주한미군 철수 협박을 보면서 문재인 정권이 어떻게 대응해 나가야 할지 고민해본다. 전시작전권 환수와 자주국방의 토대를 강화하면서 남북 간의 대화협력을 모색해야 한다고 생각한다. 한미, 한일 간의 군사협력을 유지하면서도 한중, 한러 간의 군사협력도 진행해야 한다고 생각한다. 대한민국과 우리 민족의 자주적인 외교 공간, 생존 공간 확보를 위한 최선의 노력을 해야 하고 충분히 그러한 공간을 만들어 갈 수 있다고 생각한다.

문제는 트럼프 대통령이 제2의 닉슨 괌 독트린처럼 아시아인의 방위는 아시아인에게 맡긴다는 원칙을 표명하고 방위비 분담 인상을 요구하고 있다는 점이다. 지소미아(GSOMIA, General Security of Military Information Agreement)를 미국이 강력히 복원하도록 압력을 넣고 있는 것은 일본을 재무장시켜 동북아에서 미국의 역할을 줄이고 일본으로 하여금 그 역할을 대신하게 하려는 것이다. 미국은 자신들이 만든 평화헌법 제9조를 개정하려는 아베 신조 총리의 개헌작업을 사실상 묵인, 조장하고 있다. TISA Triangular Information Sharing Agreement 는 미국을 매개로 간접적으로 한일이 군사정보를 교환하는 구조이다. 그렇기 때문에 미국이 동아시아에서 역할을 축소하고 일본에게 역할을 넘겨줄 수 없는 실정이다. 그래서 미국은 지소미아가 없더라도 티사로 가능하다는 문재인 정부의 주장에 동의하지 않고 있다.

　미국의 기본 개념은 동북아의 소小 NATO를 만드는 것이다. 이는 중국과 러시아를 겨냥한 것이라고 볼 수 있다. 대한민국 입장에서 한미일 군사협력 강화와 소 NATO는 과잉방어이고 중러를 군사적 적으로 만들어 한반도 안보 불안을 높이는 조치가 될 수 있다. 북핵위협과 미군 철수 압박 그리고 미국이 사실상 북핵 보유를 인정하고 ICBM 문제만으로 북미 간 타협을 할 경우에 대비하여 보수 일각에는 전술핵 재배치와 한미일 핵공유 문제를 제기했다.

　그러나 이 모든 것은 한계가 있다. 미국이 핵우산 제공을 철회하고, 미군철수를 주장할 경우 우리는 불가피하게 자체 핵개발을 추진할 수밖에 없는 상황에 내몰릴 것이다. 그것은 일본의 핵재무장으로 연결되고, 한일의 핵무장은 역설적으로 주한미군과 주일미군을 필요 없게 만들어 주한미군, 주일미군 철수로 연결될 것이다. 미군의 상시 주둔 없는 한미동맹, 미일동맹이 모색될 수 있다. 미국의 동북아에 대한 군사·정치적 영향력은 현저하게 감소할 것이다. 따라서 트럼프는 제2의 닉슨 독트린과 방위비 인상 및 미군 철수 압력 등은 동북아의 핵무장 확산이라는 판도라의 상자를 열 수 있다는 것을 알아야 한다.

CHAPTER

10

지구를 지키는 환경외교

01

에너지 문제가 국가경쟁력을 좌우한다

지구를 파괴하며 자멸의 길을 걷는 인류

어린 시절 밤하늘에 무수히 반짝이는 별들을 보며 상상에 빠져들었던 추억이 누구나 있을 것이다. 나는 지금까지도 종종 그렇다. 별 볼 일이 없어진 도시의 삶을 살아가면서 드물게 보는 밤하늘의 별들은 상상력을 자극한다. 나는 예전부터 우주에 대한 관심이 무척 많았다. NASA 홈페이지에 들어가서 화성 탐사선 큐리오시티Curiosity의 활동사진을 보곤 했다. 2006년 발사된 이후 10여 년의 우주여행 끝에 마침내 태양계에 있는 카이퍼 대의 천체를 지나 새로운 소행성 궤도에 들어선 뉴 호라이즌호가 들려주는 우주의 음악소리를 들으면서, 태양계를 벗어나 새로운 지평을 여는 우주를 향한 상상력을 키우곤 하였다.

평행우주론에 대해 관심이 많아서 틈틈이 천체물리학 공부도 했다.

동 시간대에 두 개의 공간에 존재할 수 있는 양자역학, 시간과 공간의 뒤틀림, 웜홀, 암흑물질 등 우주에 관한 공부를 하면 지구상에서 생존투쟁을 하는 우리의 삶을 객관적으로 돌아보게 된다. 다른 나라들을 돌아보면 우리나라가 얼마나 아름다운지 실감하듯이, 간접적으로나마 우주를 탐험해보면 녹색별, 생명의 별 지구의 소중함을 느끼게 된다. 영화 〈그래비티 Gravity〉를 보면 여주인공 우주비행사가 천신만고 끝에 지구로 귀환하여 두 발로 딛고 일어나 호흡을 하면서 땅과 공기의 존재를 느끼며 감격하는 장면이 나온다. 이 얼마나 소중한 지구인가! 최근에 탈북민 청년들과 함께 울릉도와 독도를 방문한 적이 있다. 동해의 출렁이는 바다를 볼 때마다 신기한 생명의 별 지구를 느꼈다.

광대한 우주에서 너무나도 작은 태양계, 그 안에서도 지구를 생각할 때마다 신기하기가 이를 데 없다. 지구 바로 앞쪽에 있는 금성의 이름은 로마신화의 미의 여신 비너스이지만, 평균온도 영상 460도에 황산구름으로 둘러싸여 있고 수심 800m의 기압을 느끼는 불지옥이다. 바로 뒤쪽에 있는 화성의 이름은 전쟁의 신 마르스인데 평균온도 영하 63도의 얼음지옥이다.

반면, 우리 지구는 불지옥과 얼음지옥 사이에 태양과 기가 막히게 적당한 거리에서 물과 공기 기압을 유지해 생명체가 살고 있다. 지구축이 23.5도 기울어져 4계절의 변화를 만들어내는 기적 같은 골디락스 존 (Goldilocks Zone, 생명체 거주가능 영역)에 있는 것이다. 지구 자체가 온생명이다. 생명의 푸른 별이다. 우리들 개별 생명체는 낱생명이다. 우리들은 우주공간에 내버려놓으면 몇 초도 생존하기 어려울 것이다. 온생명 안에 유기적으로 연결되어야 생존할 수 있다.

45억 년이 되는 지구 역사에서 인류 기원을 알아보는 공부도 흥미진진하다. 최고의 포식자로 먹이사슬의 종결자였던 공룡은 무려 1억 6,000만 년을 지구상에 존재했었다. 800여 종에 달하는 수억 마리의 공룡이 있었을 것으로 추정된다. 공룡이 몇 년이나 지구상에 살았을 것 같냐고 물어보면 제대로 아는 사람을 찾기 어렵다. 1억 6,000만 년 살았다고 하면 모두가 경악을 금치 못한다. 인류의 역사와 비교할 수 없는 긴 세월이다. 고생인류인 오스트랄로피테쿠스가 약 400만 년 전, 현생인류가 30만 년 전, 호모 사피엔스 사피엔스인 크로마뇽인이 약 4만 년 전, 문자 기록을 남기기 시작한 인간의 역사시대는 불과 1만 년 안팎이다.

그런데 지구상의 종 가운데 유독 짧은 역사를 지닌 인류가 최근 200년 동안에 지구의 대기와 토양, 바다를 망가뜨려 인류문명의 위기를 자초했다. 공룡은 1억 6,000만 년 동안 생존하면서 스스로 생태계를 파괴하지 않았다. 유카탄반도에 운석 충돌로 지구가 먼지로 뒤덮여 햇빛을 차단함으로써 공룡이 멸종한 것으로 알려져 있다. 반면, 인류는 지구 역사상 가장 진화된 지적 동물이라고 하면서 자멸의 길을 걸어가고 있다. 지구 생태계를 좀먹는 종양이 되어가고 있는 것이다. 그래서 요즘 할리우드 영화 중에는 인류를 절멸시킴으로써 지구를 구해야 한다는 극단적인 환경론자, 생태론자들의 테러 계획을 다룬 영화가 빈번하게 만들어지곤 한다.

전 미국 부통령 앨 고어의 저서 《불편한 진실 An Inconvenient Truth》(2007)을 읽으면 말 그대로 인류의 미래를 암울하게 만드는 불편한 진실들이 펼쳐진다. 폭염과 혹한이 일상화되고 태풍, 해일, 지진, 쓰나미가 더 자주 발생하고 있다. 해수면이 상승하고 매년 12만m^2의 경작지와 방목지가 사막화되고 있다. 지구 평균기온이 조금씩 상승하고 있는데, 이런 추세로 가면 금세기에 섭씨 3~4도 상승할 것으로 예상된다. 평균기온의 상승은 급격한 기후변동으로 식량위기, 기후난민에 이어 기후전쟁까지 불러올 수도 있다.

지구의 온도가 올라가고 홍역이 다시 돌고 큰 산불이 주기적으로 일어난다. 수많은 강과 호수가 말라 없어지고, 사막이 늘어나고 북극의 빙하가 녹아내려서 해수면이 상승하고 있다. 바다는 미세 플라스틱 쓰레기로 오염되어 바다생물들이 죽어가고 쓰레기 섬이 만들어지고 있다. 현재와 같은 인류문명이 지속되는 한 지구가 이대로 보전될 수 있을지 의문이다.

기후변화에 대처하는 기업의 노력

2019년 9월 안토니우 구테흐스 유엔 사무총장은 뉴욕에서 기후변화 정상회의를 소집하였다. 그러나 기후변화에 관심이 적은 트럼프 대통령은 파리기후변화협약을 탈퇴했고, 중국과 인도는 구체적인 석탄화력발전 축소계획이 없다. 독일 메르켈 총리만이 구체적인 대안을 제시했다는 평가를 받았다.

독일은 전기에너지의 40%를 차지하는 석탄화력발전소를 20년 안에 모두 중단하겠다고 약속하였다. 2030년에는 1990년 기준으로 온실가스 55%를 줄이고 향후 4년간 독일 정부는 기후위기 해결에 600억 달러를 지원할 계획이라고 발표하였다. 아울러 세계녹색기후기금GCF, Green Climate Fund을 2배로 늘려 44억 달러를 내겠다고 발표했다.

문재인 대통령은 녹색기후기금 공여금을 2배로 늘리겠다고 발표해 박수를 받았다. 비록 박근혜 정부 때 계획된 사업이라고 하지만 매년 2,000만 톤의 온실가스 배출이 예상되는 석탄화력발전소를 7기 건설하면서 석탄화력의 비중을 어떻게 획기적으로 줄여 나갈지 실효성 있는 구체적인 계획을 제시하지 못했다.

우리나라는 매년 7억 톤의 온실가스를 배출하는 세계 7대 온실가스 배출국이며 '기후악당국가'로 분류되어 있다. 친 석탄정책의 전환은 보이지 않고 탈원전정책만 내놓았다. 장기적으로 탈원전으로 가야 하지만 재생에너지 발전기술이 대폭 향상되고 ESS전기저장장치 기술과 경제성이 확보될 때까지 장기간 에너지믹스정책은 불가피하다.

우리나라의 재생에너지 비중은 4% 정도로 매우 취약한 수준이며 늘려나가야 한다. 재생에너지 비중이 늘어난 만큼 기존 에너지 생산 비중을 줄여야 하는데 석탄화력이 먼저이고 다음이 LNG화력, 마지막으로 원자력을 줄여나가야 한다. LNG화력은 석탄화력보다 미세먼지 발생은

줄일 수 있으니 온실가스 저감과는 상관이 없다. 비싼 LNG연료 때문에 한전적자가 누적되고 전기료 인상이 불가피해졌다. 2019년 7~8월에 전기 발생량의 45%가 석탄발전이었다고 한다.

인천시장 재임 시절 수도권에 전기를 공급하는 영흥화력발전소 추가건설 문제로 사회적 갈등이 발생한 적이 있다. 수도권 전기소비량의 25%를 공급하고 있는 영흥화력발전의 1~6호기 모두 석탄화력이다. 추가로 7~8호기 건설도 석탄화력으로 추진 중이라 나는 석탄화력발전에 반대하는 입장을 고수하였다. 우리 정부는 2017년 43.1%였던 석탄화력발전 비중을 2030년까지 36.1%로 줄인다고 하는데 이를 LNG 가스로 대체한다면 과연 2030년까지 지구온난화 온실가스 배출기준 8억 5,000만 톤을 37% 줄이겠다는 목표를 달성할 수 있을 것인가?

목표를 제시했지만 구체적인 실행 방법을 제시하지 않은 정부 정책에 비해 온실가스를 배출하지 않고 에너지 공급 문제를 해결하고자 하는 두 기업인의 노력이 눈에 들어왔다. 소프트뱅크 손정의 회장과 마이크로소프트 창업자 빌 게이츠의 구상이 돋보였다.

우리에게도 잘 알려진 전설적인 재일동포 사업가 손정의 회장은 애플 창업자 고 스티브 잡스의 친구이자 알리바바 지분 30%의 투자자로 시대를 앞서가는 사람이다. 2011년 후쿠시마 원전사고를 보고 충격을 받은 그는 재생에너지 분야에 전 재산을 투입하기로 결정하고 재생에너지 재단을 만들었다.

나는 재단책임자와 마키 오바야시 재생에너지재단 대표를 만나 상세 내용을 들은 뒤, 손정의 회장의 동북아 슈퍼그리드 제안을 대통령직속 북방경제협력위원회 주요 사업으로 정하고 문재인 대통령께 보고했다. 그 결과 문재인 대통령의 '9-브릿지 정책'에 동북아 슈퍼그리드 구상이 포함되었다. 2018년 박정, 유동수 의원과 함께 도쿄의 소프트뱅크 본사를 방문하여 손정의 회장을 만났다. 손정의 회장과 깊이 있는 대화를 통해 그의 재생에너지 사업에 대한 열정과 사명을 실감할 수 있었다. 사우디 등 중동 사막 지역을 태양재생에너지의 산실로 만들고자 끊임없는 노력과 투자를 하고 있다.

빌 게이츠의 진동파원자로 발전 구상도 관심이 갔다. 빌 게이츠는 2008년 4세대 원자로 개발을 목표로 에너지 벤처기업 '테라파워Terra Power'를 설립했다. 진동파원자로TWR, Traveling Wave Reactor라는 4세대 원자로를 개발하기 위해서이다. 그가 원자로 개발에 뛰어든 이유는 지구온난화를 방지하는 제로 온실가스 배출 에너지 원자력, 아프리카 등 가난한 나라의 에너지 문제를 해결하기 위해 원자력이 필요하다고 생각했기 때문이다. 그는 2013년 4월 한국을 방문해서 차세대 원자로 개발 분야에서 협력하고 싶다는 의사를 밝혔다. 이른바 '원자력 수소'를 만들어내는 '꿈의 원자로'를 한국과 함께 개발하려는 것이다.

테라파워에서 개발 중인 원자로는 이른바 '진행파 원자로'라고 불린다. 저농축 우라늄을 노심에 장전해 장기간 증식을 통해 핵분열 반응을 지속하는 방식으로, 한 번 핵연료를 장전하면 5~15년간 연료 교체를 하지 않아도 된다. 우라늄 1kg이면 석유 1만 배럴에 해당할 정도로 효율성이 높은 에너지원인데 핵개발 문제와 핵폐기물 처리, 안전성 문제를 어떻게 해결해 나갈 것인지가 문제이다.

원전문제는 탈원전이라는 개념보다는 원전을 진화 발전시키려는 자세가 필요하다. 빌 게이츠의 구상처럼 핵폐기물을 대폭 줄이고 반감기를 대폭 줄이는 방안으로 원자로를 개선시켜 나가야 한다. SMR(Small modular reactor, 소형원자로) 기술을 통해 핵추진 콘테이너선과 LNG 운반선을 개발하여 북극항로 개발에 대비하여야 한다. SMR은 100~300메가 정도의 소형원자로와 60메가로 연결하여 쓸 수 있는 형태가 있고 육지형과 선박형이 있다. 선박용 SMR은 러시아에서 잘 발전되어 있다. 앞으로 더욱 활성화될 북극항로는 청정지역이기 때문에 디젤 엔진 사용이 금지되어 있다. 따라서 LNG 엔진이나 SMR 추진엔진이 필요하다. 우리나라 콘테이너선과 LNG 운반선에 SMR 기술을 결합해 북극항로 개통에 따른 해운수요, 조선수요에 대응해야 한다.

반면, 필리핀과 같은 섬나라와 중동 국가에서는 스마트 원전, SMR 같은 소형원자로가 필요하다. 수천 개의 섬으로 이루어진 나라, 바다와 같은 사막이 존재하는 나라는 중앙집중식 전력발전방식을 적용하기에 대단히 비효율적이기 때문이다. 엄청난 거리를 그리드로 연결하려면 송전배전 시설 건설비용이 너무 많이 든다. 분산형 에너지 생산방식이 불가피하다. 우리나라는 SMR의 일종으로 스마트(SMART) 원전을 개발하여 세계 최초로 표준설계인가를 획득하였다. 스마트 원전은 필리핀 같은 섬나라나 사우디 같은 사막 국가에서 엄청난 길이의 송배전 설비 비용을 절감하고 분산형 에너지원을 만드는 데 유리하다. 세계 최고 수준인 우리의 원자력 생태계를 발전시켜 나가야 한다.

원자력발전은 앞으로 핵융합발전으로 진화 발전해가야 한다. 태양 에너지를 재현하는 것이다. 이미 존재하는 원자력발전소 위험 관리와 핵폐기물 처리를 위해서도 원자력 연구 인력과 기술의 생태계를 유지하고 발전시켜야 한다. 급격한 탈원전정책으로 대부분의 원자력 연구 인력 생태계가 무너지는 것은 기존 원자력 발전소의 유지와 관리를 위해서도 대단히 위험한 현상이라 하지 않을 수 없다. 무엇보다도 온실가스의 대폭적 감소를 위해서도 일정 기간 원자력에너지를 병행 사용하는 에너지믹스 정책이 꼭 필요하다.

빌 게이츠의 연설문과 기자회견 등을 동영상이나 자료를 통해 공부하고 있다. 총선을 마치고 나면 직접 빌 게이츠를 만나볼 계획이다. 손정의 회장으로부터 아베 총리를 비롯해 일본 전력 업계의 슈퍼그리드에 대한 부정적 인식을 바꿔달라는 부탁을 받고, 한일의원연맹에서 아베 총리를 만날 때 아시아 슈퍼그리드 협력을 부탁하는 서한을 일본어로 작성하여 전달하였다.

프랑스와 독일이 2차 세계대전 이후 철강석탄 공동체를 만들어 경제적으로 상호 협력해 유럽연합이라는 정치 공동체로 발전한 것처럼 한중일러와 북한, 몽골이 상호 간 슈퍼그리드로 에너지 공동체를 만들어야 한다고 생각한다. 상호 간의 에너지 의존도가 강화되면 군사 긴장을 해소하는 데 커다란 도움이 될 것이고, 온실가스방지 및 재생에너지 개발에 우호적인 환경이 조성될 것이다. 고비사막과 몽골의 풍부한 태양력, 풍력의 에너지원을 공동개발하려는 자세를 가져야 한다.

　에너지는 권력이자 문명이다. 인간의 문명은 불을 사용하면서 본격화되었다. 왜 이라크 전쟁이 발생했는가? 이라크 석유에 관한 이해관계 때문이다. 미국 트럼프 대통령의 미국 우선 정책이 어떻게 가능한 것인가? 셰일가스 혁명으로 미국이 사우디아라비아보다 더 많은 석유와 가스를 생산하는 산유국, 수출국이 되었기 때문이다. 앞으로 재생에너지와 핵융합발전에너지를 누가 선도하는가가 국가의 경쟁력을 좌우할 것이다. 어떻게 에너지를 절감하고 에너지 효율을 극대화하는 각종 기계설비를 만들어낼 것인가가 국가경쟁력을 좌우할 것이다.

02

올바른 녹색성장 정책이 필요하다

녹색기후기금 본부를 유치하다

이명박 정부는 2009년 8·15 경축사에서 녹색성장 개념을 처음으로 제시하였다. 당시 정세균 대표 체제하에서 새로운 민주당 플랜을 준비하고 있던 김효석 의원(현 석유공사사장)과 나는 탄식을 하였다. "저 개념을 우리 민주당이 주도했어야 하는데…" 허를 찔린 느낌이었다. 누가 아이디어를 낸 것인지 확인해보았더니 서울대학교 82학번 김상협이라는 매일경제 출신 기자였다. 세계지식포럼을 기획한 사람으로 알려져 있다. 김 기자는 이명박 정권 청와대 녹색성장 비서관직을 맡아 녹색성장을 주도하였다.

이명박 정권의 4대강 사업은 반대하지만 녹색성장 정책은 의미가 있다고 생각한다. 이명박 정부의 리드로 'Green Growth'란 말이 국제사회에 통용되었다. 대한민국이 녹색성장에 대해 지적 소유권 이니셔티브를 갖게 되었다. 녹색성장에 적극적인 덴마크와 협력하여 세계녹색성장기구GGGI라는 국제기구를 만들었다. 의미 있는 시도였다.

덴마크 총리 출신 라스무센이 초대 GGGI 사무총장을 맡았다. 김상협 비서관 소개로 그를 알게 되었다. 인천 송도로 초청하여 같이 자전거도 타고, 송도 노래방에 가서 술 한잔하면서 노래를 부를 정도로 친해졌다. 64년생이어서 우리와 같은 세대로 말이 잘 통했다. 덴마크는 그린란드를 관리하고 있는 나라로 기후변화 문제에 적극적이다. 김상협 비서관의 구상으로 이명박 대통령이 우리나라 대통령으로는 처음 그린란드를 방문하기도 하였다.

기후변화 정상회의에서 기후변화에 실질적으로 대응하기 위하여 GCF녹색기후기금를 조성하기로 합의하였다. 기후변화로 피해를 받고 있는 개발도상국들을 지원하기 위한 프로그램이다. 중요한 합의다. 매년 1천억 달러 기금을 조성해가기로 합의했다. 이 엄청난 기금의 본부 유치를 위하여 각국이 경쟁을 하였다.

2011년 9월 스위스 제네바에서 열린 GCF 설계 3차 위원회에서 우리나라 기획재정부 최광해 대외경제협력관이 사무국 설치가 본격 거론되기 시작한 것을 보고, 한국 유치 필요성을 정리하여 최종구 국제경제관리관, 신제윤 차관, 박재완 기재부 장관에게 차례로 보고해 사무국 유치를 추진하기로 결정되었다. 본, 제네바, 바르샤바, 멕시코시티 등 경합 도시가 많았다. 대한민국은 유치추진 결정을 하면서 우리 국내후보 도시를 결정하기 위해 기재부에서 각 주요 도시에 '희망도시는 제안서를 제출하라'는 공문을 보냈다. 한태일 환경녹지국장, 박정식 기후변화팀장, 윤동구 주무관의 보고를 듣자마자 바로 느낌이 와서 총력 대응을 지시하였다. 인천과 서울이 최종 경쟁도시가 되었다.

인천시장이 되자마자 I-TOWER(현 G-TOWER) 공사재개 여부가 논란이 되었다. 당시 문병호 시당위원장과 일부 민주당 시의원들이 1,820억이 소요되는 아이타워 빌딩 건설에 부정적이었다. 민주당은 토목공사에 예산을 낭비하지 말고 사회복지 예산을 늘리자는 명분이었다. 그러나 이미 200억 원의 매몰비용이 진행된 상태였고 송도가 발전하면 땅값, 건물값이 올라갈 텐데 인천시 소유의 공공빌딩이 하나도 없다는 것은 앞으로 여러 가지 애로점이 발생할 것으로 판단하여 과감하게 공사를 강행하기로 했다.

완성된 아이타워가 GCF 유치에 결정적인 역할을 하였다. 기재부가 주관하는 서울, 인천 프리젠테이션에서 서울은 국장이 나와 설명했는데 인천시는 시장인 내가 직접 가서 프리젠테이션을 했다. 심사위원 10명 중 9명이 인천 송도의 손을 들어주었다. 이제 본선이 남았다. 아프리카 나미비아, 독일의 본과 대한민국 송도국제도시가 경쟁을 했다. 인천 송도에서 열리는 회의에서 최종 결정을 하기로 하였다.

주최도시의 이점을 최대한 살려 각국 대표들을 조찬, 오찬으로 나누어 일일이 만났다. 송도호텔에 방을 얻고 회의가 끝날 때까지 집에 가지 않고 각 인물들을 살펴보았다. 각 이사들의 개인 스피치 저작물들을 다

찾아 읽었다. 평소 훈련해온 영어 실력이 큰 역할을 하였다. 덕분에 미국과 중국의 지지를 얻어낼 수 있었다. 러시아의 크바세프 대표와 밤늦도록 와인을 함께 마시면서 러시아 혁명사와 최근 러시아의 발전 등에 대해 폭넓은 대화를 나누었다. 크바세프는 내게 반했다면서 지지를 약속했다. 크바세프는 지금 푸틴 대통령의 크렘린 행정실에서 일하고 있다. 푸틴 대통령과 만나 면담할 때 크바세프가 호평을 해주어 도움이 되었다. 지금도 모스크바를 방문하면 만나서 옛 추억을 나누는 사이다.

이명박 대통령의 전화외교 도움도 컸다. 마침내 2012년 10월 20일 최종 결정이 되었을 때, 이명박 대통령이 직접 헬기로 날아와서 같이 축하를 해주었다. 여당과 야당, 지방정부와 중앙정부가 힘을 합하여 대한민국에 의미 있는 성과를 이루어낸 쾌거였다. 이명박 정부를 싫어하고 4대강 사업을 반대하는 야당과 시민단체들은 GCF 유치 성과를 폄하하는 사람도 많았다. 그러나 우리나라에서 유엔의 지역 사무소가 아닌 본부를 유치한 것은 처음 있는 일이었다.

나는 이명박 정부의 4대강 정책을 강력히 비판해온 사람이지만 GCF 유치에 있어서 이명박 대통령의 역할을 인정한다. 그런데 이명박 대통령의 자서전 《대통령의 시간 2008-2013》이 출판되어서 녹색기후기금 문제를 어떻게 다루었는지 그 부분을 읽어보았더니, 모든 것을 자신이 다했고 인천시의 역할과 시장인 내 역할에 대해서는 한 줄도 언급이 없었다. 참 인색한 사람이라는 생각을 했다. 이런 자세로 어떻게 대한민국을 이끌어갔는지 안타까운 생각이 들었다.

GCF는 원래 매년 1,000억 달러 기금을 조성하는 계획을 세웠다. 처음에 나는 눈을 의심했다. 100억 달러도 아니고 1,000억 달러이다. 10년 동안 조성한다면 1조 달러가 되는 것이다. 세계은행World Bank에 비견할만한 일이다. 그러나 미국이 트럼프 정권하에서 파리기후협약에서 탈퇴하고 비협조적인 것처럼 목표대로 쉽게 조성이 되지 않을 것이라고 예상했다. 주최국의 이니셔티브로 분위기를 만들어가는 것이 중요하다. 더구나 기후변화 문제에 가장 열정을 가지고 열심히 뛰고 있는 반기문 유엔 사무총장이 있지 않은가? 나는 반기문 총장과 GCF 유치 성공을 위해 긴밀히 협력하였다. 사무총장으로서 특정 국가를 편들 수 없었지만 보이지 않는 힘이 된 것이 사실이다.

우리나라는 GCF 사무국 유치를 최대한 활용하여 기후변화에 대응하는 환경금융과 관련 환경산업 발전에 중심이 될 수 있다. 그런 점에서 송도국제도시를 발전시킬 전략을 추진해야 한다. 그러나 박근혜 정부 들어서 이명박 정부의 그늘을 지워나가기 시작했다. 녹색성장이라는 단어가 모든 박근혜 정부의 공식문서와 언어에서 사라졌다. 유정복 인천시장도 내가 재임 시 추진했던 일이라 여겨 소극적이었다. 헬라 체크로흐 GCF 사무총장을 만났을 때 그는 여러 가지 서운함을 표시하였다. 그러나 우여곡절 끝에 생각보다 더디기는 하지만 기금조성이 시작되었고 송도국제도시 GCF 사무국에 와 있는 국제 직원도 300명을 넘어 곧 500명에 이를 것으로 보인다.

이렇게 많은 국제 직원이 거주할 수 있게 된 것은 인천시장 재임 시절 유치해서 오픈한 세계최고 수준의 채드윅스쿨(유치원에서부터 초중고까지)과 뉴욕주립대, 조지메이슨대, 유타대, 벨기에 겐트대학 등 교육시설이 뒷받침되었기 때문이 아닐까 싶다.

03

한국형 그린 뉴딜 정책으로
남북과 4대 강국을 융합시키자

지구의 임박한 위험, 기후변화

인간 신체의 온도는 36.5도이다. 0.5도가 올라 37도만 되어도 문제가 생기는데 1도가 올라 37.5도가 되면 면역력이 떨어지고 1.5도가 올라 38도가 되면 고열이라고 본다. 독감이나 폐렴 등에 걸렸을 때는 38도에 이른다. 지구도 마찬가지다. 지구도 하나의 생명체이기에 적정온도가 필요하다. 현재까지 알려진 바로는 태양계 내에서 유일하게 생명이 존재하는 행성은 지구다. 지구의 평균 온도는 산업혁명 이전에는 13.7도였는데 현재는 15도가 넘는다. 산업혁명 이후 100여 년 만에 1.3도나 높아진 것이다. 금성의 평균온도는 460도로 불지옥이고 화성은 영하 55도(적도 부근은 20도, 극지방은 영하 153도)로 얼음지옥이다. 금성과 화성 사이에 지구만이 유일하게 생명체를 품은 푸른 별이다. 그런데 지금 그 지구가 열병을 앓고 있다.

　해수면의 온도도 상승했다. 14명의 과학자들로 구성된 국제연구팀이 대기과학지AAS에 발표한 논문에 따르면, 1987년부터 2019년까지 전 세계 바다의 평균 수온이 이전에 비해 450%나 상승했다고 한다. 1초마다 히로시마 원자폭탄이 5개 폭발하는 정도의 에너지가 해양에 투입되고 있다고 하니 가공할 만한 일이다. 해수면의 상승은 기후변화에 강력한 영향을 미쳐 영화 〈투모로우The Day After Tomorrow〉 같은 이상 대류현상이 현실화할 수 있다. 최근 5개월에 걸친 호주 대륙의 산불로 4억 톤의 이산화탄소(대한민국 1년 발생량 7억 톤의 57%에 해당하는 양)가 발생하고 12억 5,000마리의 동물이 사망했다고 한다. 코알라를 포함해 동물들이 멸종하는 속도가 빨라지고 있다. 동물의 일종인 인간의 멸종도 다가오고 있다는 증거이다.

　2030년까지 전 세계 온실가스 배출량을 2010년보다 최소 45%를 감축해야 2100년까지 지구의 평균온도 상승분을 1.5도로 저지할 수 있다고 한다. 1.5도 상승을 억제하기 위해서는 2050년까지 이산화탄소 배출을 제로로 만들어야 한다. 신재생에너지 비율을 전체 에너지의 50~65%까지 끌어올려 화석연료 소비를 줄이고, 전력생산의 70~85%를 신재생에너지로 공급해야 한다. 그런데 미국이 파리기후변화협약에서 탈퇴하고 2019년 말 스페인 마드리드에서 열린 UNFCC(UN 기후변화협약)의 제25차 당사국총회(COP25)에서 탄소배출거래시장 출범 등 주요 사항이 합의되지 못했다. 앞길이 암울하다. 배가 침몰해가는데 일등석과 2등석, 3등석을 두고 주요국들이 싸우고 있는 형국이다.

어떠한 재래식 전쟁이나 원자력 발전소보다 심지어 핵전쟁보다도 기후변화가 훨씬 임박한 위험이라고 본다. 몇몇 국가나 기관, 시설만의 위험이 아니라 우리의 삶의 터전인 전 지구가 위험에 처한 것이다. 하지만 이 위험에 대응할 만한 국제정치 체제가 너무 취약하다. 유엔 기구들이 힘을 발휘하려면 안보리 상임이사국들이 협력해야 하는데 모두 자국 우선주의를 내걸고 있다. 미국 대통령은 기후변화의 실체조차 인정하지 않으면서 지구온난화의 위험을 주장하는 16세 스웨덴 소녀 그레타 툰베리의 외침을 비웃는다. 답답한 상황이다.

나는 1979년 영국과학자 제임스 러브록 James Lovelock 이 《가이아: 지구 생명에 대한 새로운 시각 Gaia : A New Look at Life on Earth》에서 제시한 가이아 이론에 동의한다. 그리스 신화에 나오는 '대지의 신' 가이아가 하나의 유기체이듯 지구도 마찬가지라는 내용이다. 서울대 장회익 교수는 이를 발전시켜 '온생명'이라는 개념으로 지구를 바라본다. 생명의 별 지구를 러브록처럼 유기체로 보건 장회익 교수처럼 생명체로 보건 간에 지구라는 조건 없이 개별 생명이 존재할 수 없다는 것은 자명하다.

인간이 가이아 지구를 지속가능하게 하는 뇌세포 역할을 할 것인지 암세포 역할을 할 것인지는 선택에 달려 있다. 인류가 지구의 암세포가 된다면 지구 곳곳에서는 면역체계를 가동해 화산, 지진, 폭풍, 가뭄, 홍수, 해일이 일어날 것이다. 대한민국은 앞으로 지구의 뇌세포 역할을 하는 인류가 되는 길에서 선도국가가 되어야 한다.

인류의 위기를 해결해가는 데 앞장서는 외교 강국을 꿈꾸며

냉전시대와 탈냉전시대를 지나온 대한민국의 외교는 이제 지구 전체와 인류문명의 붕괴위험 속에서 문제해결의 방향을 제시하고 국제협력을 조직하는 고차원적 외교를 펼쳐야 한다. 그래야 작지만 외교에 강한 나라가 될 수 있다. 해양세력과 대륙세력의 대립을 넘어 반도세력으로서 자리매김하여 융합의 시대를 주도해야 한다. 전 지구적 위기상황이기에 역설적으로 융합을 할 수 있을 것이다.

나는 대륙과 해양세력 어느 한쪽에 줄을 서서 생존하는 초라한 대한민국이 아닌 당당하게 자주적으로 인류의 위기를 해결해가는 데 앞장서는 외교 강국 대한민국을 꿈꾼다. 이를 실현해갈 수 있는 구체적인 방안이 바로 한국형 '그린 뉴딜 정책'이다. 이 정책으로 남북한과 한반도 4대 강국을 융합시킬 수 있다. 동북아 슈퍼그리드 Supergrid 를 통한 에너지 공동체와 철도 공동체, 경제 공동체를 그린 뉴딜로 통합해야 한다.

세계 7위의 탄소배출국이면서 1인당 탄소배출 세계 4위의 대한민국은 그린 뉴딜 정책을 통해 기후악당이라는 오명을 벗어야 한다. 석탄, 가스, 화력 발전 비율을 과감하게 낮추고 재생에너지를 확대해야 한다. 에너지 저장기술과 전달기술을 혁신하는 것이 핵심이다. 원자력 기술 또한 발전시켜 원전의 안정성과 핵폐기물 보관 및 관리, 최소화 기술을 확보해야 한다. 종국적으로 핵폐기물이 나오지 않는 핵융합 발전을 선도해야 할 것이다. 2020년 한 해는 집중적으로 재생에너지와 원자력

에너지의 현장을 직접 찾아가 전문가들을 만나서 손에 잡히는 대안을 만들 계획이다.

남북관계 또한 기후변화와 환경 분야에서 공동 대응함으로써 그린 뉴딜 정책을 확대해야 한다. 북한의 산림녹화를 돕고 에너지 문제를 해결해주는 것이 급선무이다. 북한의 원자력 발전과 재생에너지 분야에서 남북한이 긴밀히 협력할 수 있다. 기후변화에 관해서는 유엔 제재의 예외 공간을 남한이 더 적극적으로 만들어 나가야 한다.

부모라면 누구라도 아이의 체온이 1도 상승해 열이 나면 만사를 제쳐놓고 아이를 안고 병원으로 달려갈 것이다. 세계적으로 확산되는 신종 코로나 바이러스에 걸린 유증자, 발열자, 확진자의 경우도 마찬가지이다. 지구온난화 문제도 이와 유사하다. 지구라는 아이가 발열을 하고 있는 것이다. 지구온난화가 진행되면 북국 빙하와 영구동토층에 갇혀 있던 고대 바이러스가 깨어날지도 모른다. 최근 티베트 만년설에서 1만 5,000년 전의 고대 바이러스가 발견되었다는 보도도 있었다. 빙하가 녹아내리면 판도라 상자가 열리듯이 고대 바이러스가 창궐하여 인류의 천적으로 등장할 가능성이 높다.

대한민국 국가정책의 최우선은 이산화 탄소배출과 재생에너지의 확대, 원자력 기술혁신을 통한 석탄, 석유, 가스 화력발전의 중단이어야 한다. 세계적으로 빈번하게 발생하는 자연재해와 바이러스 등 병원균 창궐에 선도적으로 대응하는 국가가 되어야 한다. 대한민국의 전략적 가치와 비중을 높여 나가야 한다. 쉬운 일이 아니기에 전방위적으로 노력해야 할 것이다. 탄소배출제로 포스트 탄소산업 구조를 실현하는 그린 뉴딜 정책을 통해 새로운 산업을 발전시키고 일자리를 만들어야 한다. 21대 국회에서는 기후변화와 그린 뉴딜 문제가 가장 중요한 국정과제로 부각되어야 할 것이다. 헌법 전문의 일부를 다시 한번 되새겨본다.

"정치·경제·사회·문화의 모든 영역에 있어서 각인의 기회를 균등히 하고, 능력을 최고도로 발휘하게 하며, 자유와 권리에 따르는 책임과 의무를 완수하게 하여, 안으로는 국민생활의 균등한 향상을 기하고 밖으로는 항구적인 세계평화와 인류공영에 이바지함으로써 우리들과 우리들의 자손의 안전과 자유와 행복을 영원히 확보할 것을 다짐하면서…"

마무리하는 글

지구 문명을 선도적으로 이끌어 나가는 전략, 지구본 외교

책 쓰는 일이 쉬운 일은 아니다. 더구나 현직 국회의원이 정치활동을 하면서 시간을 내어서 구술 작가를 쓰지 않고 직접 글을 쓴다는 것은 더욱 어려운 일이다. 2020년 4월 총선 전에 출판기념회를 할 수 있도록 2019년 말까지 책을 완성하는 게 목표였는데 여러 차례 수정 보완 작업을 거치느라고 늦어졌다. 한반도의 주변정세가 계속 변화, 발전하는 바람에 더욱 그랬다.

2007년 《벽을 문으로》라는 책을 통해 나의 정치 일생과 생각들을 정리해본 이후 13년 만에 다시 쓰는 책이다. 인천시장 시절에 시정과 관련한 책을 쓴 적이 있으나 외교전략이라는 단일 주제를 가지고 집필한 것은 처음이다. 정치인들이 써놓은 책은 나중에 청문회에 서거나 큰 선거에 출마할 때 저자 자신을 검증하고 공격, 비판하는 중요한 근거자료가 될 것이다. 그러니 책을 쓴다는 것은 더욱 더 조심스러운 일이다.

그러나 정치인이라면 국가 사안에 대해 자기 견해를 분명하게 정립하고 피력해야 할 의무가 있다. 국민에게 메시지를 던지고 비판과 토론을 통해 다듬어져야 한다. 학생운동 시절 우리나라에 미친 외세의 영향과 외세 의존적인 군사독재 정부를 많이 비판했다. 그러나 아무래도 피상적인 면과 고정 패러다임만을 가지고 공격하는 일이 많았다. 그런데 정작 4선 국회의원과 인천시장이 되고 보니 우리가 스스로 우리 민족과 국가의 운명을 결정하기가 정말 어려운 조건에 있다는 것을 실감하게 된다. 자주적인 의사결정력을 갖기 위해 부단히 민족의 역량을 제고할 필요가 있다는 생각이 절실하다.

우리나라 말 중에 자주 생각해보는 문장이 있다 "말로 합시다", "밥 먹고 합시다"이다. 말로 대화를 해야 상대방에 대한 오해가 풀린다. 밥 먹고 해야 감정이 누그러지고 합의에 수월하게 이를 수 있다. 상대방이 배가 고픈데 계속 말만 하면 내 말이 상대방의 귀에 들어가지 않을 것이다. 일단 배고픈 사람을 식탁에 초대하여 음식을 같이 나누어 먹으면서 대화를 해야 문제가 풀린다.

상대방을 잘 모르면 편견과 공포가 생긴다. 편견과 선입견이 공포를, 두려움과 불신이 군비증강과 폭력, 전쟁을 유발시킨다. 인류사회에 점철되어 있는 수많은 대학살을 살펴보아도 상대방에 대한 오해와 불신이 자기 예언적 실현이 되어 폭력과 살인, 전쟁으로 이어지는 경우가 많다.

인간도 동물이지만 짐승과의 차이는 말할 줄 알고 역지사지할 수 있는 능력이다. 전지적 작가시점으로 자신을 객관화시킬 수 있는 지적능력이 있다는 것이다. 말은 마음의 알갱이라고 말한다. 사람을 움직이는 힘이 되고 공명을 일으키는 촉매제가 된다. 의회를 영어로 parliament라고 한다. 프랑스어로 parler은 '말하다'라는 뜻이고 영어로 parley는 '교섭·협상하다'라는 뜻이다. 즉 의회는 말하는 곳이고 협상하는 곳이다. 의회 의장을 chairman이라고 하지 않고 speaker라고 한다. 대변하는 사람, 말하는 사람이라는 뜻이다.

외교는 말로 하는 것이다. 논리와 설득이 필요하다. 조지 부시 대통령이 2001년 9·11 테러 이후 테러와의 전쟁을 선포하면서 선제공격전략을 채택한 바 있다. 나는 선제공격전략을 비판하면서 선제적인 외교전략의 중요성을 강조한 바 있다. 북핵문제의 해결목표로 제시되고 있는 CVID(Complete, Verifiable, Irreversible Dismantlement, 완전하고 검증가능하며 돌이킬 수 없는 폐기)를 바꾸어서 '완전하고 검증 가능하며 돌이킬 수 없는 발전Complete, Verifiable, Irreversible Development'이 필요하다고 생각한다. 상호 경제적 협력 의존관계를 심화시켜 북한이 시장경제와 개혁개방을 돌이킬 수 없도록 유도하여 보통국가로 변화시키는 작업이 필요하다.

냉전이 붕괴되고 전 세계가 하나의 시장으로 통합되었다. 이제는 복합적인 외교가 필요하다. 한반도를 둘러싼 4대 강국을 넘어서 세계 전체로 대한민국의 경제 영토와 문화 영토를 확장하는 '지구본 외교'가 필요하다. 대륙세력과 해양세력 중 어느 한 편에 줄을 서서 한반도를 세력대결의 최전선으로 만드는 외교에서 벗어나야 한다. 대한민국은 반도국가가 가지는 전략적 가치를 극대화할 수 있는 '반도세력론'을 정립하여 해양과 대륙을 포용하고 포괄하면서 세계 전체로 나아가야 한다.

국가, 민족, 인종, 종교 간의 분쟁도 여전하지만 그보다 훨씬 더 큰 도전이 우리 앞에 현실화되고 있다. 바로 지구온난화에 따른 인류문명 존속의 위기이다. 이미 수백만 종의 생물들이 빠른 속도로 멸종되었거나 멸종위기에 직면하고 있다. 이렇게 생명체들이 멸종되면 결국 인류도 종말을 맞을 것이고 지구는 금성과 같은 불지옥으로 변할지도 모른다. 우리 대한민국이 지구온난화를 막기 위한 탈탄소경제를 주도해야 한다. 재생에너지와 핵융합에너지를 선도하는 국가가 되어야 한다. 에너지효율을 극대화하는 스마트 그리드smart grid, 스마트 시티smart city를 주도해야 한다. 플라스틱 등 1회용 쓰레기를 최소화하는 법과 제도, 문화를 선도하는 대한민국이 되어야 한다. '기후악당'이라 불리는 대한민국이 '기후모범' 국가로 변화해야 한다.

이렇게 지구 전체의 문제를 선도적으로 해결해가는 것이 지구본 외교의 핵심이기도 하다. 나는 아이들을 너무 좋아한다. 내 29살 딸과 25살 아들이 결혼하여 손자, 손녀를 낳아주기를 바라는 마음이 간절하다. 그러나 지금과 같은 지구온난화, 미세먼지 등 환경 위험 속에서 결혼하여 아이를 낳으라고 말하기가 쉽지 않다.

나의 지구본 외교전략은 우리 세대 아이들과 청년들을 위한 미래 설계이기도 한다. 이 책을 완성하기까지 격려해주신 김현종 메디치미디어 대표님과 원고 정리를 도와준 황유정 비서관 등 의원실 식구들에게 고마움을 전한다. 추천사를 써주신 문정인 교수님, 이종석 장관님, 그리고 일본계 한국인 호사카 유지 교수에게도 감사드린다. 밤새 책을 쓰는데 격려해주고 지역구의 각종 행사에 참석하면서 내조를 아끼지 않는 영원한 동반자 아내 남영신에게도 감사를 전한다. 이 책이 나중에 영어, 중국어, 일본어, 러시아어로 번역되어 한반도 4대 강국 주변 정치인들이 함께 읽을 수 있는 날이 오기를 꿈꾼다.